特别感谢国家社科基金青年项目（15CZZ043）的资助。

非传统安全能力建设丛书

余潇枫◎主编

非传统安全视角下的民防研究

STUDY ON CIVIL PROTECTION:
WITH NONTRADITIONAL SECURITY PERSPECTIVE

廖丹子 ◎ 著

中国社会科学出版社

图书在版编目（CIP）数据

非传统安全视角下的民防研究／廖丹子著．—北京：
中国社会科学出版社，2017.3

ISBN 978 - 7 - 5203 - 0624 - 9

Ⅰ. ①非…　Ⅱ. ①廖…　Ⅲ. ①民防—研究　Ⅳ. ①E115

中国版本图书馆 CIP 数据核字（2017）第 134121 号

出 版 人	赵剑英
责任编辑	张　林
特约编辑	郑成花
责任校对	冯英爽
责任印制	戴　宽

出　　版	中国社会科学出版社
社　　址	北京鼓楼西大街甲 158 号
邮　　编	100720
网　　址	http：//www.csspw.cn
发 行 部	010 - 84083685
门 市 部	010 - 84029450
经　　销	新华书店及其他书店

印　　刷	北京明恒达印务有限公司
装　　订	廊坊市广阳区广增装订厂
版　　次	2017 年 3 月第 1 版
印　　次	2017 年 3 月第 1 次印刷

开　　本	710×1000　1/16
印　　张	14.25
插　　页	2
字　　数	238 千字
定　　价	66.00 元

序

民众防护是非传统安全能力建设的重要议题

余潇枫[*]

民防即民众防护，有狭义与广义之分。狭义的民防是指"遭遇空袭时对民众发出警报并实施救护"，即"人民防空"（civil defence）；广义的民防是指"对战争与非战争灾险下的人的生命、财产与生存环境安全实施防护"（civil protection）。中国的民防源自于"人民防空"，但至今民防（人民防空）除了战时防空，还有平时服务、应急支援的重要职能。可见，民防是一个动态范畴，它随着人类灾害形式的变换与人的安全备受重视而不断扩展其内涵，世界各国的民防职责也经历了从防空到防战、防核、防恐、防毁、防灾、防毒、防乱、防暴、防险等的扩展。在深度全球化的今天，各类非传统安全威胁的挑战已经超越了传统的国界，需要各国进行跨国的互动与合作，因而广义的民防研究更具有时代的意义。

民防建设与非传统安全能力建设有着重要的关联。传统安全威胁与非传统安全威胁相互交织，使战乱、恐怖袭击、海盗、跨国有组织犯罪成了21世纪人类挥不去的噩梦，也关乎人们日常生活的各类风险、危机、灾害、灾难，成为社会治理的一大难题。国家安全体系中的政治安全、国土安全、军事安全、经济安全、文化安全、社会安全、信息安全、科技安全、生态安全、资源安全和核安全，都与民防有着这样那样的关联。基于这些关联，从理论上来探讨民防的历史与发展、比较与启示、理论与实践、探索与转型十分必要，或者说"非传统安全视角下的民防研究"既

---

* 余潇枫，浙江大学非传统安全与和平发展中心主任，公共管理学院教授，博士生导师。

能深化非传统安全的研究，也能深化民防理论的研究，还能深化总体国家安全观落实的研究。其意义正如作者在开篇中所言："本书要集中解决一个关系中国国家安全与社会长治久安的重大理论与现实问题，即在中国所面临的非传统安全挑战愈加严峻的背景下，民防应具有怎样的新内涵与新使命，如何通过完善民防体制来提升我国非传统安全治理能力。"

本书作者以特有的理论勇气，直面当前中国民防存有的理念、法律、体制、机制、队伍等方面的难题，运用非传统安全视角，提出了一系列颇有创见的建设性建议，其主要的创新有：通过提出"战备民防""灾备民防""生活民防"的理念，建构了全新的民防理念体系；通过比较国际民防体制，得出了"全景式"与"一体化"民防建设的重要启示；通过分析中国民防的历史发展，刻画了中国民防的特征、成就与现实困境；通过中国各地民防改革探索的深入考察，提出了中国民防现代转型的可贵设想。当然，在非传统安全理论与民防建设相结合方面，还有更多的工作可做。

本书作者廖丹子从我处攻读博士学位，由我与合作导师浙江省民防办赵德兴主任共同指导。她专一治学，为人纯粹，选择以民防为切入点进行非传统安全的理论研究，可以说找到了一个值得研究的重要议题。其间廖丹子参与了由我主持的国家社科基金重大项目"中国非传统安全威胁识别、评估及应对研究"，国家社科基金一般课题"中国非传统安全能力建设"，杭州市民防局（人防办）课题"社区民防建设研究"，宁波出入境检验检疫局课题"检验检疫的非传统安全分析"等。理论与实践的双重打磨，培养出了她的建构能力与解读现实偏好。虽毕业多年，廖丹子仍一直参与浙江大学非传统安全与和平发展研究中心的学术活动，也未放弃对民防建设的进一步研究，本书正是她在博士论文基础上修改而成的力作。

民众防护问题太过复杂，涉及全球安全、国家安全、人的安全、社会安全，要在本书中全部回答清楚很难做到，但我相信它把问题的认识推进了一大步，把非传统安全理论运用到民防建设的领域中作了有益尝试，其视角之新、观点之锐、逻辑之强必会让读者受益。

目　录

第 一 章

概　述

第一节　研究背景、意旨与意义

一　研究背景

本书要集中解决一个关系中国国家安全与社会长治久安的重大理论与现实问题，即在中国所面临的非传统安全挑战愈加严峻的背景下，民防应具有怎样的新内涵与新使命，如何通过完善民防体制来提升我国非传统安全治理能力。

本书主题的提出具有深刻的历史、理论与现实背景。当前全球安全态势日益明朗且逐步深化的一个趋势是，在传统军事武力对抗的战争性威胁依然严峻的背景下，愈加复杂、多元、综合的非战争性威胁在更大范围内、更深层面上进一步凸显；且尤为重要的是，以军事与非军事性因素交织共生的非传统安全威胁愈加成为总体国家安全的重大挑战，其提出了平战转接的特殊能力要求，中国提升非传统安全治理的综合能力的要求日益紧迫。中国"民防"源起于战争空袭背景下组织民众疏散的现实需要，战时组织人民群众防空与保存战争有生力量是其法定职责，是国家传统安全体系的重要组成部分，改革开放后逐步从单一战时防空向"防空防灾一体化"全面转型，在更大范围内参与非传统安全治理，构成了非传统安全能力体系中具有平战结合功能的独特制度安排。民防建设构成了非传统安全能力建设的题中应有之义。然而，当前中国民防存有理念、体制、机制、法律、制度等方面的难题与阻碍，民防体制的困境是核心。系统地考察民防体制困境并提出相应对策，是我国非传统安全能力建设的重大理论与现实问题。

第一，从全球安全格局来看，当前人类面临诸多日益复杂的传统与非传统安全威胁的挑战，民众防护（民防）的重要性与紧迫性日益显著。一方面，全球综合性安全挑战日益严峻。从全球范围和一个长历史周期看，民众（civilian）已经、正在或即将遭受因战乱、灾害、事故、疾病、恐怖活动等传统与非传统安全威胁而导致的生命、财产与生存环境的损伤，全面保障民众的生存、财产及生存环境的安全是现代国家的一项基本责任，并成为其执政合法性、合理性的重要依据。冷战结束后，由于新式恐怖主义威胁迭起、美国推行霸权与预防性战争行动、失败国家导致暴力猖獗、国际法在一些范围与领域难以发挥实质性作用等原因，"不安全状态长期存在""世界从未安全"。① 客观地评判，在国际范围内和可预见的未来，大规模国家间武装对抗已不太可能，但因民族、宗教、文化、资源而引起的地区冲突与局部动乱却成为局部地区的"常态"。"在危机中"② 已成为对当前全球安全态势的普遍共识。另一方面，传统与非传统安全相互交织的挑战正在开始发展得更为显著、紧迫与普遍。21 世纪的前十五年，全球范围内的民众遭受了纷繁复杂的传统与非传统安全相互交织威胁的挑战，如人为性的恐怖袭击（如 2001 年美国 9·11 事件、2013 年北京金水桥暴恐事件、2014—2016 年法国连续遭受暴恐袭击）与战争冲突（如持续近 10 年的阿富汗战争，持续近 6 年的伊拉克战争，2011 年叙利亚、埃及等中东国家战乱与政权垮台等）、复合型自然灾害（如 2004 年印度尼西亚海啸、2008 年中国汶川地震、2011 年日本福岛地震与核危机、2012 年南亚特大洪灾、2015 年中东难民危机）、公共卫生事件（如 SARS、禽流感、手足口病、甲流、埃博拉、寨卡病毒、MERS 等）、经济危机（21 世纪以来的全球金融危机）。有研究认为，当前国际形势可用

---

① ［法］夏尔－菲利普·戴维：《安全与战略：战争与和平的现时代解决方案（增订第二版）》，王忠菊译，社会科学文献出版社 2011 年版，"绪论"，第 1—22 页。

② 胡百精：《中国危机管理报告（2008—2009）》，中国人民大学出版社 2009 年版，第 2—11 页。

"战"（西亚北非）、"难"（西方社会）、"险"（世界经济）、"变"（中国环境）来形容，其应对的难度与复杂性已远超出传统安全的单一思维与手段。① 尤为重要的是，当下恐怖主义、能源短缺、地区冲突、信息安全、气候变暖、粮食安全、金融危机等已成为直接威胁国家安全与百姓民生的现实"问题"。在此种"不安全"的现实背景下，"安全是国家一切价值的前提，而不是一个可以争议的话题"② 。非传统安全威胁开始改变国家的安全理念与安全环境，越来越多的国家开始把非传统安全置于国家安全方略的重要位置，人的安全维护成为备受国际社会关注的重大课题，并成为安全理论研究与政策制定的价值基点。

第二，从中国总体国家安全来看，21 世纪至今，中国面临的传统安全威胁仍将愈加严峻，而复杂多变的非传统安全威胁成为更加紧迫与重大的挑战，传统安全思维与体制已无法有效应对这一挑战，进一步完善非传统安全管理体系具有极为显著的重要性与紧迫性。一方面，传统安全威胁依然对我国国家生存与发展构成了首要不安全因素，且其呈现新特征。在和平与发展为时代主题的背景下，我国遭受大规模军事武装入侵的可能性比较小，但因经济、能源、文化因素引起的局部性、地区性、领域性的对抗与冲突却不能排除，如两岸统一问题、陆海空边疆安全问题、国际恐怖主义、岛屿主权争议（如钓鱼岛问题）等，来自外部的疑虑、牵制、干扰等极大地威胁着我国国家安全、社会安全与人的安全。同时，传统军事对抗的形式、手段、目标等也在信息化、全球化的条件下更加丰富多样，对抗形态从陆、海空间的对抗上升到陆、海、空、天、电、网的综合化空间的对抗，对抗形式也已从武力冲突、机械化战争、时间长持续转化为虚拟空间内的破坏、非接触化冲突、主体非国家化、速战速决等特征。③ 传统安全威胁导致了更大范围、更深程度的能源、生态、气候以及其他关系人的生存和发展的重大领域的危害，在很大范围内或交织着或转化为非传统安全挑战。

另一方面，非传统安全威胁日益复杂与复合，尤其是非传统与传统安

---

① 曲星：《国际形势与中国外交蓝皮书（2012）》，世界知识出版社 2012 年版，"序言"。

② 李学保：《全球化背景下的安全：国家的地位与作用》，《现代国际关系》2004 年第 5 期，第 13 页。

③ 王凤山、杨建军、陈杰生：《信息时代的国家防空》，航空工业出版社 2004 年版。

全相互交织的威胁日渐成为我国当前极为紧迫、极为现实、极为重大的安全挑战。21世纪的前十几年，中国经历了SARS、H1N1、禽流感、拉萨3·14事件、新疆7·5事件、南方冰雪之灾、汶川地震、舟曲泥石流、7·12动车事故、北京7·23暴雨、金水桥暴恐、利比亚华人遭受生存性危机等重大非传统安全威胁的挑战。而尤为重要的是，中国不仅面临着国际社会普遍的非传统安全威胁，还在诸多安全议题上面临各种特有的安全挑战，如"疆独""藏独"与"台独"，"三股势力"，跨国犯罪（跨境贩毒、人口拐卖等）、边界利益纠纷（陆地边疆领土主权纠纷、海疆岛屿主权纠纷、边界油气资源争夺等），跨国民族问题（边民身份认同、民族认同等），等等。这类非传统安全威胁突出表现为军事与非军事性因素相互交织、国家与非国家行为体相互对抗、高政治与低政治安全相互转化，表现为主体多重性与领域交叠性、手段复合性与目标综合性、地缘多源性与威胁流动性、属性变异性与过程逐变性，也即"多源/元性"非传统安全问题①。非传统安全的此种特征决定了军队力量参与应对的必要性与重要性，军队的非战争军事行动能力（MOOTW）亟待提高②。十八届三中全会以后，我国国家高层十分重视"完成多样化军事任务能力""公共安全体系""国家安全战略""国家安全法治""国家安全战略实施纲要"等内容。中国政府在各层次、各领域的非传统安全问题上所要解决的重复性任务正在减少，对愈加复杂、综合、动态非传统安全威胁的应对正在预留与倾斜更多政策空间与资源。

第三，中国民防具有平战结合与军民融合的法定职能与体制建构，在非传统安全维护上具有能力优势，当前其从单一防空向防空防灾一体化的转型成为非传统安全能力建设的重要内容与有益尝试。首先，以人的安全为目标、建设具有平战结合能力的现代民防体系已成为世界各国安全体系建设的一项重要内容和国际社会的一项普遍行动。其次，我国民防以人的安全维护为价值目标，具有平战结合之法定职能与现实能力，当前正逐步在更大范围内参与非传统安全治理，这构成了民防体制

---

① 廖丹子：《"多元性"非传统安全威胁：网络安全挑战与治理》，《国际安全研究》2014年第3期。也有学者称为"交织安全"，参见姜维清《交织：国家安全的第三种威胁》，世界知识出版社2011年版。

② MOOTW，指Military Operations Other Than War。——笔者注

应对非传统安全的优势。再次，当前中国民防的核心问题是民防转型问题，即从单一防空备战转向"战时防空，平时防灾"与"防空防灾一体化"，在履行战备防空职责的基础上，更多地承担非战争性灾害的紧急救援与安全保障任务，并在理念、体制、机制、制度、职能、法律等方面进行相应转变。以非传统安全能力的观察视角重新审视中国民防体制的完善，就抓住了当前中国非传统安全能力建设的一个新的行之有效的切入点。

第四，中国民防体制存有诸多困难、障碍与不足，从非传统安全能力的角度、从国际民防的经验来重新审视并超越这些困境，构成了新时期我国国家安全与人的安全维护的有益探索。首先，从国际民防的历史发展脉络来看，国外民防和中国民防随其所面临的国际安全态势的变化而对其发展方向、未来目标、机构设置、基本职能、运行机制等进行相应调整。其次，中国民防建设还存有诸多不足，如理念偏离、法律缺失、体制不顺、机制不畅、制度不全等，突出表现为"高层缺位、中层缺合、基层缺腿、军地缺联、国际缺通"。再次，社区民防正在被广泛探索与实践，这构成了我国现代民防转型极为重要的一项内容。这就提出一个重大课题，即如何从全面保障公共安全与提升非传统安全能力的角度重新审视中国民防体制困境及其未来发展的顶层设计与微观运行，如何将民防责任融入政府公共管理的整体安全与具体实践之中？[①] 因此，对国内外民防进行综合比较分析，对我国民防体制困境进行梳理并提出思路与对策，构成了我国非传统安全治理能力建设中有益的理论与现实探索。

二　研究意旨与意义

本书的意旨是，基于我国日益复杂化的非传统安全威胁的现实和非传统安全治理能力提升的目标，对民防的新时代内涵进行建构与分析，对国内外民防的历史发展进行梳理，对美国与欧盟民防进行纵横双向比较，对社区民防进行专题论述，在此基础上研究我国民防的建制、困境及转型。

本书的意义。从理论意义看，一是深化了非传统安全研究。本书对

---

① 浙江大学公共管理学院胡税根教授在"《杭州市社区民防工作研究》成果专家鉴定会"上的发言，杭州，2012 年 5 月 17 日。

当前非传统安全的"新"特征进行了更为细致、微观的阐述，对"非传统安全"的内涵进行了新的界定。这进一步拓展了非传统安全研究的内容与维度，精细化了非传统安全研究。二是深化了民防研究。对"民防"的内涵与维度进行学理性的规范界定，为民防研究提供了不同视角、不同方法间相互交流的话语工具，为我国民防研究建构了较为规范的概念基础，并为未来"民防学"的建立奠定了基本范畴、研究对象与问题域。尤为重要的是，本书对我国民防转型中的立法、领导管理、军地联动、专业队伍、社区民防、国际接轨等核心问题分别进行了较为深入的理论探讨，对我国民防体制的现状、优势及其在参与非传统安全治理中的困境进行了较为细致、深刻的分析，为中国民防体系探索建构了较为完整的理论框架。三是在研究方法上较好地实践了跨学科、交叉性的研究方法。本书在选题、行文、立论、逻辑等要点上，融合了国际关系、国际安全、非传统安全、公共管理、法学等学科的视角与方法，并将此融合、聚焦在非传统安全视角下的民防体制建构之中。客观地评价，这一跨学科、交叉性研究在研究"非传统安全"这一类综合性"问题域"时，独具意义。

从现实意义看，一是为新时期我国民防的改革与发展提供了智力支持与决策参考。本书紧密围绕非传统安全治理的能力要求与我国民防体制的困境，提炼与比较国内外民防体制的成功经验及其对中国的启示，并分析社区民防建设的一般内容，为新时期我国民防的未来发展设计更具针对性、切实性、有效性的方略与具体实施路径提供了理论指导。二是为探讨中国非传统安全治理的新思路、新路径提供了另一个具有现实意义的切入点。我国民防与其他涉灾部门相比，具有参与应急救援与实施安全保障的能力优势，如军政双重领导、平战结合的职能定位，专业的指挥通信系统，迅速的响应队伍，完善的物资储备体系，实用的应急避难场所，等等。然而，由于单一战备防空的传统职能定位，上述独特优势并未被社会所共识，民防基本理论也未受到明显关注。因此，本书从非传统安全能力建设的角度重新看待民防的产生、现状及其未来发展趋势，就为非传统安全治理找到了一个新的切入点。三是构成了新时期中国国家安全与人的安全维护、社会稳定与发展的题中应有之义。民众防护能力建设已成为一项世界普遍性课题，且日益成为衡量一国综合国力与执政水平的重要标志，这已成为人类遭受巨灾后的重要反思，如2011年中国"利比亚撤侨"与

2012年美国飓风"桑迪"救援都成为这一论点的极为深刻的例证①。尤其对于正处于转型期的中国而言，全面关注与深入探讨民防这一议题，成为中国稳定与发展的题中应有之义，具有了特别的时代意义与现实意义。四是为新时期中国外交创造新的合作与对话平台，为世界和平、发展与安全增添更多正能量。与高政治安全明显带有意识形态特征相比，民防这一话题更多体现国家在低政治安全维护方面的共同定位与取向，因此可为中国外交提供中国与世界共同认同的话语。同时，随着中国进一步和平崛起，中国在国际社会中的地位与影响与日俱增，中国民防建设既服务于中国国内安全建设，也益于国际安全建设，成为世界和平、发展与安全的积极力量。

第二节　国内外相关研究述评

基于本书的意旨及目标，本书集中围绕以下文献进行综述：一是直接以"民防"（civil defense, civil protection, civil security 等）为主题的研究；二是以"非传统安全"为主题的研究；三是以"军队参与非传统安全维护""非战争军事行动""军地联动"为主题的研究。

一　国外相关研究述评

（一）国外相关研究综述

国外相关研究主要包括三方面：民防内涵与内容；"民防"话语差异与转换；军队非战争军事行动。

第一，关于民防内涵与内容的规定。这最早反映在1864—1949年签订的日内瓦四公约及1977年和2005年三项附加议定书关于战时保护平民与战争受难者的条约中。这些条约信息及相关内容见表1.1。

---

① 严岳：《超级飓风成美国"新国家公敌"》，《国际先驱导报》，（2012 - 11 - 8）［2012 - 12 - 03］，http://ihl. cankaoxiaoxi. com/2012/1108/116880. shtml。

表1.1   日内瓦四公约及其三个附加议定书关于民防内容的规定①

战地公约	1864 年 8 月 22 日日内瓦公约：《改善战地武装部队伤者境遇的公约》 1906 年 7 月 6 日日内瓦公约：《改善战地武装部队伤者病者境遇的公约》 1929 年 7 月 27 日日内瓦第一公约：《改善战地武装部队伤者病者境遇的公约》 1949 年 8 月 12 日日内瓦第一公约：《改善战地武装部队伤者病者境遇的公约》（称为 1949 年日内瓦第 1 公约）
	1949 年日内瓦第 1 公约，共有 64 条正文及两个附件，主要内容是：确认敌对双方伤病员在任何情况下应该无区别地予以人道待遇的原则；禁止对伤病员的生命和人身施加任何危害或暴行，特别是禁止谋杀、酷刑、供生物学实验或故意不给予医疗救助及照顾；医疗单位及其建筑物、器材和人员不受侵犯，但应有明显的白底红十字、红新月或红狮日标识。
海上保护	1899 年 7 月 29 日海牙第三公约：《关于日内瓦公约的原则适用于海战的公约》 1907 年 10 月 18 日海牙第十公约：《关于日内瓦公约的原则适用于海战的公约》 1949 年 8 月 12 日日内瓦第二公约：《改善海上武装部队伤者病者及遇船难者境遇的公约》（称为 1949 年日内瓦第 2 公约）
	1949 年日内瓦第 2 公约，共有 63 条正文及 1 个附件，是对 1907 年海牙第 10 公约的修订和补充。它在适用范围、保护对象、基本原则等方面，与第 1 公约完全相同，只是结合海战的特点，规定了海战中保护伤病员、医院船及其人员的特殊原则和规则。该公约仅适用于舰上部队，登陆部队仍适用日内瓦第 1 公约。
战俘待遇	1899 年 7 月 29 日海牙第二公约：《陆战法规和惯例公约》 1907 年 10 月 18 日海牙第四公约：《陆战法规和惯例公约》 1929 年 7 月 27 日日内瓦第二公约：《关于战俘待遇的公约》 1949 年 8 月 12 日日内瓦第三公约：《关于战俘待遇的公约》（称为 1949 年日内瓦第 3 公约）

---

① 关于日内瓦四公约及附加议定书的相关内容，根据以下网络在线资源和期刊论文整理：International Humanitarian Law – Treaties & Documents，［2012 – 10 – 02］，http：//www.icrc.org/ihl.nsf/CONVPRES? OpenView；《1949 年 8 月 12 日日内瓦四公约及其附加议定书概要》，红十字会国际委员会资料汇编——国际人道法，2013，www.icrc.org。佚名：《日内瓦四公约》，《人民公安》2003 年第 8 期，第 23—24 页。

战俘待遇	1949 年日内瓦第 3 公约，共有 143 条正文和 5 个附件，主要内容是：战俘系处在敌国国家权力管辖之下，而非处在俘获他的个人或军事单位的权力之下，故拘留应对战俘负责，并给予人道待遇和保护；战俘的自用物品，除武器、马匹、军事装备和军事文件外，应仍归战俘保有；战俘的住宿、饮食及卫生医疗照顾等应得到保障；对战俘可以拘禁，但除适用刑事和纪律制裁外不得监禁；不得命令战俘从事危险性和屈辱性的劳动；战事停止后，应立即释放或遣返战俘，不得迟延；在任何情况下，战俘均不得放弃公约所赋予的一部分或全部权利；在对某人是否具有战俘地位发生疑问的情况下，未经主管法庭作出决定之前，此人应享有本公约的保护。
保护平民	1899 年 7 月 29 日海牙第二公约：《陆战法规和惯例公约》 1907 年 10 月 18 日海牙第四公约：《陆战法规和惯例公约》 1949 年 8 月 12 日日内瓦第四公约：《关于战时保护平民的公约》（称为 1949 年日内瓦第 4 公约）
	1949 年日内瓦第 4 公约，共有 159 条正文和 3 个附件。在 1899 年海牙第二公约和 1907 年海牙第四公约附件中只有一些零散的保护平民的条文，此公约是对这些条文的补充和发展。其主要内容是：处于冲突一方权力下的敌方平民应受到保护和人道待遇，包括准予安全离境，保障未被遣返的平民的基本权利等；禁止破坏不设防的城镇、乡村；禁止杀害、胁迫、虐待和驱逐和平居民；禁止体罚和酷刑；和平居民的人身、家庭、荣誉、财产、宗教信仰和风俗习惯，应受到尊重；禁止集体惩罚和扣押人质等。
附加议定书	第一附加协议书：《1949 年 8 月 12 日日内瓦四公约关于保护国际性武装冲突受难者的附加议定书》（1977 年 6 月 8 日订立） 第二附加协议书：《1949 年 8 月 12 日日内瓦四公约关于保护非国际性武装冲突受难者的附加议定书》（1977 年 6 月 8 日订立） 第三附加协议书：《1949 年 8 月 12 日日内瓦四公约关于采用新增标志性徽章的附加议定书》（2005 年 12 月 8 日订立）

上述四公约于 1949 年 8 月 12 日由中国、苏联、美国、英国、法国等 61 个国家在日内瓦签订，并于 1950 年 10 月 21 日生效。至 1994 年 8 月，共有 187 个国家和地区以批准、加入或通知继承等不同方式成为日内瓦四公约的缔约国。

表 1.1 反映了人类对民众防护精神的早期追求：18 世纪至 20 世纪前半期，各种形式与范围的战争与武装对抗几乎是人类社会的常态，保护平民（civilian）免于战争及战争引发的生命、财产的伤害，构成了多数国家的核心职责和国际关系中的重要议题。日内瓦四公约及三个附加议定书

对四方面的民防内容进行了规定，即陆战保护、海上保护、战俘保护和平民保护，并对其适用范围、保护对象、基本原则、实施方式等作出了具体规定。应该说，四公约及三个附加议定书体现了人类早期对战时民众保护及人道主义的追求，最直接、最朴素地反映了民防的基本精神及其在国家安全维护中的地位。

国外学界对"民防"的内涵有诸多不同界定，如民防是："组织民众将敌对行动的影响降至最小"①，"包括生命救援、恢复社群与设施的所有消极防卫措施"②，"让民众在原子弹袭击中得以存活的准备"的"将战争国内化和军事准备家庭化的安全计划"③，"保护平民免受战争尤其是核战争的危险"④，等等。

第二，关于"民防"话语的地区差异与历史转换。在话语的地区差异上，民防产生伊始，北欧国家多采用 civil protection 且一直沿用至今；北美及欧洲其他国家多采用 civil defense，且随着时代发展出现多次更换。在话语的历史转换上，在北美，civil defense 逐步被 civil protection 代替⑤，而美国也许是唯一特立独行地采用"紧急事态准备"（emergency pre-paredness）代替"民防"的国家，随着恐怖袭击、飓风等人为与自然威胁在美国的出现，新的安全话语被逐步提出，如 civil defense, civil pro-tection, civil security, domestic security, domestic preparedness, emergency preparedness, homeland security 等，但有研究者认为这些不同的话语其实都是同义词，本质内涵一致⑥。而另有研究者认为，civil defense 源起于战争情景中的紧急应对，更多地代表政府的指挥—控制（command - control）模式，而 civil protection 更多地体现了社会参与和信息共享（partici-patory and information sharing）的模式，因此更准确地反映了当前非战争

---

① Russell J. Hopeley. *Civil Defense for National Security*. Report to The Secetory of Defense by the Office of Civil Defense Planning, Washington D. C. : American Chemical Society, 1948: 1.

② Ibid. , p. 3.

③ Laura McEnaney. *Civil Defense Begins at Home*. Princeton University Press, 2000: 4.

④ Eugene P. Wigner. *Who Speaks For Civil Defense*, New York: Charles Scribner's Sons, 1968: 13.

⑤ David Alexander. From Civil Defence to Civil Protection - and Back Again. *Disaster Prevention and Management*, 2002, 11（3）: 209 - 213.

⑥ Amanda J. Dory. *Civil Security: Americans and the Challenge of Homeland Security*, Washington D. C. : Center for Strategic and International Studies Press, 2003: 1.

威胁不断凸显的现实及其应对要求。① 9·11 事件后，恐怖袭击被视为威胁美国国内安全（domestic security）的最大挑战，美国一些研究者开始重新思考国家、社会、家庭与人的安全维护的理念与方式。如多里（Amanda J. Dory）针对恐怖袭击异于冷战核威胁的特征，提出了"民众安全"的概念。Civil security 系指采取措施降低美国公众因遭受恐怖袭击而产生的身体、心理与经济上的损伤，使美国个人有能力最小化这种损伤或从这种损伤中恢复。② 它与"国土安全"（homeland security）致力于美国"国内安全"相比，更侧重公众自身的安全意识与技能。多里从威胁形式、国家战略、联邦政府构成主体、部门分工、公众计划、沟通手段、机构历史、人口规模等九方面综合比较了 civil defense 与 civil security 的异同，认为后者更加集中关注具体个人的安全、更加关注"美国人"的脆弱性而非"美国国家"的脆弱性、更加关注灾前准备及应对过程中的能力而非灾后的长时间恢复，因此面对恐怖主义威胁，盛行于两次世界大战及冷战时期的 civil defense 已无法适应美国民众安全维护的新要求，美国应以 civil security 作为安全治理新思维。③ 多里进而认为，为切实保障美国民众安全（civilian security），联邦安全治理结构要适当调整（如国土安全部下设"民众安全办公室"以统一协调各相关部门），要给予足够财政支持，要具有持续性的公众关注④；要从全灾种（all – hazards）管理理念出发实施风险教育、准备、预警和保护措施等计划⑤。然而，美国一些高层人士对美国第一次世界大战后至今的民防发展进行历时性考察后认为，从美国"民防"到"国土安全"话语与职能转换的近百年历史来看，对恐怖主义威胁及其应对的过分集中关注，让美国在面对旧有的自然及人为灾害时仍显得十分脆弱，美国民众生命与财产的不安全性仍然突出，21

① David Alexander. From Civil Defence to Civil Protection – and Back Again. *Disaster Prevention and Management*, 2002, 11（3）：209 – 213.

② Amanda J. Dory. American Civil Society：The U. S. Public and Homeland Security, *The Washington Quarterly（Winter）*, 2003 – 04, 27（1）：37 – 52.

③ Amanda J. Dory. *Civil Security：Americans and the Challenge of Homeland Security*, Washington D. C.：Center for Strategic and International Studies Press, 2003：1 – 9.

④ Amanda J. Dory. American Civil Society：The U. S. Public and Homeland Security, *The Washington Quarterly（Winter）*, 2003 – 04, 27（1）：37 – 52.

⑤ Amanda J. Dory. *Civil Security：Americans and the Challenge of Homeland Security*, Washington D. C.：Center for Strategic and International Studies Press, 2003.

世纪美国民防更需要各级政府、私有部门、团体、个人的协同努力。① 美国民防要从关注核对抗、战争与军事威慑转到更加关注非战争性的自然、技术灾害的应对，即从关注战争/核/军事威胁（war/nuclear/military threats）拓展到关注自然/技术性灾害（natural/technological disasters），形成防战争灾害与非战争灾害的综合体系。②

第三，军队非战争军事行动及军地联动以应对非传统安全威胁的研究。一是军队非战争军事行动研究。冷战后军队参与非战争灾害应对日益普遍，相应概念也被提出，如"战争以外的行动"（Operations Short of War），"平时军事行动"（Military Operation in Peace Time），"维稳与支援行动"（Stability and Support Operations），"低强度冲突"（Low – intensity Conflict）。1993 年，美国《作战纲要》（FM100 – 5）首次提出了"非战争军事行动"（Military Operations Other Than War, MOOTW），认为军队的首要任务是"战时"赢得战争，而"平时"的"非战争军事行动"同样极为关键（critical），其内容主要包括非战斗人员疏散、军控、民事支援、人道主义与灾害救助、安全协助、国家援助、支持禁毒、反恐、维和、强制和平、显示武力和支援或镇压叛乱。③《美国国防军事术语字典》这样定义"非战争军事行动"：除了战争行动以外的军事能力行动，这些行动可融入国家其他部门在战争前、中、后的行动之中。④ 美国先后在1995 年和 2001 年以条令的形式颁布了 JP3 – 07《非战争军事行动》（列出16 种非战争军事行动）和《联合作战纲要》（第二版），2006 年又颁布了新版《联合作战纲要》，并借此版对 2001 年版《联合作战纲要》作了 29处修改，还决定将使用"联合作战"以取代"非战争军事行动"这一说

---

① Homeland Security National Preparedness Task Force. *Civil Defense and Homeland Security*: *A Short History of National Preparedness Efforts*, 2006.

② Ibid. .

③ Headquarters Department of the Army. *FM* 100 – 5 *Operations*, Field Manual 100 – 5, Washington D. C. , 1993：13 – 0 – 13 – 8；Joint Doctrine of Joint Force Employment – Military Operations Other Than War, 1995. ［2012 – 09 – 11］. http：//www. bits. de/NRANEU/others/jp – doctrine/jp3_ 07. pdf.

④ Joint Chiefs of Staff. *Joint Pub 1 – 02*, Department of Defense Dictionary of Military and Associated Terms. Washington, D. C. : GPO. 1994, under the phrase "Military Operations Other than War".

法，但军队实施非战争军事行动本质与内容基本未变。① 还有研究者、观察者或政策制定者对非战争军事行动的过程与程序②、以战略性空袭应对反恐与大规模杀伤性武器等不同角度论述了军队非战争军事行动。二是军地联动应对非传统安全威胁的研究。在应对复合性危机时，军地机构之间的良好协作是一线援助、灾中救援与善后重建的关键因素。③ 然而另有研究认为，军地管理者之间的有效协调是军队成功支持民事政府（civilian government）开展灾害救援的核心要求，因为军队应急部门的领导者缺乏与政府系统交流的经验，对此程序与过程也缺乏必要的熟悉④，且多数政府应急管理者也认为，他们在开展军地联动以实施灾害救援过程中缺乏指挥军队的恰当经验⑤，且来自军队的救援人力与物力总是显得不够迅速⑥。机构、文化、行为方式都迥异的军政组织合作并非总是有效，因为二者遵循不同的决策机制且行为各自独立。⑦ 因此，以信息共享与信息管理为基础建立通畅的军地联动沟通系统在军地合作开展非传统安全威胁应对时极为重要。⑧ 另外，军队参与跨国灾害紧急救援是世界性课题，成为联合国

①　肖天亮：《军事力量的非战争运用》，国防大学出版社 2005 年版，第 2—5 页。

②　Keith E. Bonn, Anthony E. Baker. *Guide to Military Operations Other Than War*. Stackpole Books, 2000.

③　Rietjens, S. J. H.. *Civil - Military Cooperation in Response to a Complex Emergency: Just Another Drill?*. PhD thesis, University of Twente, Enschede, 2006; Verlaan, K.. *Organizational Communication under Difficult Circumstances: Information Sharing between Humanitarian Organizations and Military Peace Forces in Complex Emergencies*. Masters thesis. University of Twente, Enschede, 2006.

④　Milliman, J., Grosskopf, J., Paez, O. E.. An Exploratory Study of Local Emergency Managers' Views of Military Assistance/Defense Support to Civil Authorities (MACA/DSCA). *Journal of Homeland Security and Emergency Management*, 2006, 3 (1), Article 2.

⑤　Nancy C. Robert. Spanning "Bleeding" Boundaries: Humanitarianism, NGOs, and the Civilian - Military Nexus in the Post - Cold War Era Anti - terrorist. *Public Administration Review*. 2010 (March/April): 212 - 222.

⑥　Alane Kochems. Military Support to Civilian Authorities: An Assessment of the Response to Hurricane Katrina. (2005 - 11 - 28). [2012 - 07 - 12]. www. heritage. org/research/homelanddefense/bg1899. cfm.

⑦　David Glenn. Disaster Sociologists Study What Went Wrong in the Response to the Hurricanes, but Will Policy - makers Listen?, The Chronicle of Higher Education, 2005. [2010 - 01 - 11]. http://chronicle. com/free/2005/09/2005092904n. htm.

⑧　Sebastiaan J. H. Rietjens. Managing Civil - Military Cooperation: Experiences from the Dutch-Provincial ReconstructionTeam in Afghanistan. *Armed Forces & Society*, 34, 2 (2008): 173 - 207.

灾难救助办公室的一项重要议题①，亚太地区自 2005 年还围绕此主题形成了制度化的研究网络，以世界范围内军队参与重大跨国性非传统安全威胁应对为分析案例，共同探讨军队非战争行动的重大理论与实践问题②。

（二）国外研究评析

国外民防研究主要围绕民防的内涵与内容、话语转换、军队应对非传统安全威胁等主题，显示了国外民防实践在价值目标、主题与内容、话语与方法、维护方式上开始更多地朝向战争与非战争威胁应对的综合：一方面，欧洲国家基本将 civil protection 代替 civil defense，这至少说明，冷兵器时代的正面武装对抗正在淡化，代表"军事化""对抗性"的 defense（防御）这一词语曾经赖以支撑的经验基础正在消退。完全意义上的 defense 成为一个传递敌对信息的极不友好的话语，而 protection 是一个比较中性、非军事化、更加接近平民的话语，其本身既是对民众的保护，体现更多的人文关怀与人文价值，还透露出更加积极的和平、合作意识。这也符合当前欧洲国家的安全处境与安全维护实践。另一方面，随着大规模国家间武力对抗的传统安全威胁的式微，民防逐步从意识形态层面的军事对抗转向综合性威胁应对；从高政治的国家安全、军事安全威胁情境中的民众防护，逐步下沉到低政治的社会安全、经济安全情境中的民众防护；在话语上尽管出现不同表达，但在价值目标上始终以民众安全为核心目标。

国外民防研究为本书提供了一个较为微观、细致的观察视角，如对民防内容综合化的取向，启示本书在规范化界定民防内涵时要具备一个更为宽广的全球安全的视角；民防话语的转换启示本书要从国家安全来看待民众安全，民防虽然集中关注民众安全的保护，却始终离不开国家安全这一整体局面；军政联动中要注重组织沟通、信息交流等，启示本书要从国防动员与应急动员、军队应急办与政府应急办关系、军队应急法与政府应急法、军队与政府各自在平战时的职责关系等更为微观的角度重新考察我国民防建设中的军地联动问题。

---

① 联合国成立了人道主义事务协调办公室（United Nations Office for the Coordination of Humanitarian Affairs）：http：//www. unocha. org. /。

② The Asia – Pacific Conferences on Military Assistance to Disaster Relief Operations（APC – MADRO）. ［2012 – 06 – 09］. http：//ochaonline. un. org/roap/APCMADRO/tabid/7303/language/en – US/Default. aspx.

然而，从本书的出发点与落脚点看，国外民防研究还存在以下不足：一是对"民防"的内涵未进行规范的学理界定，多数还停留在各国民防法的法律条文中。二是更多地以国家安全的目标来看待民防的目标与内容，忽视了社会与民众在民防中的参与甚至是主要作用，如美国提出 civil security 这一话语，是基于布什政府民防决策层这样一种共识，即大众只是恐怖威胁的受害者与惊慌失措者，这忽视了其在民防活动的主体作用。三是未从体制角度对民防体制及其对国家非传统安全体制的作用进行系统、深入研究。本书将尝试在上述不足方面进行更为深入的研究。

二 国内相关研究述评

（一）国内相关研究综述

国内民防研究主要集中在四方面：民防基本理论与现代民防实践，新时期城市人民防空研究，军队应对非传统安全威胁，对国外民防理论与实践的引介或中外民防比较研究。

第一，民防基本理论与现代民防实践研究。一是民防基本理论研究。钱七虎《民防学》应该是我国最早以"民防"为名来介绍民防理论与实践的专著，初步提出了民防平战结合与防空防灾相结合的思想。① 商则连主编的《民防学》则是我国第一本系统阐述民防理论与民防思想的著作，它将以民防实践及其规律为研究对象的研究视为一门学科，即"民防学"，并从"民防学"的视角论述了"民防学"的内涵、本质特征、研究对象及其与相关学科的关系，阐述了"民防"的源起与发展、本质与规律、功能与任务、法规与原则、管理体制、队伍与训练、指挥与行动、预警与工程、未来趋势等基本要义。② 还有研究者对民防的特点、任务、原则与民防建设的法规、体制、工程、计划、宣教、战备、指挥、行动等基本内容进行专门论述。③ 二是现代民防实践研究，即民防转型研究。我国民防转型即是人民防

---

① 钱七虎：《民防学》，国防工业出版社 1996 年版。
② 商则连主编：《民防学》，国防大学出版社 2006 年版。
③ 王珏、王文臣：《民防概论》，南京陆军指挥学院人武指挥专业系列教材，2008 年版；王珏、侯康明：《新时期民防研究》，南京陆军指挥学院专业课系列教材，2000 年版；李扬：《民防基本理论》，解放军出版社 2010 年版。

空单一战备防空转向"防空防灾一体化"与"参与应急管理"。研究者从防空防灾一体化的内涵内容、战略定位、实施路径、基本规律与未来趋势等基本内容展开研究，如《防空防灾一体化建设研究》一书就较为详细地论述了防空防灾一体化的内涵与意义、体制建构、专业队伍、救援体系、信息防护、预警体系、宣传教育、法律法规等内容①。

第二，新时期城市人民防空研究。人民防空源起于第一次世界大战中的空袭行动，随着战争形式、形态与手段日益高技术化，高技术空袭武器的出现改变了传统的空袭方式、范围与强度，这对城市民众防护提出了新要求，城市人民防空随之出现新动向与新特点。基于此，一些研究者展开了现代城市人民防空新特点、新规律与具体问题的研究，如王凤山等紧扣信息化战争背景下的防空新特征，站在"现代防空学"为一门学科的角度，对"现代防空"的内涵与规律、历史与发展、特征与挑战、内容与要义进行了系统阐述与深入分析，为信息化战争条件下我国现代防空建设的指挥、布局、行动、保障等重大问题提出了新思路与新举措，并创造性地提出了现代防空作战效能评估理论与方法，形成了"现代防空学"的整体框架。②吴政宏等结合我国近代防空的历史与国外防空的经验，以海湾战争与科索沃战争为例，阐述高技术空袭武器条件下城市防空的难点和重点，建构了新的时代背景下人民防空体系建设新思路。③还有研究者专门论述城市人民防空的领导管理体制、平时与战时准备、指挥与训练、人口疏散的组织与实施、重要目标防护途径、消除空袭后果行动、预案拟制等。④

第三，对国外民防的引介或中外民防比较研究。我国民防与国际民防接轨的改革与建设中，知晓、总结并借鉴国外民防的成功做法与先进经验构成了我国民防理论研究的重要部分。在对国外民防的引介方面，一些研究者主要是梳理外国民防的源起与发展史，对其民防建设的一般做法如法律法规、领导管理体制、专业队伍、宣传教育等进行专门介绍，并分析其

---

① 刘军甫、郭炎：《防空防灾一体化建设研究》，海潮出版社 2008 年版。
② 王凤山、李孝军、马拴柱：《现代防空学》，航空工业出版社 2008 年版。
③ 吴政宏、王胜利：《高技术条件下人民防空》，军事科学出版社 2000 年版。
④ 代表性研究主要有：王珏：《城市人民防空》，南京陆军指挥学院专业课系列教材，2001年；陈志龙等：《人民防空概论》，解放军出版社 2007 年版；严三强、和治伟、赵晖：《人民空防理论与实践》，南京陆军指挥学院印刷厂 2011 年版。

对中国民防建设的一般启示①；或按国别对一国民防建设进行整体性介绍②。在中外民防比较研究上，张元奇从指挥体系、人力资源和地下空间三方面比较了中、美、俄民防建设，并据此提出我国进一步以民防提高危机管理水平的具体建议，如建立健全全国性民防法及配套法律法规、系统的组织指挥体系、专职专业民防部队、专门民防教育机构。③

第四，军队参与非传统安全威胁应对研究。20 世纪 90 年代初始，我国参与全球与地区事务管理的范围日益扩大，我国军事力量通过维和、人道主义救助、跨国灾害救助、军舰出访、国内维稳等非战争军事行动形式用以维护国内外和平与稳定的活动日益增多，我国关于军队非战争军事行动的研究也开始兴盛。主要包括以下四个方面。

一是军队应对非传统安全威胁的基本理论与内容研究。李承认为，在非传统安全威胁挑战日益严峻、样式愈加多样、形态更趋交织的背景下，军队应对非传统安全威胁是其历史使命的必然拓展，其既要提高战争中作战和防范能力，还要积极支持、配合地方相涉部门非战争性威胁的安全治理活动，形成完整严密的安全体系。④《军队与非传统安全》一书认为，冷战结束以来，非传统安全开始逐渐上升为国家安全战略的重要内容，以保障传统安全为天职的军队在维护非传统安全中发挥作用已成为世界各国的普遍重大课题；其分析了非传统安全与国家安全的内在关系，在考察美、俄、欧、日、印等国家与地区军队维护非传统安全实践中的主要问题、核心难题、指导原则、基本任务、主要措施等共性问题的基础上，较为全面地探讨了新时期我军维护非传统安全的战略意义、主要任务、体制建设与国际合作等问题。⑤《军队应对非传统安全威胁研究》一书认为，当前传统与非传统安全相互交织、多样安全威胁同时存在成为世界多数国家安全的最显著特征之一；传统与非传统安全的发生形式（对抗与非对抗）与解决

①　王文臣、齐仁林：《外国民防研究》，南京陆军指挥学院印刷厂 2010 年版。

②　李扬：《世界民防概览》，解放军出版社 2011 年版；沈荣华：《外国防灾救灾应急管理体制》，中国社会出版社 2008 年版；《当代人防与民防》编委：《当代人防与民防》，中国书籍出版社 2013 年版。

③　张元奇：《中美俄民防体系比较研究》，上海交通大学 MPA 学位论文，2009 年。

④　李承：《应对传统安全与非传统安全威胁的统一》，《军事历史研究》2007 年第 4 期，第 17—22 页。

⑤　李陆平：《军队与非传统安全》，时事出版社 2009 年版。

方式（战争与非战争）存有差异，但在维护国家安全这一核心目标上具有一致性；论述了军队应对非传统安全威胁的组织指挥、力量建设、后勤保障、装备保障、教育训练、政治工作、法律保障、军地协同等议题，并分别对反恐行动、维护社会秩序、国际救援、国际维和、联合军演、安全联合维护等军队应对非传统安全威胁的形式进行了阐述。① 另有研究者梳理了新中国成立以来中国人民解放军在抗洪、抗震、抗旱、抗雹、抗风、抗雪、破冰、灭火、海难救助、抗病除灾、国际灾难救援等方面的伟大历史功绩，概述了我军的职能定位、指挥协调、专业队伍、法规制度、理论研究等不断成熟与完善的发展历程，总结出了政治、思想、组织、法规、效益保证的历史经验。② 还有研究者特别指出，军队非战争军事行动即便这样，只能应对一部分非传统安全威胁，如重大自然灾害、严重流行疾病、社会暴乱等，而对于跨国犯罪与走私贩毒、大规模杀伤性武器扩散等非传统安全问题，则必须诉诸政治、经济、外交、文化等综合手段来解决。③

二是军队非战争军事行动研究。肖天亮是较早、较系统阐述军队非战争军事行动的研究者，认为在非传统安全威胁上升为国家安全的一种挑战时，军队在履行传统安全维护的职责基础上开展非战争军事行动，是军事力量功能的正当拓展、战争能量的特殊释放方式、硬实力的"软运用"、政治延续的新途径；方式包括救灾救援、国内维稳、军舰出访、军事援助、联合军演、紧急撤侨、保交护航、显示武力、国际维和、警戒、反恐、封控十二种；推进过程要十分注重指导、法律、保障、准备等重要事项。④《非战争军事行动》一书对军队支援地方建设、打击走私贩毒行动、维护社会稳定、抢险救灾、维护世界和平五种代表性的非军事行动进行了专门研究，并总结了其一般规律。⑤ 朱之江《论非战争军事行动》一文对非战争军事行动的内涵、特征及其与战争行动的关系进行了较为深入的阐述，认为非战争军事行动是指针对非军事力量难以完成的任务而使用军事

① 寿晓松、徐经年：《军队应对非传统安全威胁研究》，时事出版社 2009 年版。

② 王守福、张战卫：《建国以来人民解放军参加抢险救灾的丰功伟绩及历史经验》，《军事历史》2007 年第 4 期，第 31—36 页。

③ 孙振武、王大伟、孙峰承：《非传统安全威胁与非战争军事行动》，《中国国防报》2010年 1 月 21 日，第 3 版。

④ 肖天亮：《军事力量的非战争运用》，国防大学出版社 2009 年版。

⑤ 王明武、常永志、徐戈、章楠：《非战争军事行动》，国防大学出版社 2006 年版。

力量的一种军事实践活动，其以防止战争、消除冲突、维护稳定、服务行政当局为目的，并遵循公认的战争规则或国际法标准；在特征上具有内在冲突性、严格控制武力手段、特种部队应对复杂对象、成本低于战争行动等特征；受到战争行动的制约又构成战争行动的必要支持，两者在国家利益维护上具有一致性。① 非战争军事行动的重要性在政策领域也得到了体现，如 2001 年《中国人民解放军非战争行动训练教材》由总参军训部编撰完成；2002 年新颁布的《中国人民解放军军事训练条件》新增加了"非战争军事行动"的训练内容；2005 年国务院、中央军委颁布的《军队参加抢险救灾条例》第一次用法的形式对军队参与灾害紧急救援给予了规定。同时在这一时期，还存在军队非战争军事行动是否冲击军事战略地位的争论，主要体现为对三个相互联结的问题的讨论或争论（见表 1.2）。

表 1.2　　　　军队是否应该开展非战争军事行动的争论②

	支持者	反对者
对非战争军事行动的态度	打赢战争与非战争威胁都是军队的重要使命，两者互为补充，缺一不可，共同维护国家利益	军队是武装集团，其天职是打赢战争，过分强调非战争军事行动是一种误导，势必导致军队战斗力下降
对非战争军事行动的地位	具有相对独立性，在一定条件下能直接达成或推动达成政治或军事性目标	只能是战争行动的补充，无法发挥独立作用，将其独立十分危险，会削弱军队的核心职责（打赢战争）
能否把非战争军事行动作为军事战略研究的内容	随着非战争威胁日益凸显在各个领域与层面，其重要性日益突出，将其纳入军事战略研究范围十分必要，且是一种必然趋势	军事战略研究是战争研究，若把非战争军事行动纳入研究范围，将导致军事战略研究的泛化，偏离战略学自身的内在规定性

　　三是军队参与紧急救援的法律问题的专门研究。龙心刚等从法律法规、军队宗旨和任务、非战争军事行动三方面论述了我军参与抢险救灾的性质定位：国家宪法和法律赋予的职责使命、实践人民军队性质和宗旨的

---

① 朱之江：《论非战争军事行动》，《南京政治学院学报》2003 年第 5 期，第 83—86 页。
② 关于争论的详细内容，参见肖天亮《军事力量的非战争运用》，国防大学出版社 2009 年版，第 7—8 页。

具体行动、遂行非战争军事行动的重要内容。① 宋晓鲁认为，军队参与汶川抗震救灾举动是对我国现行军事体制下军队抢险救灾行动战斗力的一次检验，同时也针对这种战斗力提出了许多军事法律应用的新课题，包括军事指挥、军事设施保护、军人伤亡处置、义务兵服役、军事刑法适用与完善等。② 廖丹子认为我军对汶川地震的成功救援再次证明了军队参与国内灾害救援的地位不可或缺，而军队参与灾害救援的首要问题是合法性、程序性、恰当性、责任界分等法律问题，具体包括合法性、责任领域、领导指挥、支持范围、成本担负五方面，并提出要具备一个清晰的法律框架以协调军队应急法与政府应急法。③ 陈婷认为，非传统安全问题多样化、复杂化的发展态势，决定了军队应对非传统安全法律法规的规范要更加具体，其法律法规是重要保障，从横向的位阶层次看，应包括宪法中的军事法律规范、基本军事法律、军事法律、军事法规、军事规章五个层次；从横向门类划分看，则涵盖统一法与单行法。④ 李一行等对中国人民解放军参与抗震救灾的启动、调动、保障等法律依据及法律体系结构进行了论述。⑤

四是其他方面，如关于军队非战争军事行动的指挥⑥、政治工作⑦、行动动员能力建设⑧等问题的专门研究。

---

① 龙心刚、龚耘：《军队参加抢险救灾的性质定位》，《军队政工理论研究》2008 年第 9 卷第 5 期，第 76—78 页。

② 宋晓鲁：《从汶川大地震看军队参加抢险救灾中军事法的应用与完善》，《西安政治学院学报》2008 年第 21 卷第 5 期，第 58—61 页。

③ Danzi, Liao. A Review of the Key Legal dynamics of Chinese Military Involvement in Domestic Disaster Relief（MI/DDR）. *Journal of Homeland Security and Emergency Management*, 2010, 9 (1).

④ 陈婷：《军队应对非传统安全的法律法规研究》，《军事历史研究》2009 年第 1 期，第 130—136 页。

⑤ 李一行、黄萍、孙兴旺：《人民解放军参与地震灾害救援的法律依据分析》，《防灾科技学院学报》2009 年第 11 卷第 2 期，第 117—120 页。

⑥ 王文臣：《信息化条件下人民防空指挥研究》，海潮出版社 2008 年版；倪百鸣、周成喜、王明威：《军队参加处置突发核化生事件指挥研究》，国防大学出版社 2009 年版；徐金才：《浅谈军队遂行非战争军事行动任务的组织指挥》，《国防》2008 年第 9 期，第 20—23 期。

⑦ 刘源：《非战争军事活动中的政治工作》，军事科学出版社 2009 年版。

⑧ 易巧平、严慧：《汶川抗震救灾对我军遂行非战争军事行动能力建设的启示》，《国防》2008 年第 7 期，第 6—8 页；付彩霞、陈活良：《从抗震救灾看我军非战争军事行动员能力的新要求》，《理论月刊》2009 年第 2 期，第 83—85 页。

（二）国内民防研究评析

整体而言，国内民防研究围绕民防发展脉络与基本理论、新时期城市民防建设、国外民防经验介绍、民防基本要义等主题展开，对民防的价值目标、主要任务、基本要义、建设重点、一般路径等进行了论述，尤其重要的是对军队非战争威胁应对的一般理论与重要实践进行了阐述。这些研究大致勾勒了我国民防建设的历史背景与现时状态，为新时期民防防空防灾一体化建设建立了基本框架，为本书提供了基本观点与基本素材。

然而，国内民防研究还存在以下不足：一是对民防的内涵还未有深刻、规范的学理界定，未建立民防研究的基本方法，也未达成一致的民防研究对象；二是未能从我国面临的非传统安全新态势来全面审视当前及未来我国民防转型这一问题，因而对我国民防转型的基本问题与未来定位缺乏深刻的理解；三是对我国民防转型过程中的重大问题与重大困境未能进行专门阐述，如民防立法、顶层机构设置、军队应对非传统安全威胁、部门联动、社区民防、民防建设中的政社关系等；四是未能从国家非传统安全治理体系的角度来审视新时期我国民防建设的整体思路与具体对策。尝试弥补这些不足构成了本书的重要内容。

另外，整体观之，当前国内外民防研究动态主要体现在三方面：一是对策取向趋于综合。如在非传统安全治理的对策上，很多研究者开始从微观技术、单一线性考量（如从预警预测、专业队伍、信息技术等单一方面）明显转向综合化、全局化的考量，如提出"大政府""整合型治理"等。对策研究的大角度转向契合了当前复合、交织的非传统安全威胁的现实。二是研究领域更具情景性，即紧密跟踪国内外安全新动态、新特性。如2011年我国海外华人遭受人身与财产的安全挑战，海外国民安全保护瞬间上升为国家安全实践与安全战略的重大议题，且立即成为国内外安全、外交等领域的重要专门研究内容。还如随着信息技术日益嵌入百姓生活，民众在信息安全中的脆弱性也日益显现，如何加强信息化条件下的民众安全也成为民防研究的新兴内容。三是研究方法趋于交叉性，包括学科的交叉与具体研究方法的交叉。学科交叉体现在：民防研究逐步融入安全学（如将民防视为国家安全战略体系的重要组成部分）、公共管理学（如从政府公共政策的角度看待民防政策的制定与实施）、国际关系学（民防成为新时期国家开展"非传统安全外交"的重要抓手）、心理学（用心理学的基本方法指导民防宣传与教育的理论研究与实践工作）等诸多相关学科。具体研究方法的交叉表现在：相关学科的研究方法被运用到民防研究中，如安全化理论（securitization）、灾害脆弱性（vulnerability）、保护的责任（R2P）等理论的运用。

第三节 研究方法、重难点、创新与路线

一 研究方法

"方法"，现代汉语词典将其定义为：解放思想、说话、行动等问题的门路、程序等。① 若以"门路"和"程序"作为方法的核心内容，则本书主要运用了两大类方法。

（一）学科方法

一是国际关系学。提供全球视野以考察全球安全态势、非传统安全新趋向与中国所处的综合安全现实，尤其是指导将非传统安全维护置于全球安全治理与我国国家安全方略这一宏大架构之中，据此勾勒中国民防转型的未来整体定位、体制新建构的基本诉求及完善我国非传统安全治理体制的新思路。

二是非传统安全学。②以非传统安全研究中的基本范畴、方法、对象与问题域，提供安全态势分析、安全威胁识别、安全特征剖析、安全问题应对、安全方略选定等相应思路。

三是行政管理学。在行政管理学之体制理论的指导下，阐述民防体制的内涵、特征、要义与建构要求，指导在国内与国际两个维度上对民防体制进行比较，对我国民防体制困境的超越提供理论指导。

---

① 中国社会科学院语言研究所词典编辑室：《现代汉语词典》（第五版），商务印书馆 2005 年版，第 353 页。

② 非传统安全研究是否已成为一门"学"还未有定论。本书在一个模糊定义的基础上将之视为一门独立学科，主要指非传统安全研究的基本概念、基本内容与基本方法形成的整体体系。

（二）具体研究方法

一是文献研究法。梳理与评述现有国内外相关研究文献，总结当前研究主题、重点、范围与动态，把握未来研究趋向。在总结现有研究的基础上，设定本书的方向、空间、重点与难点。

二是比较研究法。意大利比较法学家卡佩莱蒂（Mauro Cappelletti）将比较法研究分为六个步骤：第一在所比较的研究对象间寻找"共同的起点"（共同面临的问题），第二比较针对共同的起点而采取的法律方法的异同，第三分析异同产生的缘由，第四研究异同未来可能的发展趋势，第五对法律方法进行评价，第六根据社会需要及发展趋势预测未来发展。① 本书采用卡佩莱蒂的方法与思路，对美国与欧盟、深圳与杭州民防体制进行比较分析与经验总结，据此归纳其对中国民防体制建构的启示。

三是实地调研法。对美国等国外国家民防与深圳、杭州等国内发达城市民防进行实地调研，掌握其民防产生与发展的历史脉络，搜集相关文本、访谈、音像、图片等资料，据此总结其民防建设的成功经验及对中国民防体制新建构的启示。

二　研究重难点

（一）研究重点

第一，运用国际关系与国际安全的学科方法与视角，客观、全面勾勒全球非传统安全态势、特征、一般规律及应对的核心能力要求。

第二，基于历史研究法的角度，梳理外国民防和中国民防的起源与发展，总结一般规律，分析当前特征及未来整体趋势。特别总结中国民防体制的一般特征、能力优势，分析其困境的具体表现及其深层次原因。

第三，基于比较研究法的思路，分别梳理与比较深圳市民防体制和杭州市民防体制、美国民防体制和欧盟民防体制的发展历史、模式特征与借鉴思路。

第四，以"行政管理学要解决实际公共问题"为导向，在总结我国

---

① ［意］卡佩莱蒂：《比较法教学与研究：法学与目的》，王宏林译，引自沈宗灵、王晨光主编《比较法学的新动向》，北京大学出版社 1993 年版，第 15—19 页。

民防体制困境、比较国内外成功民防体制建构经验的基础上，提出超越民防体制困境的整体思路与实施路径。

（二）研究难点

第一，对我国民防体制困境及其深层次原因进行总结与分析。我国民防源起于"战争"这一特殊情境，历史性地具有"战备防空"的法定职责，当前正处于从单一战备防空向平战结合的全面转型时期。"民防参与非传统安全治理"在理论上的正当性与现实中的可行性、操作性经常不一致。因此，从体制的角度分析民防参与非传统安全治理的深层次体制不顺，构成了本书的难点。

第二，提出超越民防体制困境的对策。这一对策要同时具备以下要求：（1）不深层次触及我国现有民防体制（如军政双重领导、平战转接），且符合我国单一制国家的国情；（2）符合非传统安全维护的切实需要；（3）符合当前国际民防向综合化转变的整体趋势与国际裁军的要求；（4）符合我国政府体制改革的整体目标。因此，提出理论上逻辑一致、现实中切实可行、利于国际上接纳的民防体制新方案，是本书的又一难点。

（三）创新之处

第一，采用了新的立论与视角。本书认为非传统安全体制是非传统安全能力建设的关键，民防体制构成了非传统安全体制中具有平战转接与军民兼容之优势的部分；基于非传统安全能力建设的目标，较为系统、全面地论述我国民防体制的现状、优势、困境与对策，在立论与视角上具有创新性。

第二，对核心概念进行了新的阐释或界定。一是深入阐释"民防"的特征，对民防"政府主导下多方参与的对民众生命、财产与生存环境实行灾险防控与安全保护"的界定进行了微观层面的特征分析。二是针对当前"非传统安全"内涵及其相关内容争议较大的现状，提出应分别在价值与操作层面对其进行界定，本书在操作层面将其界定为"免于非国家间、非军事武力战争的生存性威胁的自由"。①

---

① 在价值层面上，本书沿用浙江大学公共管理学院余潇枫教授的界定，即非传统安全是"行为体间的优态共存"。余潇枫：《中国非传统安全研究报告（2011—2012）》，社会科学文献出版社 2012 年版，第 14 页。

第三，对民防体制进行了新的探索。一是分别对国内城市、其他国家和地区的民防体制特征进行提炼与综合比较，即深圳"大部制"民防体制、杭州"分工联动"民防体制、美国"全景式"民防体制、欧盟"一体化"民防体制，分析其对中国民防体制新建构的借鉴思路，在一般原理上论述了社区民防建设的八项内容。二是对我国民防体制的特征与困境进行专门研究，特征表现为：军政一体、条块结合、平战一体、军地协同、相对独立；困境表现为：高层缺位、中层缺合、军地缺联、基层缺腿、国际缺通。

第四，对民防体制困境提出了探索性对策。本书从时代观、顶层设计、体制完善、基层探索、国际合作等方面提出超越民防体制困境的具体思路。

（四）技术路线图

本书的技术路线可用图 1.1 表示。

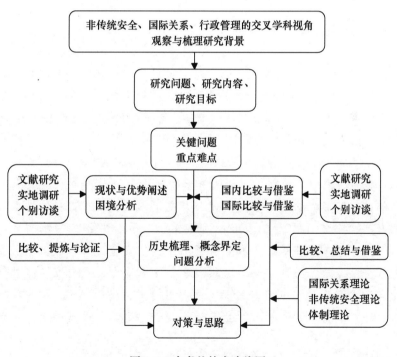

图 1.1　本书的技术路线图

第 二 章

"非传统安全"与"民防":源起与内涵

第一节　非传统安全的实践与内涵

一　非传统安全的源起与实践

自 20 世纪中叶起,涉及生态破坏、发展难题、贫困、饥饿等方面的"非军事问题"进入安全研究的视野,非国家行为体的安全参与越来越被置于次国家、国家、跨国家以及全球的多重安全时空交叠之中。1972 年罗马俱乐部发表《增长的极限》《人类处于转折点》等报告,对人类社会面临的某些非军事性灾难提出了预警。联合国自 20 世纪 60 年代开始关注环境、粮食、人口、贫困等非传统安全问题;70 年代开始关注安全的相互依赖性与发展中的安全问题;80 年代把环境、发展、粮食、人权等直接提升到"安全问题"(security issues)来认识,并正式使用"环境安全""经济安全"等话语;90 年代提出"人的安全"概念及其七大安全问题(经济安全、粮食安全、健康安全、环境安全、人身安全、共同体安全和政治安全①),世纪之交联合国提出了"全球安全",欧盟提出了"共同安全",亚洲提出了"协商安全""综合安全",美国提出了"全球

①　United Nations Development Programme. *Human Development Report 1994*, New York：Oxford University Press, pp. 24 – 25.

反恐"①。自 21 世纪以来，信息化、全球化促成了各国与区域事务的更加相互依赖和联通，国家、国际组织、全球单位更加重视"全球安全"（而非"国际安全"）和"人类命运共同体"。

随着环境变化、人口增长、资源匮乏与国际冲突之间的关系受到更为广泛深入的研究，"非传统安全"范畴以及相关话语（discourse）在 20 世纪 90 年代起开始见诸加拿大、美国、英国、日本及欧盟、东盟等主要国家和地区关于国际安全（international security）和区域安全（regional security）问题的学术研究、战略报告和政策文件中，如 1997 年克林顿政府的《国家安全战略报告》就强调了美国面临"新威胁"；2000 年布什政府提出"先发制人"战略及 2001 年 9·11 事件后，美国相继出台了《网络空间国家安全战略》《国土安全国家战略》和《反击恐怖主义国家战略》等；奥巴马政府期间（2008—2016）的《国家安全战略报告》都在强调全球充满了包括暴恐、能源、宗教、气候、信息、金融等多种多样的威胁，呼吁将美国的合作对象从传统盟友扩展到中国、印度等正在崛起的大国。

进入 21 世纪，安全现实更加综合复杂，其威胁的综合度、复杂度、风险度与应对难度进一步加大，金融危机、能源问题、恐怖主义、生物暴力、金融安全、粮食安全、网络与信息安全等已是国际社会热议的话题和国家治理的重要议题。非传统安全威胁的现实开始改变国家的安全理念与各国的安全环境，越来越多的国家开始把非传统安全置于国家安全方略的重要位置，安全的探讨和努力也已在相当大的程度上超越了传统安全研究的国家和军事中心主义的边界，非传统安全威胁作为一种异于战争威胁的"新"的威胁现象与形态，已从产生伊始的被零散关注、被普遍重视上升到国家安全战略制定的重要议题。

日益凸显的非传统安全威胁也引起了中国政府的高度重视，提高非传统安全治理能力成为党的执政能力和政府管理能力建设的重要内容。相比较而言，中国非传统安全治理实践起步较晚，但发展较快，这个过程大致分为四个阶段。

第一阶段（1978—1991）是中国初步应对非传统安全威胁时期。这

---

① 余潇枫、潘一禾、王江丽：《非传统安全概论》，浙江人民出版社 2006 年版。

一时期中国确立了"和平与发展"的时代观，以"一国两制"的方式探索实现国家统一的新途径，完成了从"求存"到"图强"的安全战略的历史转型，人口安全、贫困问题、政治风波是一度影响中国社会发展的安全主题；学术界和政界开始反思安全概念，提出包括军事、科技、环境、资源、文化、经济等内容的综合安全观。

第二阶段（1992—2000）是中国多方面应对非传统安全威胁与"新安全观"形成的历史时期。苏联解体后中国周边物理场域的变化与改革开放后安全的社会心理场域的变化，特别是亚洲金融危机使国人对非传统安全问题日益表示出重视，中国开始开拓安全的内涵，寻求共同安全、发展安全与合作安全，形成了"互信、互利、平等、协作、尊重多样文明、谋求共同发展"的"上海精神"。

第三阶段（2001—2012）是中国全面应对非传统安全挑战时期。2001年9·11事件后，包括中国的主要大国都在积极强化反恐能力。2001年中国政府与上海合作组织成员国签署《打击恐怖主义、分裂主义和极端主义上海公约》和《关于地区反恐怖机构的协定》，2002年联合发表《中国与东盟关于非传统安全领域合作联合宣言》。随后，中共党的十六大、十七大、十八大及其报告指出我国面临较为严峻的传统安全问题与非传统安全问题相互交织的挑战，在加强传统安全的同时，要大力加强非传统安全问题的应对。2001年以来，中国政府在应对SARS、H1N1、禽流感等公共卫生危机，应对全球金融危机和欧债危机对中国的威胁，应对世界能源危机，应对大量食品安全突发事件所引发的社会信任危机，应对中国边疆安全突发事件（西藏3·14事件和新疆7·5事件），应对2008年的南方冰雪之灾、汶川地震和2010年的玉树地震等各类特大自然复合性灾害，成功完成2011年利比亚撤侨以保障海外华人安全，参与全球气候问题、网络与信息安全、人道主义灾难救援、区域安全维护等非传统安全治理实践中，既反映了中国面临的非传统安全挑战愈加综合复杂，也反映了中国政府与社会提升非传统安全能力的各种积极改革。

第四阶段（2013年至今）是将非传统安全纳入国家安全战略与国家安全战略再定位时期。2013年十八届三中全会后，我国先后提出了"总体国家安全观"、国家安全法、国家安全战略实施纲要的建设要求，明确提出"既要重视传统安全问题，也要重视非传统安全问题",显示了中国高层对于非传统安全问题的高度重视。这一时期,中国积极应对源自国内外的非传统安全问题(如能源安全、暴恐危机、环境问题、网络与信息安全等),积极参与并在一些方面勇于主导全球非传统安全问题治理①,由中国政府主导、社会广泛参与、多方联动共建的非传统安全治理格局基本形成,中国政府与社会的非传统安全观念正在变得更加综合、共建共享和以人为本,治理体制正朝向统一、联动、高效方向转变,应对复杂、综合性非传统安全挑战的能力显著提升。

二 非传统安全的内涵与特征

国内外非传统安全研究界对非传统安全的内涵进行了广泛探讨和争论。西方学者的理论研究中较少使用"非传统安全"一词,而是用更具体的指称,如非军事安全(non – military security)、非常规安全(non – conventional security)、全球安全(global security)、综合安全(comprehensive security)、人的安全(human security)、新安全(new security)等。在如何界定这些"非传统的"威胁上,代表性的主要观点有:普林斯顿大学著名国际关系教授里查德·乌尔曼(Richard H. Ullman)1983年发表在《国际安全》期刊上的《重新定义安全》一文,被认为是"非传统安全"观念的最早表达,其提出国家安全和国际安全的概念应该扩大,应该包含非军事的全球问题,比如资源、环境和人口问题等"非传统"的安全问题。Bedeski认为非传统安全是"那些破坏国民幸福、地区稳定与国际和平的非军事性问题"②。国内学者,如:陆忠伟将其界定为"由非政治和非军事因素所引发……的跨国性问题以及与此相应的一种新安全观和新的安全研究领域"③,王逸舟认为是"近些年逐渐突出的、发

---

① 如2016年中国主办G20杭州峰会显示了中国积极参与和推动全球经济安全以及气候变化、网络与信息安全、联合反腐等重要问题的大国担当。

② Robert E. Bedeski. *Integration of Non – Traditional Security Issues: a Preliminary Application to South Korea*, in Miriam R. Lowi and Brian R. Shaw (eds). *Environment and Security: Discourses and Practices*. Basingstoke: Macmillan Press Ltd., 2000: 105.

③ 陆忠伟:《非传统安全论》,时事出版社2003年版,第20页。

生在战场之外的安全威胁"①，朱锋则认为是"'非国家行为体'带来的'非军事安全'"问题②，余潇枫将其理解为"一切免于由非军事武力所造成的生存性威胁的自由"③。而关于非传统安全内涵的理解也存有诸多争议和讨论④。

《非传统安全与中国外交新战略》对如此丰富的非传统安全定义作了综述，认为当前关于非传统安全内涵的界定主要有以下五种：（1）非直接由军事武力所引发的、没有明确威胁者的"新"安全威胁；（2）非直接由国家行为体带来的安全威胁；（3）涉及"全球安全""地区安全"诸多方面的需要多国行为体共同应对的安全威胁；（4）涉及"人的安全"与"社会安全"为主要领域的各种威胁；（5）与传统安全相互交织的更具有非武力特征的各类威胁。⑤ 因此，目前，学界对非传统安全的"集合特征"的基本认识是，非传统安全具有非军事武力、跨国性、普遍性威胁、非国家行为体参与、从来没有发生过、需要多国行为体共同治理等核心特征。

的确，单纯用"非军事性武力"来界定的"非传统安全"内涵已无法客观、全面地解释广泛存在的"非传统"的"非传统安全威胁"，如以军事性武力攻击为手段的恐怖主义、以网络武器为手段的新型战争（信息战争或网络空间战）、以武力冲突为主要形式的能源战争等，"非传统安全"需要在一个更为微观的层面上进行愈加精细化的分类研究。本书认为，界定"非传统安全"关键要坚持两个原则：一是清晰点出与"传统安全"相对、动态的区别之处，即要表明非传统安全不是什么。传统安全的核心是"国家之间"与"军事性武力"，因此非传统安全不是"国家之间的武力性对抗"、不是"国家之间的军事性对抗"、不是"国家之间的政治性对抗"。二是具有时间、空间与价值三个维度的意涵，即具有

---

① 王逸舟：《重视非传统安全研究》，载《人民日报》2003 年 5 月 21 日，第 7 版。

② 朱锋：《"非传统安全"解析》，载《中国社会科学》2004 年第 4 期，第 140 页。

③ 余潇枫、潘一禾、王江丽：《非传统安全概论》，浙江人民出版社 2006 年版，第 52 页。

④ 关于"非传统安全"中之"非军事性"的规定，盛红生教授、王义桅教授和魏志江教授就认为，这并不能切实反映当前非传统安全的特征，如不能揭示恐怖主义、信息安全的特征。参见三位教授在浙江大学国家社科基金重大项目"中国非传统安全威胁识别、评估与排序"开题论证会上的发言，杭州，2012 年 9 月 27 日。

⑤ 赵远良、主父笑飞：《非传统安全与中国外交新战略》，中国社会科学出版社 2011 年版，第 29—30 页。

普遍概括性。

据此,本书将"非传统安全"界定为"免于非国家间、非军事武力战争的生存性威胁的自由"。这突出"非国家间"、"非军事性"武力的战争、"生存性威胁"三个要点:"非国家间",即把恐怖主义纳入其中,因为恐怖主义是非国家行为体之间、非国家行为体与国家行为体之间的冲突;"非军事性"武力的战争,即把贸易战、信息战、石油战、虚拟水战争等新的战争形态纳入其中,贸易、信息、石油、粮食、标准、质量等成为新型战争的手段,其背后的文明冲突、信仰对抗等因素也能纳入其中;"生存性威胁",即把从全球到个人的各个层面的主体都纳入进来,且具有"普遍性"。

非传统安全在这一界定下呈现出"领域"特征:即安全性质被转换,主权性威胁转换成了生存性威胁,军事政治性威胁的关注转换到非军事政治性威胁;威胁来源被拓展,可以来自国家内部,也可以来自国家领土外部;威胁层面更广,可以从家庭、社区发展至国家、区域和全球;威胁形式被延伸,可以是遏制、控制、威胁等传统方式,也可以是除传统威胁形式之外的所有其他形式,如对话、合作、协商等;安全领域被拓展,从军事安全、政治安全拓展到了一切与国家安全、人的安全及社会安全相关的领域。在这一界定之下,非传统安全的安全内涵指涉更加丰富多样、安全维度指向更加复杂多向、安全领域边界更加复合多重、安全维护应对更加泛化多元。这预示着在复杂与模糊的安全态势下,要更加深入、细致地认识非传统安全的边界、内容、特征及治理范式,实现非传统安全应对从零散到系统、从被动到主动、从经验到理论、从策略到方略的转变,非传统安全研究也要为全面提高新时期的非传统安全治理能力提供智力支持与决策参考。

第二节 民防的源起与内涵

一 民防的源起

空袭是现代战争过程中重要的作战手段。"民防"伴随于"防空"

而产生，起初是指遭遇空袭时对民众发出警报并实施救护。"民防"的概念源自西方国家，指在战争中为有效应对战争空袭灾害、减少与消除战争后果、保护平民生命与财产安全的一切行动。可见，"民防是一种重要的防御形式，从战争的逻辑上讲，民防是'空袭'这种作战方式'炸'出来的一种防护形式"，也即"空袭是民防产生的逻辑起点"①。纵观整个世界战争的沿革与演变，民防随着空袭的产生而产生，并随现代空袭的发展而发展；同时，第二次世界大战以后，空袭成为主要的作战样式，以城市为重点打击目标的空袭越来越成为国家安全防备的重中之重，空袭和反空袭亦将成为未来战争的重要作战样式。本质上看，民防是伴随人类科技发展出飞机并将之用于战争空袭行动而产生，并经过了从民间自发行为上升为政府行为，进而在某些方面上升为国际行为的过程。

1903 年美国莱特兄弟完成了世界上第一架飞机的成功试飞，不久飞机被应用到战场。1911 年意土战争中，意大利陆军第一飞机连首次利用飞机实施空中侦察并投下第一颗炸弹，开创了人类战争史上飞机参战并实行"空袭"的历史，与此也相应产生了"防空"概念。由于当时受技术条件的限制，空袭范围狭小，军事作用也相当有限，仅起到震慑作用。但是，从民防发展的历史演变逻辑来看，早期的空袭是民防产生的直接原因。

一般认为，民防正式产生于第一次世界大战。第一次世界大战爆发后的第三天，即 1914 年 8 月 3 日，德国飞机空袭法国城市留内比尔，成为人类战争历史上飞机首次大规模空袭城市的作战行动，"民防"开始登上历史舞台。随后，德、英、法等参战国相继对敌方实施大规模空袭轰炸。为减轻空袭造成的危害，英国于 1914 年率先在伦敦建立了民防组织，主要开展警报发布、居民疏散、消防救护、灯火管制、伪装隐蔽等工作，正式大规模、有组织的民众防护行为已经产生。在对德的民防行动中，英国政府部门发现民众自发的防空袭行动存在组织松散混乱、反应迟缓、装备落后、效率低下等缺陷，无法满足抗击大规模防空行动的需要，因此，英国政府将民间的、自发的民防行动纳入政府管理日程之中。1917 年 8 月，英

---

① 商则连主编：《民防学》，国防大学出版社 2006 年版，第 48 页。

国政府在伦敦成立了世界上第一个国家层面的民防机构——防空指挥部，掌管空袭警报、灯火管制、防空洞建设、人员疏散、消除空袭后果等活动。

世界大战的空袭范围逐渐扩大，国家实施的民防活动也更加有组织化。1914 年 8 月，比利时地面部队使用步枪，将英国一架低空飞行的飞机击中，成为世界战争史上反空袭的首个成功战例。1915 年，德国派出两艘飞艇对英国实施空袭，破坏了伦敦的建筑物，并造成人员伤亡。截至 1916 年 10 月，德国使用飞艇进行了 51 次空袭，造成死伤军民约 2000 人。第一次世界大战时期也是军事技术和武器装备迅速发展的时期。1917 年德国制造了一批载弹量大、射程远的"GIV 型哥达式"轰炸机，改进了体积、速度、机动性、防御性等多方面性能，成为空袭的主角，之后德国又制造出"巨人型"轰炸机。1918 年 11 月第二次世界大战停战后，英国因遭受空袭而损失惨重，空袭在战争中的重要影响得到全面体现。作战过程中，英法等协约国从最初的惊恐好奇转变为组织防护。英国于 1924 年起开始对空袭灾难进行统计，在 1935 年成立内政部并赋予其"防空袭"（Air Raid Precautions，ARP）职能，1938 年颁布《民防法》，开始在公园和广场挖建防空庇护场所。1939 年，为了防止德国的空袭和攻击，英国政府从城市疏散了 150 万居民到被认为安全的城镇与乡村。至此，城市居民的生命与财产安全保护成为政府的一项重要职能。可见，民防源起并发展于战争中组织民众实施"防备空袭"的系列活动之中。

二 民防的内涵与维度

"民防作为人类安全发展史上的重要防护形式，有其特定的历史形成过程、多样的实践与探索过程以及对自身发展进行认识与反思的理论提升过程。"[①] 综观民防的产生与发展，民防的内涵及其相应职能历经了四次重大延伸（见表 2.1）。

---

① 余潇枫、廖丹子:《"现代民防"：安全治理新建构》,《浙江大学学报》（人文社会科学版）2012 年第 2 期，第 100 页。

表 2.1   民防职能的四次重大延伸

大致时间与 核心内容	具体内容
第一次延伸 1914 年第一次世界大战爆发至 1945 年第二次世界大战结束，从"防备空袭"延伸到"防战争伤害"。	曾在第一次世界大战期间救治过伤员的法国医生乔治·圣保罗 1931 年正式向法国政府提出申请，成立了第一个国际性非政府民防组织——日内瓦区国际协会，主要目标是保护民众免受和少受战争伤害。为最大限度地实施民众保护，保护战时平民安全的日内瓦四公约也在这一时期基本制订完成。① 在第二次世界大战中的西班牙战争和中日战争中，该组织曾动员并组织志愿者参与人道主义援助工作，其主要目标便是保护民众免受和少受战争伤害。冷战时期，核武器与核威胁带来的恐惧，使民防增加了"遭遇核武器威胁或伤害时的民众防护"这一新内容。为了保护民众在战争中的生命和财产安全，许多国家都十分重视民防建设，民防工程、空情情报网与警报传递网、民防专业队伍、民防知识教育与训练等均为当时民防建设的主要内容。
第二次延伸 从 1945 年第二次世界大战结束到 1994 年《民曼宣言》出台，从"防战争伤害"延伸到"防平时灾害"，逐步包括了战争灾害与平时灾害的综合防护，民防组织与法律逐步健全。	第二次世界大战结束后，以核威慑为冷战形式的美苏两极对抗形成，核威胁防护因此被纳入民防职能之中。1958 年日内瓦区国际协会改名为国际民防组织（International Civil Defense Organization）；瑞士联邦政府 1962 年《联邦民防法》指出："民防是国防的组成部分，旨在战时保护与救援人民，预防并减少战争对人民生命和财产带来的损失，平时用来抢险救灾"；1966 年，国际民防组织重新制定了《国际民防组织组织法》②，并逐步从文本的法向实践的法拓展③；1972 年国际民防组织向联合国申请注册并得到承认，并创办《国际民防杂志》会刊；1994 年成文的《民曼宣言》强调："不应该将民防仅限定为对战争期间或武装冲突中所导致的灾害采取某种人道主义行动，而应当确认民防这一概念应包含人类为抵抗各种事故和灾害，保护人口、环境和财产所采取的一切措施"。④

---

① 战时保护平民的日内瓦四公约，可参见 International Treaties and Documents：http：//www. icrc. org/ihl. nsf/CONVPRES？OpenView。

② 国际民防组织官网主页：http：//www. icdo. org/index. php？option = com_ content&view = article&id = 2&Itemid = 3&lang = en。

③ Stéphane Jeannet. Civil Defence 1977 - 1997：From Law to Practice. *International Review of the Red Cross*，No. 325，1998：715 - 723.

④ 吴凯：《新军事变革条件下我国人民防空教育探析》，东南大学硕士学位论文，2007 年，第 4 页。

续表

大致时间与核心内容	具体内容
第三次延伸	20世纪中叶到2001年，从"战争防备、灾害防护"拓展到"经济目标""关键基础设施"和"物质与文化财产"防护。	美、苏两大冷战军事集团在提出打击经济目标的同时又提出"经济目标防护"（又称"工业防护"），美国和苏联民防部门对经济防护进行了大量的研究试验并制定了防护标准和技术措施规范。随后，日本、法国、德国、韩国、以色列等国家也都对其民防部门赋予了保护工业企业的经济防护任务。20世纪90年代，美国提出了"关键基础设施（即经济目标、政治目标和军事目标的总称）防护"，并把"对受敌攻击、受自然或技术灾害而毁坏的重要设施和设备进行紧急抢修和恢复"写入《联邦法规》的民防工作任务中。俄罗斯则强调"物质与文化财产"的防护，其1998年颁布的《民防法》规定：民防是为保护俄罗斯联邦境内的居民、物质与文化财产免遭军事行动或自然、人为灾害所采取的综合措施。
第四次延伸	2001年后至今，拓展至"反恐""防毁"等。	2001年9·11事件爆发，美国重组国家安全机构、调整安全重点与方向，将反对恐怖主义、维护自身国土安全视为国家安全的首要任务。几乎与美国同步，欧盟、北欧、中国、韩国等地区与国家也将"反恐"列为国家安全序列的优先位置，并发展至将平时的"乱""灾""险"等威胁内容纳入民防职能之中。

民防内涵的延伸过程可由图2.1来简化表示。

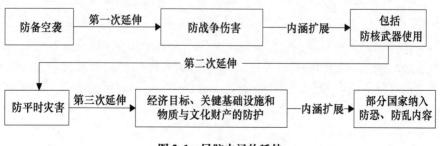

图2.1　民防内涵的延伸

综观近一个世纪的民防发展，伴随着人类灾难形式、各国民防重点的不断转换，许多国家将民防职责扩展至防毒（制止民众受毒品侵害，制止毒品交易、吸食等)、防暴(防止各类暴力袭击)、防乱(防护社会秩序受到人为危害、对各类突发事件进行防控和修复)、防险(防护各类自然、人为风险和灾害)等内容,民防职责经历了从防空到防战、防核、防恐、防毁、防灾、防乱、防险等一体化的拓展和延伸过程,越来越趋向于一种综合、整合的态势,即对战争与非战争灾险下的人的生命、财产与生存环境安全实施防护,其职能范围、地位、作用、重要性、优先性也发生了新的变化。简言之,民防源起于对战时空袭灾害的防护,随着国际安全形势的跌宕变迁与战争形态的日益变化,其职能逐步延伸至非传统安全威胁应对,其参与非传统安全治理的平战结合能力优势逐步显现,在世界各国开展非传统安全维护的实践也日渐兴盛。

国内外对民防内涵的界定主要体现在民防的法律文本中,包括以下三类:第一类,行为或行动说,即民防是民众防护的"行为"或"行动",如《英国民防简史》对"民防"这样界定:民防就是对一切由于或自然或人为,或大或小,即将宣战与否等原因,而需要紧急救助(immediate assistance)的个人、团体和社群实施的预防和实际的非战争救助行为。[①]第二类,措施说,即民防是民众防护的"防卫与救援措施""一切措施""综合措施"或"措施的拟定和实施"。1994年国际民防组织在《民曼宣言》中指出,民防是人类为抵抗各种事故与灾害,保护他们的人口、环境和财产所采取的一切措施。[②]俄罗斯1998年2月颁布的《民防法》规定:"民防是为准备保护和保护俄罗斯联邦境内的居民、物质与文化财产免遭军事行动或自然、人为灾害所采取的综合措施。"[③]2016年5月13日,我国的全国人民防空第七次会议提出了"贯彻总体国家安全观""有效履行战时防空、平时服务、应急支援职能使命"的民防新定位。第三类,活动说,即民防是民众防护的"自卫、自救活动""防范与减轻灾害危害的活动"。韩国1975年7月25日颁布的《民防卫基本法》规定,民防是在发生外敌入侵、自然灾害和人为事故时,公民在政府统一组织指挥

---

① Tim Essex-Lopresti. *A Brief History of Civil Defense.* Derbyshire:Civil Defence Association. Foreword. 2005.

② 吴凯:《新军事变革条件下我国人民防空教育探析》,东南大学硕士学位论文,2007年,第4页。

③ 李扬:《世界民防概览》,解放军出版社2011年版,第156页。

下,进行防空、支前、救灾等自卫、自救活动。① 上海市 1999 年 6 月通过的《上海市民防条例》将"民防"解释为"政府动员和组织群众采取防空袭、抗灾救灾措施,实施救援行动,防范与减轻灾害危害的活动"。②

上述对民防内涵的不同界说的共同点有:以法的形式规定其内涵;以一国境内的民众安全为目标;以政府为行动主导;以战争与非战争威胁为治理对象;为保护民众安全可采取一切可能措施。

本书将现代意义上的"民防"定义为"政府主导下多方参与的,对民众生命、财产及生存环境实行的灾险防控与安全保护"。这一界定与已有民防内涵相比,更多体现了全球化背景下综合型安全的治理要求:第一,"民",境内外不分民族、宗教、性别、身份、地位的本国国民。第二,准军事性"防护",即防卫与保护。防卫,指战争威胁情境下组织群众疏散、躲避危险以消除与减轻战争灾害后果。然而在这种应对活动中,民防并不直接遂行军事行动,也不承担保护军事力量的任务,而是一种消极防卫行为,即为保存战争有生力量、支持国防安全行为而组织群众疏散、躲避战争危害的准军事性行为,"既非完全军事性,亦非完全平民性"③。保护,指非战争威胁情境下为保护民众安全,而采取措施以防止、消除或减轻危害后果,是一种积极的保护措施。第三,防护的对象是各种具象的"灾"与抽象的"险",以战时防空为核心职责,以非传统安全威胁应对为必要延伸职能。第四,保护的具体内容包括民众的生命、财产及生存环境。第五,防护手段包括灾险之前的"防"和"控",灾险降临时的"救援"和"保护",灾难后"重建"和"修复",着重强调了预防、预警、救急、减缓与恢复的整体过程及平时的可持续建设与管理。第六,强调防护过程中的政府主导与社会多种行为体参与,突出政府"主导"、军队"协助"和社会多元主体"参与",强调政府、军队、社会的"协治"与"齐抓公管",构成网络式、跨界式的安全维护新路径。④

民防内涵包括三个维度:战争灾害防护、平时灾害防护、生活灾害防护。具体而言,就是应对空袭灾害的战备民防、保障应急支援的灾备民

① 李扬:《世界民防概览》,解放军出版社 2011 年版,第 288—289 页。
② 《上海市民防条例》,《新法规月刊》1999 年第 7 期,第 21—26 页。
③ Laura McEnaney. *Civil defense Begins at Home*. Princeton University Press,2000:5.
④ 余潇枫、廖丹子:《"现代民防":安全治理新建构》,《浙江大学学报》(人文社会科学版)2012 年第 1 期,第 102 页。

防、防控日常事故的生活民防。第一，战备民防即战争灾害防护，是为减少、消除战争中空袭状态下人的生命、财产损失和环境破坏而进行的制度安排与行为举措，构成了传统"人防"的内容，其立足于当前我国传统安全现实而对人的安全维护进行的体制设计，是我国国家安全维护的一项长期战略性工作，构成了我国国防建设的重要内容；第二，灾备民防即平时灾害防护，指为集中应对非战争性重大灾险而进行的体制、机制与制度安排，构成了非传统安全治理中保护人的安全的必要举措；第三，生活民防即生活灾害防护，是以日常生活为防护领域，以工作单位、社区和家庭为基本依托，以自救互救为主要手段，对社区地域空间内聚居人群的生命、财产及生存环境实行灾险防控与安全保护。① 战备民防、灾备民防和生活民防，是民防理念的微观化与具象化，在一个更为微观与切实可行的层面提供了民防的具体实现路径，适应了我国非传统与传统安全相互复合交织、高政治安全与低政治安全相互啮合、国内与国际安全相互渗透的现实。

我国民防的职责主要包括两部分：一是基础与首要职责，即战时组织人民群众防空。当前主要国家正在加紧调整军事安全政策与大力发展军事高新技术，一些大国积极制定外层空间网络与基地战略，推进反导系统建设，建立全球快速打击手段，抢占新的军事战略高度；部分国家保持强军势头，国际军控进程有所进展，但防止大规模杀伤性武器扩散和核扩散依然任重道远。② 从战争形态看，空袭依然是主要作战样式和国家安全维护的必要措施，战时组织人民群众防空依然是我国民防的首要与基础职责。二是拓展与延伸职责，即作为政府非传统安全治理的重要组成部分积极参与非传统安全威胁的应对。民防在履行防空职能的基础上发挥其战备资源合法、恰当、适度地参与非战争性威胁的应对，成为一项具有重大现实意义的任务。民防从单一战备防空向防空防灾一体化全面转型，也构成了我国当前民防转型的基本定位。

民防的内涵及其涵盖的三个维度集中反映了三个特征：（1）以"人的安全"为一切民防活动的价值基点，即针对不同安全语境（context）

① 关于"民防"三个维度的阐述，见余潇枫、廖丹子《"现代民防"：安全治理新建构》，《浙江大学学报》（人文社会科学版）2012年第1期，第98—107页。

② 李文良：《2011中国国家安全概览》，时事出版社2012年版，第24页。

下的人的安全实践进行具体化的路径设计,为全面加强人的安全能力提出了新的思考,构成了新时期非传统安全能力建设的必要内容与价值目标。(2)集中发挥了民防体系平战结合和军队参与非传统安全治理的体制优势。(3)体现了"大安全"观,符合当前国际民防职责综合发展的大趋势,在理路上较好地重建了我国民防在参与非传统安全治理中与国防、人防、公安、消防、民政、应急管理等的关系。

需要特别指出的是,从我国民防所处的体制生态看,民防内涵可分为狭义和广义两种:狭义的民防是民防(人防)部门为保护人的生命、财产及生存环境而开展的防空防灾活动及其推动的防空防灾一体化建设;广义的民防是政府主导下多元主体共同参与的,为保护民众的生命、财产及生存环境而开展的一切灾险防控与安全保护活动。本书因特定语境需要而使用了"民防""人防""民防(人防)""人防(民防)"等不同表述,"人防"和"人防(民防)"则指人民防空及以此为核心的服务和支援定位,而"民防"和"民防(人防)"则突出强调防空防灾和平战结合的"大民防",有些因语境需要,保留了原本人防、民防、人防(民防)、民防(人防)的表达。

第 三 章

国际民防:历史与发展

第一节　中国民防的历史与发展

　　民众防护在中国自古有之，无论是长城的防战，还是都江堰的防灾，都是世人瞩目的防护工程，它们为当时国家安全防御与民众生命的保护发挥了重要作用。但它并非因"空袭"而产生，因此并非本书现代意义上的"民防"内涵。解放军出版社出版的《人民防空实践与创新》开篇就强调"人民防空，简称'人防'，对外称'民防'"①，所以人防与民防在中国实践中基本上是等同的。当前，我国在认知和实践中更多的是将"人防"视为"民防"中的战时防空。从历时性的角度看，我国民防的萌芽可以追溯到民国时期，新中国成立后先后提出"平战结合""防空防灾一体化""参与应急管理""军民融合式发展""战时防空、平时服务、应急支援""服务国家安全与发展"的民防建设思想，改革开放后我国民防进入"现代民防"建设的新时期。

一　中国民防的萌芽

　　如果以"防空"作为民防源起的标志，那么我国民防源起于 20 世纪 20 年代末。在我国，飞机对城市的轰炸最初可以追溯到北伐战争时期。

---

　　①　赵俊玉:《人民防空实践与创新》，解放军出版社 2008 年版，第 1 页。

1927年3月，国民革命军占领南京，直鲁联军沿津浦铁路实施的反攻过程中三次出动飞机空袭南京，成为我国历史上对城市实施空袭的最早行动。为全面保护国内军阀混战与日军战争空袭中民众的生命与财产，民国政府开始了全面建设防空事业，包括颁布防空法律法规、设定防空业务、组建组织机构和实施防空宣教。南京沦陷后，国民政府将首都迁往重庆。整体上，民国时期的民防也就是从南京与重庆两市首先发展起来。

我国民国时期的民防一经产生就已显现了现代民防的思想萌芽，并初具雏形，这主要包括这一时期由民国政府组织实施的防空业务、民防组织机构、防空教育与演习、民防法律法规等相关民防活动，如防空业务中，就探索实施了守势防空、攻势防空和防空情报；在组织机构上，1932年南京政府成立了人民自卫指导委员会，是我国最早的专门防空机构，1935年还建立了防空委员会；在防空宣教上，1933年国民政府举办民防研究班，1934年建立防空学会，还多次举行联合防空演习。整体看，我国民国时期已具有了较强的民众防护意识。[①]

二　中国民防的初步形成

1937年国民政府制定《民防法》，第一条指出，（民防是）"为有效运用民力，发挥民间自卫自救功能，共同防护人民生命、身体、财产安全，以达平时防灾救护，战时有效支援军事任务"，第二条"民防工作范围"包括"空袭之情报传递、警报发放、防空疏散避难及空袭灾害防护；协助抢救重大灾害；协助维持地方治安或担任民间自卫；支援军事勤务；民防人力编组、训练、演习及服勤；车辆、工程机械、船舶、航空器及其他有关民防事务之器材设备之编组、训练、演习及服勤；民防教育及宣导；民防设施器材之整备；其他有关民防整备事项。"民防工作职责的这一定位初步显露了"平时防灾、战时防空"的民防思想萌芽，且运用了与国际民防通行做法一致的"民防"表述。

《民防法》的制定有一个较长的酝酿过程。1931年南京政府面对直鲁联军的空袭压力，开始重视防空力量的组织。国民政府参谋本部拟定了

---

① 关于民国时期民防建设的相关内容，参见王颖华、毛建华、陈志龙《浅谈民防时期民防的形成》，《中国人民防空》2005年第6期，第45—46页。

《南京防空计划草案》，军事委员会制定了防护团组织规程，对各省、市、县的人民防空工作做出了具体规定；同年，国民政府在庐山会议上颁布了《防空方案》，对防护团组织章程进行了修订。1932 年"一·二八"事变中，淞沪一带缺乏防空组织与力量，民众也无紧急躲避的常识，日机轰炸导致了大量的人畜伤亡与屋舍毁坏。据此惨痛教训，国民政府立即在首都南京制定了《南京市地下建筑施行简则》，并在一些城市组织了人民自卫指导委员会，负责开展民间防空业务，如防空训练、演习与教育，防空警报，通信勤务，灯火管制与疏散引导，防毒及卫生救护等。自此，民防活动从自发、零散状态逐步转变为自觉、有组织状态。同年 9 月，"九·一八"事件一周年之际，参谋本部审核通过了《南京方面之防御方案》，这是我国历史上最早的防空袭预案，同时发出《民间防空准备方法》，就掩蔽部、防空壕、防空警报、灯火、供给水电工厂的保护、消防、消毒、空袭时警察勤务、卫生勤务、空袭后扫除工作、空袭前指导居民等做了细部规定。1936 年颁布《防空建筑规划草案》，目的是"防止空中所施予之危害"，其中对建筑选址、道路建筑、房屋建筑、公共建筑、地下室及避弹室的建筑、工厂建筑、水源水道、桥梁、公园、电线、防空壕都做了详细规定。1937 年颁布《防空疏开办法草案》和《防空法》，这标志着民防已被纳入国民政府的国家防御体系之中。

1937 年 8 月 19 日，国民政府颁布了《防空法》共 15 条，随后各省纷纷制定实施细则。如 8 月 23 日，浙江省成立了省会防护团，下辖 8 个区团，32 个分团，设警备、警报、灯火管制、交通管理、避难编制、消防、防毒、救护、工务、配给、总务 11 个部。10 月 2 日，浙江省政府颁发了《浙江省避难工程委员会组织规程》《浙江省避难工程委员会办事细则》和《浙江省防空协会告浙民众书》。1945 年 8 月 15 日，日本宣布无条件投降后，浙江省防空司令部于 10 月 25 日由云和县迁往杭州清波门云居山寂光寺办公；11 月 16 日，省防空司令部并入省保安司令部，在保安司令部内设防空科。防空科设科长 1 人，科员 10 人，司书 2 人，公役 5 人，共 18 人。国民政府于 1948 年 5 月 12 日修正了《防空法》；随后 8 月 7 日，浙江省防空指挥部制定了办事细则共 8 章 32 条。

中华人民共和国成立前的历史时期内，战事频仍，而民防工事相对简单，城市屡遭空袭，人民的生命、财产因空袭而遭受巨大损失。据相关统计，在抗日战争期间，日军空袭中国各地 12532 次，出动飞机 62909 架次，投弹 261148 枚，炸死 94522 人，伤 114506 人，损坏房屋 462787 间。平均百枚炸弹死 619 人，伤 4423 人，损毁房屋 17721 间，其他物资财产不计其数。[①] 国家与人民深悉防空之重要。总体而言，这段时期的民防具有单一防空性、组织临战性、实施战术性、定位防御性的特征，防空经费极为有限，防空措施简单，防护工程简陋，群众参与的积极性不足，导致一些城市的防空组织徒具虚名，或其防空工程未能发挥应有作用，或防空工作基本处于空缺状态。如 1940 年日军先后出动 6800 架次飞机，投弹17000 余枚，对重庆实施大规模连续轰炸。由于重庆市民防措施与民防工程运用不得力，重庆市民死亡 21000 多人，房屋被毁半数以上。另外，在1941 年 6 月 5 日晚，日军再次空袭重庆，较场口隧道附近的居民纷纷躲进隧道，而该隧道长不到百米，最大容量为 1000 多人，慌张的百姓们涌进隧道时因秩序混乱而导致多人死亡；加上躲避人数数量超过隧道容量数倍，隧道门关闭后空气不流通，空袭过后又未及时打开隧道口，致使约万名百姓窒息而死。这酿成了震惊中外的"大隧道惨案"。[②]

三　中国民防的发展

从历时性的角度看，1949—2016 年，我国民防的发展大致分为以下五个阶段。

（一）服务新生政权和经济复苏（1949—1969）

1949 年新中国成立，外敌武装入侵暂时消除，也基本结束了先前军阀混战与国共两党内战导致的国内战乱，工作重心逐步转移到巩固新生政权和复苏经济建设的工作中来。然而，在这一时期，中国周边连续爆发朝鲜战争、越南战争、中印边境自卫反击战，再加上台湾国民党政府扬言反攻大陆，民防工作仍具有举足轻重的战略保护作用，民防的防空备战职能也得到了加强，且长久处于防御性、战术性的临战状态。整体看，这一时期的中国民防大致分为四个阶段。

---

① 王珏、侯康明：《新时期民防研究》，南京陆军指挥学院专业课系列教材，2000 年，第14 页。

② 同上。

1. 新中国成立初期人民防空的建立

中华人民共和国成立初期就遭到了国民党空军的空袭。1950 年 2 月 6 日，国民党军队从台湾出动飞机 17 架，分 4 个批次轮番轰炸了上海市电力公司、沪南及闸北水电公司等地，累计投弹 60 余枚，炸死炸伤 1400 余人，炸毁房屋 2000 余间。同年 2 月 9 日，国民党空袭了福州市城区，共炸死炸伤民众 200 多人。3 月 3 日，又空袭广州市，炸死居民 259 人，炸伤 347 人，毁伤民船 300 多艘，炸毁房屋 564 幢。① 国民党的空袭引起了毛泽东、刘少奇、周恩来等国家领导人的高度重视，1950 年 2 月，中央指示军队和沿海城市采取有力措施防范国民党军队的空袭，时任上海市市长的陈毅立即组建了上海市防空机构，制定了空袭警报期间城市管制办法，颁布了《人民防空须知》。3 月 2 日，中央要求各主要城市及工业区应设立防空司令部，负责警报、灯火管制及积极与消极防空指挥，动员市民加强防空设备建设。10 月，侵朝美国空军轰炸了我国东北方向的辑安（今集安）、安东（今丹东）、长甸等城镇与乡村，共炸死炸伤 1000 余民众。在此背景下，我国将人民防空工作作为防范国民党空袭沿海城市与防范侵朝美军空袭边境地区、捍卫国家主权与领土完整的一项重要战略决策。随后建立了由周恩来、彭真、薄一波、聂荣臻、罗瑞卿、李立三六人组成的中央人民防空委员会筹备委员会，办事机构设在中央公安部。11 月，政务院颁布《关于建立人民防空工作的决定》，要求"立即紧急动员起来，在一切可能遭受空袭的地区和城市建立人防组织，加紧人防工作的设施建设"，开始建立全国性的人民防空体制。中央还筹办了由 200 多名干部参加的人民防空干部紧急训练班。1951 年 5 月，党中央决定成立中央人民防空委员会，规定了人民防空的性质、任务、方针和政策。沈阳、大连等 36 个内地与沿海大、中城市随即组建人防领导机构、修建人防工程、建立防空警报设施、开展防空宣教活动等，全国范围内的人民防空活动逐步展开。

新中国成立初期的人民防空建设，在战略定位上，将人民防空作为国防重要的战略组成部分，目的在于维护新生政权，促进经济复苏；在职能定位上，人民防空就是集中应对战争空袭、减少或降低人民群众的生命与财产损失；在领导指挥上，实施中央对全国各项人民防空工作的统一领导

① 李扬：《民防基本理论》，解放军出版社 2011 年版，第 39 页。

与指挥；在组织实施上，国家绝对主导、广泛发动群众，具有临战性、应战性与战术性。

2. 朝鲜战争爆发后人民防空的加强

1953 年中央政府制定了国民经济的第一个五年计划（1953—1957）。正值我国百废待兴之时，美国在我国东北方向发动了朝鲜战争。党中央发出指示强调"人民防空工作是在国家建设时期必须同时着手进行的一项重要工作"，并强调人民防空工作要从准备应付帝国主义侵略战争出发，从保护国家建设的长远利益出发，把人民防空建设提高到长期的国防建设的战略地位上去。

1953 年 11 月，中央召开第一次全国人防工作会议，主要明确了四项内容：一是确立了"长期准备、重点建设"的人民防空工作方针，指出人民防空工作是和平建设时期必须同时进行的一项重要工作，必须随同城市建设与工业建设有计划、有重点地加以逐步贯彻。二是安排了第一个五年计划期间的人民防空工作任务，以贯彻工程措施为重点，结合社会主义基本建设，以新建和扩建的工业城市以及现有的主要大城市和工业城市为重点，以重工业、国防工业、铁道企业以及与国计民生有重大关系的企业作为人民防空建设的重点单位。三是明确了人民防空的组织机构，将其办事机构列入公安系统建制，将其工作列为公安工作的一项任务。四是确定了人民防空经费来源渠道和投资办法。会议还研究讨论了《省、市人民防空委员会组织通则（草案）》《第一次全国人民防空会议决议（草案）》等文件。会后，中共中央批转了《第一次全国人民防空会议决议》，高度概括了人民防空工作的意义和目的，明确了人民防空工作的具体要求，指出："为了避免和减少空袭时的破坏和损失，为工厂、企业、机关创造在空袭情况下坚持生产、坚持工作的必要条件，维护后方人民在战争年月里的正常生活，必须在和平时期随着国家的建设尽力做好人民防空的各项准备工作，特别是防空工程措施。"会议一致认同，人民防空工作是一个重大战略问题，关系着亿万人民群众的生命与财产安危、关系着社会主义经济建设、关系着战争情况下的物资支援与战争的最后胜利。

3. 相对和平环境中人民防空的巩固

1956—1969 年，社会主义建设事业在相对和平的环境中前进。抗美援朝的胜利为中国迎来了一个较长的相对和平的国内环境，但同时这一时期的社会主义建设事业经历了诸多艰难曲折。经过三大改造，社会主义基本制度在中国初步建立，中共八大对当时国际形势与社会主要矛盾重新作出了新的正确判断，这都为社会主义经济建设提供了有力基础。而同时这一时期也经历了反右派斗争扩大化、"大跃进"、人民公社化等阻碍社会主义经济建设与政权建设的举措。在这一背景下，人们的国防观念和忧患意识逐渐淡化，和平麻痹思想逐渐滋长，一些城市在建设中开始忽视、淡化人民防空思想与人民防空工程建设。1956 年 2 月，毛泽东在听取重工业各部汇报时了解到这一情况后强调："地下防空室，这笔钱不能省。"1965 年 1 月，毛泽东在听取长远规划时又指示："老百姓怎么办？就是每个房子挖个洞，自己挖。平时当仓库，藏东西，战时飞机来了当防空洞。"毛泽东的一系列指示明确要求，为总体上重新重视人民防空建设提高了重视程度，指明了建设方向。值得指出的是，1962 年台湾国民党政府扬言要反攻大陆，国内战备形势又趋于紧张，人民防空工作又被重新提出。整体而言，这个时期的国防战备思想有所松懈，对防空备战的领导组织、人防工程等的重视程度也有所下降，人民防空建设呈现松散、被动，甚至停滞状态。

（二）应对核威胁的全民备战（1969—1978）

以应对核威胁为重点的民防建设大致从 1969 年全国人民防空领导小组成立至 1978 年实施改革开放的 10 年（1969—1978），20 世纪 60 年代开始，两个超级大国争夺世界霸权的斗争日趋尖锐，两极核对抗逐步升级。中国思想工作上始终处于临战状态，提出了立足于"早打、大打、打核战争"的观点。基于此，民防的重点开始转向防御核战争威胁，形成了全民备战的民防建设阶段。

20 世纪 60—70 年代，美苏核军备竞赛更加激烈，国际安全再次陷入紧张态势。同时，中苏关系破裂，苏联的强敌压境成为我国国家安全的直接重大威胁。1969 年 3 月 2 日，苏联边防军突然袭击位于我国黑龙江省的珍宝岛，并在我国东北边境陈兵百万，战争态势一触即发。面临该形势，毛主席先后发出"备战、备荒、为人民"和"要准备打仗"的指示，针对人民防空工作处于松散状态，毛主席又要求全国各地要加强城市防空，并批评不重视人民防空工作的问题。全国随即加紧了民防工作，包括加紧调整工业布局，疏散大城市人口，加强全国、省（自治区、直辖市）的"三线"规划和建设；在县以上人防领导机构设立警报通信网；修建城市地下人防工程;对人民群众实施防空知识与技能教育;组织警报传递、疏散与防空演习。1969年8月,中共中央决定将人民防空工作由公安部移交总参谋部管理,并成立了人民防空领导小组。随后,全国各大军区、省(自治区、直辖市)和主要城市也相继调整与健全人防领导机构和组织,建立由政府、军队及有关部门领导组成的人民防空领导组织体系,包括成立人民防空领导小组,设立办事机构,拟制人口疏散计划,组织和训练群众性的防空专业队伍,组织群众开展战备思想与防空知识教育,动员群众性的挖防空洞、防空壕活动,等等。政府有关部门、重点城市及其街道社区、大型企事业单位等也都相应建有人防机构,或编派专职人员对本单位的人防工作实施领导、规划与督促检查。1971年7月,第二次全国人民防空会议召开,周恩来指出了和平时期坚持人民防空建设的重要性:"认为人民防空过时了,或者认为不重要,这是不对的。核战争、常规武器战争,我们都要很好的防,要很好的保存有生力量。人民防空是我们全面战备的一部分,各地、各大军区、省军区,各级党委和革命委员会都要重视,加强一元化领导,统一部署。已完成的工事,平时应加强维护管理,不然,战时就不能使用。"[1] 会议还研究分析了人防工作形势,提出了进一步加强人防建设的任务、范围和发展步骤,要求提高对人防工作的认识,健全人防组织机构,充分发动群众建设人防。

　1972年12月,毛主席又发出了"深挖洞、广积粮、不称霸"的号召,出现了全民动手深挖防空洞的局面,构筑了相当规模的人民防空工事,人民防空开始成为一项全民备战工作。这主要包括:一是疏散人口。靠近沿海的一些城市按照打防结合的要求,初步建成了一批战斗街、战斗厂,采取上山下乡、工厂搬迁和在农村建立基地的办法,疏散了总城市人口的约14%。[2] 二是组建专业队伍。全国各城市共建立了160万人的人民防空专业队伍。三是开展防空知识教育。进行了防核武器、防化学武器、防生物武器袭击的"三防"知识教育,用土法自制了以"三防"器材为主的各类防护器材,向群众普及自救互救方法。四是建立警报通信和指挥系统。全国地市级以上单位一般可在三分钟内收到统帅部的警报。经过1969—1971年两年的努力,中国人民防空基本改变了过去"城市防空没

---

[1]　李扬:《民防基本理论》,解放军出版社2011年版,第45页。

[2]　同上书,第44页。

人管，中国城市没什么防空”的局面。

1970 年中后期开始，国际形势趋向相对和平与稳定，而同时，自然灾害、事故灾难等非传统安全威胁日益成为国家与民众更为直接的生存性威胁。基于此，我国民防职能开始向平时防灾、参与经济建设拓展，民防建设开始朝向战备效益、社会效益和经济效益的综合目标。这一时期形成了较完整的人防领导、组织与管理体系，人防各项工作更具有了全局性、针对性的指导，人防掩蔽率得到较大提高，修建与完善的大批人防工程成为我国后来人防工程建设的重要基础，对制止与延缓战争起到了重要作用。

整体而言，这一时期的民防建设转变了过去临战性、战术性的特征，而体现了战略性、长久性与全局性，使中国民防走向了与世界民防地位相适应的时代行列；同时，随着国际形势整体上趋于缓和与非传统安全威胁的日益凸显，我国民防开始从单一战备防空转向战时防空与平时防灾的双重职能定位，逐步走向了现代民防建设之路。这一时期是我国民防发展史上的重要阶段，民防建设思想与内容都集中体现了这一时期核威胁占据主导、非传统安全威胁逐步上升、国际安全形势开始朝向缓和的时代特征。这一时期形成的民防领导、组织与管理体系和民防工程，为我国后来的民防建设事业奠定了重要基础，并对其产生了深远影响。

（三）平战结合（1978—2001）

1978 年中国实施改革开放，经济建设取代阶级斗争并成为我国社会主义建设事业的"中心"。苏联解体后，我国对当时国际安全态势的判断是，战争至少在可预见的将来打不起来，和平与发展成为时代的主题。以阶级斗争为纲转为以经济建设为中心、时代主题从"战争与和平"转到"和平与发展"，这两个重大战略转变，再加上 20 世纪 90 年代伊始社会主义市场经济的探索逐步展开，深刻地影响并改变了我国社会发展的方向，民防建设指导思想也发生重大转变。另一方面，冷战的结束凸显了非战争威胁的紧迫性，我国民防开始更多地与经济建设、城市建设、应急管理建设相结合，逐步由单一战备防空转向平战结合、防空防灾一体化、积极参与应急管理和服务民生发展。从此，我国民防开始进入"现代民防"建设的全新时期。

从 1978 年实施改革开放到 2001 年颁布《关于加强人民防空工作的决

定》(中发〔2001〕9 号),我国民防角色重新定位、职能不断拓展。在角色定位上,民防开始从国家防御体系的一部分转向国家建设的一部分;在职能拓展上,从单一战备防空开始向战备防空与经济建设、城市建设相结合的"平战结合"转变,整体上向"战时防空、平时防灾"与"防空防灾一体化"转变。我国现代民防建设的这种战略性转变,伴随了大范围的体制、机制、人才、科技、法律等的调整,是我国民防领导与管理体系的进一步完善,开启了我国民防建设史上的新篇章。

1. 机构的临时性调整为常设性

1978 年召开第三次全国人民防空会议,确立了"全面规划、突出重点、平战结合、质量第一"的人民防空建设方针,第一次将"平战结合"作为人防建设的指导思想,使我国人防正式进入到以战备、经济、社会的综合效益为目的的平战结合建设时期。1981 年 8 月 30 日,中共中央、国务院、中央军委发布《关于调整各级人民防空体制有关问题的通知》,将全国各级人民防空领导小组改为人民防空委员会,国家的人民防空领导机构称"中华人民共和国人民防空委员会",简称"国家人民防空委员会",受国务院、中央军委双重领导,办事机构设在中国人民解放军总参谋部,称"中华人民共和国人民防空委员会办公室",简称"国家人民防空办公室"。这将战备时期的临时性机构调整为国务院的常设机构。1994 年 11 月,成立了"国家国防动员委员会",将人民防空办公室列入国家国防动员委员会的办事机构。人民防空在国防中重要力量的地位得到加强。

2. 从无法可依到有法可依、有法必依

1984 年 7 月 20 日,国务院、中央军委发布了第一部具有法规性质的《人民防空条例》,对人民防空建设的方针、政策、原则、具体建设业务等作了明确规定;1986 年批转了国家人民防空委员会《关于人民防空工作改革几个问题的意见》,明确提出我国人民防空建设坚持解放思想、深化改革、加快建设和发展步伐的总要求。1996 年 10 月 29 日,《中华人民共和国人民防空法》正式颁布,以法律的形式确立了"人民防空实行长期准备、重点建设、平战结合的方针,贯彻与经济建设协调发展、与城市建设相结合的原则",明确了"群众防空组织战时担负抢险抢修、医疗救护、防火灭火、防疫灭菌、消毒和消除沾染、保障通信联络、抢救人员和抢运物资、维护社会治安等任务,平时应当协助防汛、防震等部门担负抢险救灾任务。"我国民防开始走向依法管理与建设的新阶段。随后,各省市相应制定了适合本地区实际情况的实施办法和条例，使得我国民防的"平战结合"事业更加法制化、正规化、制度化。

3. 积极与城市和经济建设相结合

1986 年 12 月，国家人民防空委员会、建设部在厦门联合召开"全国人防建设与城市建设相结合座谈会"，进一步肯定了人防平战结合的方针。① 在平战结合方针的指引下，人防建设融入城市建设与经济建设中，人防工程被用于开办旅社、餐馆、商场等，为服务人民生活、缓解城市交通、促进经济建设起到一定作用。据统计，改革开放的第一个 10 年中，全国人防工程平战结合项目达 2 万多个，主要用作商场、文化娱乐场所、旅馆、教学科研、交通干道、地下生产车间、仓库、车库等。截至国家第 7 个五年计划末，全面人民防空工程平战结合率达 34%，年产值和营业额达 30 多亿元人民币，年上缴国家税费 3 亿多元人民币，在人民防空工程内安排就业从业人员 12 万多人。1992 年，上海市在人防办改挂"民防办"牌子，标志着我国"平战结合"建设迈进了新的历史阶段。同年，中国加入国际民防组织，并派员担任国际民防组织副主席和执行理事会成员，加强了与国际民防建设的协作，开始走向与国际民防接轨的道路。

在这一历史时期，我国民防建设事业得到了全方位发展，各个方面都取得了突出成绩：人防建设的目标开始注重战备效益、经济效益与社会效益的综合获得；人防建设的途径由国家拨款转到各种渠道筹措资金；人防工程建设走上正规化建设道路，建立了一整套技术规范要求和标准体系，工程质量与效益大幅提高；人防通信建设基本形成完整独立的通信网络系统，通信设备得到较大改善；人防防护建设除加强了战时防战的防护工程建设，形成了对平时各类工业企业的生产事故与化学事故的防护与救援计划；民防建设的指导思想也发生了四个重大转变，即从过去立足于"早打、大打、打核战争"的单纯备战思想，转变到以经济建设为中心的服务于国家建设全局的思想、从集中应付核战争的战略定位转变到有能力打赢信息化条件下高技术局部战争的战略定位、从单纯着手建设人防工程转变到人防工程，领导管理，组织指挥，通信警报，专业队伍，科技教育等的全面规划与整体推进、从计划经济体制下的单一行政管制转变为向市场经济过渡条件下的行政、法律、经济、教育等多种管理手段。但同时，这

---

① 林英惠：《坚持做好人防建设与城市建设相结合》，《中国人民防空》2001 年第 12 期。

一时期还未形成系统的民防理论研究,民防实践也只能是"摸着石头过河"。

(四) 参与应急管理 (2001—2012)

21 世纪伊始,世界总体处于一个较长的和平发展阶段,而非战争性威胁开始日益成为人类与国家生存的更为紧迫的重大挑战,如恐怖主义、食品问题、环境破坏、突发传染、群体事件、自然灾害、事故性灾难等。在这一安全态势下,我国民防在做好战备防空的任务的基础上,开始积极参与应急管理实践。

1. 人民防空有了新定位

1991 年 1 月 17 日,海湾战争爆发。海湾战争与以往战争形态具有重大差异:非区域性或全球性,而是局部性战争 (历时 42 天的空袭,在伊拉克、科威特和沙特阿拉伯边境地带展开的历时 100 小时的陆战);非机械化,而是高技术武器参战 (精确制导导弹、远程轰炸机);非旷日持久长达数年,而是对伊战略性瘫痪后迅速赢得战争 (2 月 28 日战争结束)。在战争形态和手法发生巨大变化的背景下,我国对民防建设提出了新的要求,确立了新时期立足于信息化条件下打赢高技术局部战争的战略方针,实行由准备应对一般条件下的常规战向准备打赢高技术局部战转变;由数量规模型向质量效益型转变;由人力密集型向科技密集型转变。

2. 民防参与应急得到法律确立

《2002 年中国的国防》白皮书提出了民防的"四个能力"建设要求:"人民防空将逐步实行防空防灾一体化,努力提高快速反应能力、整体抗毁能力、应急救援能力和自我发展能力,以便能够应付现代战争和重大灾害事故,有效保护公民的生命和财产安全。"《2004 年中国的国防》白皮书第六章"国防动员和后备力量建设"明确指出了新时期民防在领导管理体制、应急联动机制、专业人才队伍、应急预案等方面的建设要求,即"三个鼓励""两防一体化"和"一个应急联动",这构成了我国民防参与应急管理的重要依据。2005 年第五次全国人民防空会议强调"三个转变",其依旧是"由单一的人防体制逐步向防空防灾结合的民防体制转变"。2010 年国防动员法草案规定,建立健全与突发事件应急机制相衔接的国防动员体系。2010 年 10 月 26 日,第六次全国人民防空会议首次明确提出要把人民防空作为应急管理的重要力量。

3. 民防应急能力逐步提高

地方的民防探索十分活跃。从 20 世纪 80 年代中期开始，各级人民防空主管部门努力适应信息化战争、市场经济与社会公共安全建设的需要，积极开展将人民防空与城市建设、经济建设、平时防灾相结合的探索。上海市和辽宁省先后开始战时防空、平时防灾、防空防灾一体化的试点工作，湖北省进行了人民防空通信警报用于保障防汛抢险指挥通信的试点工作，上海、天津、南京、广州、沈阳、郑州、开封和株洲进行了人民防空专业队伍参与核化事故救援的试点工作，南京军区还总结了上海市民防实践的经验，提出了深化人民防空改革的新路子，探索人民防空通信警报和专业队伍在抗震、防汛、防火与各类突发重大事故中的运用。辽宁、吉林、北京、天津、浙江、上海、重庆、江西等省市人防办增挂（或改挂）民防局（或民防办），承担省市人民政府赋予的防灾减灾与综合协调任务，在平时应急救援中发挥了不可或缺的作用。

接轨国际民防有了实质性步伐。自 1992 年中国加入国际民防组织，中国民防就开始逐步参与国际领域的减灾活动。2002 年 10 月 15 日，中国成功举办第五届地方政府应对灾害和紧急事件（LACDE）国际会议①，就"世贸中心遭袭后应急响应的案例研究""东南亚灾害管理""灾害管理机构如何有效行使职能""城市的安全性和可靠性"等内容进行了研讨。这次会议为我国现代民防主动走向国际开启了道路。2007 年 7 月 26 日，国家人民防空办公室主办、上海市民防办公室承办了 21 世纪民防发展战略国际研讨会，联合国国际减灾战略委员会、国际民防组织、亚洲减灾中心等 6 个国际组织，美国、俄罗斯、加拿大、芬兰、法国等 14 个国家的官员与专家学者参会。会议就民防在现代城市建设与管理中的地位与作用、民防组织与管理、地下空间开发与管理、社区民防建设等问题展开了讨论。会议认为，要不断推进民防体制改革，建立健全与防灾减灾新特点相适应的管理体系；注重民防知识的宣传与教育，提高民众自救互救能力；健全灾害事故的监测、预警和评估机制；充分认清灾害的无边界、无

---

① LACDE 协会作为国际性的防灾、减灾组织，一直致力于推动全球地方政府积极应对各种灾害和紧急事件，成功倡导了"安全、更安全"的城市理念。LACDE 会议分别于 1994 年、1996 年、1998 年和 2000 年在以色列特拉维夫市、荷兰阿姆斯特丹市、智利维那市和冰岛雷克雅未克市举办了四届。上海主办第五届 LACDE 会议的工作始于 2001 年 1 月。当时，上海市民防办与 LACDE 协会国际秘书处签署了在上海召开这一会议的协议。——笔者注

国界性,国家间要加大合作力度、丰富合作内涵、创新合作方式。

(五) 维护国家安全与发展 (2012—2016)

第六次全国人民防空工作会议尤其是中共十八大以后,全国民防系统尤其是沿海发达省市和基层民防都进行了参与应急管理和大力服务民生的实践,如北京、上海、杭州、厦门、深圳等市民防的探索极具代表性,其在发展定位、法规条例、组织机构、领导指挥、人才队伍、物资设施、宣传教育、信息化等方面,形成了各具地方特色的民防实践模式。

以地下空间开发为例。地下空间开发利用,功在当今,利在长久[①],作为平战结合的城市地下资源,是"传统安全"与"非传统安全"功能交织的地下空间资源,既是战时防空疏散隐蔽的防护空间,又是应急避难与疏散行动预防、准备、响应和恢复的地下空间资源。至 2014 年,全国人防工程平战结合开发利用率已达到 60% 以上,特别是城市地下轨道交通建设推进迅速。目前北京、上海、天津、重庆、广州、深圳、南京、大连、成都等 28 个城市已有或正在建设地铁,另有 33 个城市正在规划建设地铁。截至 2009 年底,全国已经投入地铁营运线路总长度达到 782 公里,2010 年建成 480 公里,2015 年全国总里程达到 1700 公里。2020 年将是我国地铁建设的高峰时期,到那时总里程将达到 6100 公里,不仅真正告别大中型城市没有地铁的时代,而且将为大量城市地下空间开发利用以及保证城市地下空间平战功能无缝对接奠定重要基础。[②]

中共十八大之后我国高层以前所未有的高度和要求对总体国家安全、国家安全法治、《国家安全战略实施纲要》、国防与军队建设等作出了全面深化改革的新部署,我国民防建设又有了新的发展定位,走向以更加制度化、法制化、科学化的方式维护国家安全与发展的道路。中共十八届三中全会公报决定成立国家安全委员会,完善国家安全体制和国家安全战略,确保国家安全。2014 年 4 月 15 日,国家安全委员会首次会议提出以人民安全为宗旨,以政治安全为根本,以经济安全为基础,以军事、文

---

① 林增金:《认真贯彻十八大精神推进人防融合式发展》,《中国人民防空》2013 年第 3 期。

② 王文臣:《非传统安全与城市人防地下空间开发利用》,载余潇枫主编《中国非传统安全研究报告 (2013—2014)》,社会科学文献出版社 2014 年版,第 115—129 页。

化、社会安全为保障，以促进国际安全为依托，走出一条中国特色国家安全道路，贯彻涵盖十一个安全领域的"总体国家安全观"。同时，《国家安全战略实施纲要》（2015 年 1 月 23 日通过）关于我国当前所面临的内外变革和复杂多样的安全风险挑战、国家核心和重大利益的维护标准、党对国家安全工作的绝对领导、集中统一和高效权威的国家安全工作领导体制以及高素质的国安队伍建设等都作出了新的原则规定。新的《中华人民共和国国家安全法》（2015 年 7 月 1 日起实施）以法律的形式明确了国家安全的内涵、情报与危机防控、制度保障等关键内容，对一切担负国家安全职责的部门运作作出了原则规定。这共同构成我国以人民安全为宗旨、以总体安全为内容、以安全法治为原则、以制度保障为依托的特色国家安全之路，我国国家安全具备了理念、战略、法治和制度的整体体系。围绕国家安全这一核心，中共中央、国务院、中央军委作出了《关于深入推进人民防空改革发展若干问题的决定》（中发〔2014〕15 号），把国防和军队改革纳入国家改革战略全局，提出了新时期人民防空深化改革的新定位、新要求，国家人民防空办公室作出了《关于进一步依法依规开展人民防空工作有关问题的通知》（国人防〔2015〕103 号），2015 年还对《中华人民共和国人民防空法》进行了讨论修改。

2016 年 5 月 13 日，全国人民防空第七次会议设定了新时期全国人防事业改革的新方向：人民防空是国之大事，是国家战略，是长期战略，事关人民群众生命安危、改革开放和现代化建设成果，为维护国家安全、服务经济社会发展作出了贡献；新时期要提升履行使命任务能力，提高防空袭斗争能力，有效履行战时防空、平时服务、应急支援职能使命；要从国家发展和安全高度深刻认识人民防空工作的重要性，要在新型城镇化中统筹推进人民防空建设，要增强重要经济目标防护功能，要开发利用人民防空资源，要积极推进人防市场化改革，要建立协同工作机制。我国人民防空开启了"战时防空、平时服务、应急支援"的时代新定位，其根本目标是国家安全与发展。

同时，国际对抗局势依旧严峻，冷战思维有增无减，新一轮军事变革造就了国防新压力。当前战争形态正在向信息化战争加速演变，空袭呈现出诸多与以往不同的特点，空袭目标、手段和突袭方向等都发生了很大变化，信息防护、重要经济目标防护、群众心理防护的重要性日益凸显。在此背景下，我国人民防空的定位、职责与重点又有了新的重大调整，人民防空要坚持城市防护与重要经济目标防护并重，工事防护与网电防护、机理防护、心理防护并重；我国民防建设的战略重点，从应付一般常规战争转变为准备打赢现代技术特别是信息化条件下高技术局部战争；由单纯的人民防空工程建设转变为防空工程、组织指挥、通信警报、专业队伍和科技教育的全面规划与落实，由计划体制下单一的行政管理转变到市场经济体制下综合运用行政、法律、经济等多种管理手段，由单纯依靠数量、政策的发展机制转变为依靠法制、科技、人才的现代国家发展机制，由单一的战备防空体制转变为防空防灾相结合的"战时能力强、平时作为大"的现代民防体制转变。我国民防建设需要在进一步克服各种问题中不断推进。①

整体看，我国民防的产生与发展体现了四个特征：第一，民防措施与行为的实施主体是国家或政府力量，集中体现政府对民防资源的集中分配。如设定民防改革战略、制定民防法、建立民防组织、组建民防队伍、搭建信息与指挥平台等。第二，民防基于战备防空的基础上积极参与地方政府的安全治理，是准军事行动和非战争运用，体现了平战转换与平战结合的能力。如民防既要做好人防工程与常态演练，又发挥其现有资源为地方经济与安全服务，兼顾了战备效益、社会效益和经济效益。第三，相比于美国、俄罗斯、日本、欧洲等国家和地区的民防体制，我国民防是单一制国家结构下的军政双重领导体制，具有集中统一、指挥高效的优势。第四，民防是消极防护与积极治理行动的结合，既做好防空状态的紧急应对，又十分注重常态条件下的民防教育与民防演练，将预防、预警与应急有效统一。

将近一个世纪以来我国民防"防空备战""平战结合""防空防灾一体化""民防与应急管理相结合"和"民防维护国家安全与发展"的实践，都是必要且卓有成效的。在新时期，我国民防将积极围绕总体国家安全观，在总体目标、重大任务、空间布局、发展形态与发展路径上进一步探索，通过体制机制的改革创新，形成体现"大安全观"的现代民防体系的大格局，推动国家安全战略和国家发展战略的稳定实施。

---

① 兰政：《悟透要旨凝神聚力纵深推进人防改革发展》，《中国人民防空》2015 年第 11 期，第 4 页。

第二节　国外民防的演变与特征

一　国外民防的历史演变

20 世纪初期国家间战争中的飞机空袭是国外民防产生的直接原因。1911 年意大利和土耳其的战争中，意大利陆军首次利用飞机实施空中侦察并投下第一颗炸弹，开创了人类战争史上飞机参战并实行"空袭"的历史，与此也相应产生了"防空"概念。由于当时受技术条件的限制，空袭范围狭小，军事作用也相当有限。

第一次世界大战催生了国外空袭的大规模使用，国家大规模组织民防活动成为普遍现象。一般认为，民防正式产生于第一次世界大战。第一次世界大战爆发后的第三天，即 1914 年 8 月 3 日，德国飞机空袭法国城市留内比尔，成为人类战争历史上飞机首次大规模空袭城市的作战行动，"民防"开始登上历史舞台。随后，德、英、法等参战国相继对敌方实施大规模空袭轰炸。为减轻空袭造成的危害，英国在伦敦开展警报发布、居民疏散、消防救护、灯火管制、伪装隐蔽等工作，正式大规模、有组织的民众防护行为也就产生了。在对德的民防行动中，英国政府部门发现民众自发的防空袭行动存在组织松散混乱、反应迟缓、装备落后、效率低下等缺陷，无法满足抗击大规模防空行动的需要，因此，英国政府将民间的、自发的民防行动纳入政府管理。1917 年 8 月，英国政府在伦敦成立了世界上第一个国家层面的民防机构——防空指挥部，掌管空袭警报、灯火管制、防空洞建设、人员疏散、消除空袭后果等民防活动。随着第一次世界大战的进行，诸多国家纷纷加大民防设施建设，对民防行动进行统一指挥，将防空行动扩大至保护重要工业和城市基础设施，还创立了民防法律法规，国家组织统一力量对民防行动进行系统性部署。"民防"的重要性及应该担负的主要职责，已在参战各国和受第一次世界大战影响的国家中得到普遍共识，各国民防基础设施也得到全面加强。

第二次世界大战期间，全球范围内的民防体系初步形成。第二次世界大战中，作战形式从一般性的袭击破坏，变为分地域、分目标的体系性作战，民防的功能从辅助性作战手段上升为战略性手段。被轰炸国家遭到了惨重的人员伤亡和财产损失，战争第一年，英国工业总量降低25%—30%，军事工业遭到严重破坏。1941—1945年英美对德国的空袭动用了两万架战机，对德国的潜艇制造厂、飞机制造厂、机械制造厂等重要军事工业和经济目标进行毁灭性的打击，造成德国工业产量和能源产量大幅降低。同时，德国居民住宅20%被炸毁，死伤人数在城市居民中占很大比例。在1943—1945年苏美对柏林进行的42次大规模空袭的破坏下，柏林市区一半以上的建筑设施被毁，死伤5万多人。1944年美国空袭日本的行动中，日本98个城市被严重破坏，住房炸毁244万所，伤亡55万余人。战争后期美国用2万吨级的原子弹空袭广岛、长崎，81%的建筑被摧毁。1945年8月8日，据美国报纸报道，东京广播电台的广播描述广岛的破坏："盟军听到日本电台广播员说'几乎所有活的东西，包括人类和动物都被烧死'"，而由此带来的核污染还导致当地有些地方至今寸草不生，对当地人的生命安全及后代的健康繁衍和生态环境造成了巨大危害。惨烈的空袭行动给第二次世界大战中的各国带来空前的灾难，世界各国逐步将民防纳入国家战略体系。

第二次世界大战中更大规模的空袭对各国民防行动提出了更高的要求：从对某个目标的防空扩展到对全国所有战略区域的防空；从事中对敌方空袭武器的打击，扩展到事前、事中、事后各个阶段的民防系统的建设。世界各国开始从国家战略体系出发来设定民防行动。首次将民防纳入国家战略体系的国家是英国。早在第一次世界大战后，英国就已经总结了第一次世界大战中民防行动的经验教训，并于1938年制定了世界上第一部有关民防的法律《民防法》，从法律上奠定了民防的战略地位，并对民防工作进行了规范。此外，英国政府还不断完善城市和重要工业区的民防设施，建立统一的防空体系。第二次世界大战期间，英国遭受了长时间和大规模的德军空袭，但损失在战争国中却是最小的，战争期间的生产生活未受到严重威胁，这都得益于英国较为完备的民防体系。苏联也较早将民防纳入国家战略。第二次世界大战期间，苏联参与民防行动的人数达到1600万人，消除空袭灾害3万余次，排除了43多万颗炸弹和250发炮弹，扑灭了9万起火灾，良好的民防系统保护了本国居民的生命财产安全和经济发展，为取得战争胜利提供了有力支持。一些中立国家也将民防纳入整体战略当中，如1934年瑞士联邦政府成立"联邦防空救护处"，由联邦军事部领导，负责统一指挥全国的防空预报、救护和灯火管制。此后，瑞士还成立"防空救护部队局"，增设了组织、行政和建筑三个部门单位，具体管理相关民防事务。这也为瑞士应对华约、北约两大军事集团的对峙和配合本土防御战略奠定了军事基础。

第二次世界大战后，美苏两个超级大国随即开展了空前激烈的军备竞赛，美国率先推出了"遏制战略"和"规模报复战略"，以及以"第一次打击"为核心的核战略方针。针对此，苏联积极发展核武器和远程打击武器，随后打破了美国的核垄断地位。在势均力敌的背景下，美国调整战略，修改了以"第一次打击"为核心的方针，主张侧重打击对方城市，建立一支打击城市目标的"第二次打击力量"，即运用核力量摧毁苏联20%—25%的人口和50%的工业。苏联相继发出"足以将美国的全部目标摧毁三四次"的口号。美苏核军备竞赛带来的是各国民防的发展。苏联成立了民防司令部作为民防领导机构，美国也于1950年根据联邦民防法成立了"民防组织"，并将民防事务与国防动员合并，对民防组织进行重大改组，加强预警系统建设，在城市中建立"家庭掩蔽部"，在城郊推行"掩蔽部计划"，大型工业部门以及市政设施都采取了防护措施。1961年，美国再次调整民防体制，民防事务由国防部统一管理，并设立"民防局"，统一领导全国的民防事务。

20世纪70年代，美苏冷战双方的战争僵持导致人财物的大量损耗，为此不得不采取战略上的"收缩"方针。美国针对"国家生存战略"展开了长时间的大讨论，并最终肯定了民防的地位；而苏联在研究中确立了"疏散"和"掩蔽"并重的防护之路。20世纪70年代后期，国际局势相对稳定，公共领域频发的非空袭性突发事件愈来愈受到各国政府重视。多个国家树立了民防"平战结合"的建设思路，按照战时防空、平时防灾的思路推进民防平战结合建设。以美国为例，1979年，美国政府将民防准备局从国防部分出，将之纳入新成立的联邦应急事务管理署（FEMA）。

随着苏联解体和冷战结束，世界大战和大规模国家间战争发生的可能性逐渐减小，空袭及带来的可能危害也随之减少，而同时各个领域和形态的"非战争性"危机又日益凸显，如环境恶化、能源危机、宗教冲突、非法移民、粮食风险、恐怖危害、疫病疫情等。进入21世纪，人类在经济、社会、环境、能源、人口、宗教等领域的风险和危机呈现常态化、复合化、跨界化的趋势，可以说，人类时刻处在"危机中"，"风险社会"成为描述当下的一个关键词。在这个历史转折中，风险、危机、危害的形态和演变规律也发生了深刻转变，民防的发展也因此而自然地发生着改变：第一，民防进一步强化对重要经济目标的防护。和平与发展成为时代的主题，世界各国对军事、经济和外交政策均作出相应调整，民防工作重点也相应转移，其中最突出的转变是对重要经济目标的防护。重要经济目标是国家的"生命线"，一旦遭到破坏，将对社会稳定和人民生产生活带来重大危害。为此，各国在民防理念、民防措施、建设规划、专业队伍、法律法规等方面进行了新的深入探索。第二，民防行动开展无边界合作。随着时代发展，各种灾害、事故灾难等非传统安全威胁呈现跨国性、复合性和频发性等特点，而这些灾害单纯依靠一国力量难以应对，只有走国际化道路才能将灾害损失控制在最小。这就促使国际民防组织的交流从战争层面转向围绕防灾救灾而开展广泛深入的国际合作与交流。第三，民防理论研究提上日程。美国、俄罗斯、法国、瑞士等国在相关院校设立专门的民防理论研究机构，发表大量论文、专著等，研究内容主要包括：民防的内涵、地位与作用，民防宣教，民防体制机制，民防法律，民防手段和形式等，国外的民防理论已形成较为完整的体系。

国外民防在战争空袭的条件下产生，在第一次世界大战中被各涉战国普遍适用，在第二次世界大战中被纳入国家安全战略体系，在冷战中开始由单一战备防空向防核防毁、防灾防乱、防险应急的综合防护体系转变，21世纪以来发展成为国家国防战略与社会公益事业的重要内容。世界各国民防的发展经历了从民间到政府、从自发到自觉、从零散到系统、从单一到综合的历史过程，综合反映了国际安全局势的动荡变化与国家安全目标的次序转换，在国防保障和民众安全维护中发挥了重要作用。

二　国外民防的现代特征

（一）民防法规不断完善

国际民防组织（ICDO）框架下的"民防"是政府主导下的公共产品，它包括两项内容，即保护和协助，并认为"民防并非自发式的行为过程，而是在法律规定或法律原则的基础上实施的有组织、有计划的活动"①。"民防活动以民防法为指导"成为民防的基本要求之一。"政府主导的、由各种社会力量全方位参与的群防群治应急机制，究其根本而言是一个如何通过宪法、行政法来理性配置行政权与公民权的问题，进言之，一方面要通过立法授予行政机关以必要的防治突发事件的紧急行政权，另一方面又要依据法律来严格规范紧急行政权，以确保其在法定的范围内、以法定的方式良性运作。"② 民防法规的不断完善是国外民防建设的主线之一。

从民防立法的时间进程看，20 世纪 30 年代立法的有英国、比利时、丹麦，如英国政府于 1938 年制定了世界上第一部较全面的民防法律《民防法》，对民防的体制架构和运行机制均作出了明确的规范；40 年代有苏联；50 年代有美国、加拿大、以色列、荷兰、挪威、法国、民主德国、意大利、芬兰、新西兰、土耳其；60 年代有澳大利亚、奥地利、瑞士、印度等。20 世纪 80 年代以后，英、法、瑞士、新加坡等国都对其民防法进行了修订以适应防灾救灾与应急救援的需要，如新加坡以《民防法》《消防安全法》《民防工程法》作为配套法律，体现了民防的整体性战略，英国在 1978 年、1984 年和 1986 年对《民防法》进行了三次修正。为了更好地发挥民防的安全职能，世界各国还制定了相关法律法规，如《紧急状态法》《非常事态法》《居民保护法》等，或相关配套的法令和规章制度，如瑞典从国家到市政区形成了自上而下完整的民防法规，除《民防法》外还建立了掩蔽、救护、训练等 17 种法规。此外，各国民防越来越强调民防执法，越来越重视对于未履行民防义务或阻碍救援的责任追究。

整体看，国外民防法规体系主要分为三个层次，即民防法律、民防法规和民防规章。民防法律是由国会通过并颁布，主要规定关于民防的大政方针，如民防的基本任务、政府和有关部门的职权、公民的民防、民防建设的基本原则等，是民防活动的基本依据。民防法规是由总统（总理）

---

① 余潇枫、廖丹子：《"现代民防"：安全治理新建构》，《浙江大学学报》（人文社会科学版）2012 年第 2 期，第 98—107 页。

② 应松年：《突发公共事件应急处理法律制度研究》，国家行政学院出版社 2006 年版，第 109 页。

或政府发布,主要是对民防行动的内容、方法、程序、措施等作进一步明确。如印度《民防条例》、韩国《实施民防卫基本法总统令》、瑞士《关于民防的政府令》、美国关于民防的《总统指令》等。英国《民事突发事件法》规定,面临突发事件时,首相、内阁或财政委员会可制定发布临时应急法规,对需要采取的一切防护和恢复措施,特别是经费保障、食品、水和能源、通信系统、政府行动等作出规定。民防规章是由内政部或国防部制定,主要是对民防机构设置、民防计划、民防训练、军队参与民防行动等作出更加具体的规定。如法国《关于民事安全局机构与职能的决定》、韩国《民防卫基本法施行规则》、瑞士《关于民防教官学校的规定》、美国陆军文件《民间动乱》和《民防》等。①

　　法律一经公布,就具有绝对的权威性和不可抗拒性,实施也会持续较长的一段时间。但法律并非一成不变,一些国家根据世界战略形势和本国战略思想、军事方针、外交政策的调整以及社会经济发展的需要,会在实践中不断对之进行修订和完善。如美国对早前制定的《紧急状态法》进行多次修改并制定出针对不同行业、不同领域的应对紧急状态的实施细则,"9·11事件"后,美国又对紧急状态应对预案和法规进行了更加严密、细致和更具时效性的修订。1994年瑞士联邦政府根据国际形势和民防建设情况,对原有《联邦民防法》进行修改并重新颁布。此外,瑞士联邦政府在1973年、1979年、1984年、1990年先后4次发表"瑞士安全政策报告",强调"民防是防范、抵御外来侵略和维护国家独立、领土完整的重要组成力量,是战时保证民族长期生存和战后重建家园的必要条件,也是平时进行抢险救灾和人道救援的主要突击力量"。再如,苏联解体后,俄罗斯继承了苏联制定的《民防法》,并在1997年对此进行了修订,民防的基本任务由原来的"民防只担负防范军事攻击的任务"扩展到了"保护俄罗斯联邦境内的居民、物质与文化财产免遭军事行动或自然、人为灾害的毁伤"。英国则在2004年颁布《民事突发事件法》并以该法取代以前颁布的所有相关民防法规。法律的不断完善确立了民防在国家安全和总体防御中的重要地位和作用,确保了民防工作有法可依、有章可循。

---

　　① 杨胜利、耿跃亭:《当代外国民防建设的主要特点及启示》,《中国人民防空》2013年第3期,第5页。

（二）民防建设纳入国家战略

"民防"的核心在于"对民众实施防护和保护"，"民防"也是"国防"的重要组成部分。随着安全威胁的领域从政治、军事等"高政治"（High Politics）形态向环境、灾害、水资源、突发事件等"低政治"（Low Poitics）形态下沉，有预见性的国家已经越来越重视民防工作"先行"，将民防作为国家发展方略中的重要内容，并将财政投入、工作重点、资源配置等向民防领域倾斜和下沉，民防建设逐步走入国家发展战略之中。

强化国家的统一建制。一是国家统管。这主要体现为民防体制的集中统一。民防工作极其复杂，其涉及方面包括政府、军队、民间和社会组织，而相对来说，由军事部门、民防机关和相应的军事性团体共同组织实施比较高效，所以国家统管民防是各国民防建设的首要特征。如俄罗斯将原属国防部的民防司令部改组为俄联邦民防事务、紧急情况和消除自然灾害后果部，大大加强了民防的职能和任务，加强了政府统管下应付各种工业事故和自然灾害的工作。二是重点防护。进入 20 世纪 90 年代，随着几场高技术局部战争的爆发，大规模、密集型的地毯式轰炸被各种高精度打击所取代；打击的对象从以军队有生力量和普通百姓为主，转变为以打击军事节点和要害目标为主。随着这一战争手段的提升与战争形式的转变，对要害目标采用高科技手段实行重点隐蔽和防护、对要害目标周边的民众进行疏散和防护，以及防范敌方对重点目标的袭击成为民防新任务。三是注重效益。实现民防工程的战备效益、经济效益和社会效益的兼顾。20世纪 70 年代以来，世界各国普遍减少了单纯为战时防护而修建的防护工程，而是强调平战结合，突出防护工程的平时经济效益和社会效益，把地下掩蔽工程用做地下商场、地下车库、地下粮库、地下娱乐场等，既满足了民防的战备防空需要，又为城市发展创立了经济效益和社会效益。

深化平战的灵活转换。一是军民兼容。发挥政府、社会组织、军队和民众的整合作用，建立军民结合的民防专业队伍是世界各国的普遍做法。许多国家还在法律上明确军队参与民防活动的规定。如新加坡在 1982 年启动国家民防计划，成立了隶属于新加坡警察部队的民防部队，负责领导全国突发事件应急救援工作；韩国建立了民防卫队作为民防的专业队伍，将一般居民统一进行军事化编组，将民防卫队作为与乡土预备军、警察一样的"预备战力"。二是平战结合。冷战结束以后，各国更加重视平战结合的法律法规和组织机构建设，以保障民防平战转换的职能与任务得以实现。如法国规定了民防工作的主要任务是预防空袭或核、生、化袭击及有可能遇到的任何危险，抵御各种意外事件、自然灾害和重大事故造成的损失，最大限度地保护人员、财产安全。瑞士《联邦民防法》规定民防旨在战时保护与救援人民，预防并减少战争对人民生命和财产带来的损失。随着民防工作的推进，平战结合的内容也不断丰富：体制上平时防灾救险，战时防空救灾；技术上高技术的民防装备同时为军事和经济服务；人员上则是"常备军"与"后备军"共同发挥作用；基础工程上则从消耗型向增殖型、从战备型向战备和日用结合转变；功能上向军事功能和经济功能并重的建设道路转变。

突出社会的多元参与。一是媒体参与。媒体在灾害情境下的报道将会从整体上影响人们的危机意识和对危险的感知与判断，危机报道不仅能给政府决策提供信息支持、帮助实施新闻发布、保持信息公开透明等，而且也能给民众以预警、告知、沟通、协调以及救援导引上的广泛帮助。媒体参与是各国民防工作的特色内容之一，发挥了危机预警、信息沟通、舆论引导、危机记录等重要功能。二是社会广泛参与。随着公民社会的成长与其他社会性力量参与意识的增强，政府组织（如联合国、国际民防组织）、非政府组织（如国际红十字委员会等）、各类社会团体、企事业单位、社区、个人正越来越多地以积极的姿态组织、号召、实施、参与各种形式的"民众防护"活动。从政府"独导"到政府"主导"民防工作、从政治动员到广泛的社会动员、允许并鼓励非政府组织积极参与其中是各国民防工作的经验积累，也代表着未来的发展趋势。

推进社区的自救互救。一是全民动员。民众的自觉防护意识与能力会直接影响灾害防控效果，因而各国均把民众自救和互救能力的提升作为民防建设的重要内容。此外，由于恐怖主义袭击的主要目的是要引起全民恐慌，因而如何通过民众意识与技能的提升来应对恐怖袭击事件也越来越成为各国关注的重点。民防全民动员的方式主要有院校教育、全民教育和训练、全民动员等。院校教育如德国设有联邦民防学院和联邦灾害防护学校，在州一级设有7所灾害防护学校，民防人员主要在学校培训。英国设有紧急计划学院，专门培训应急管理人员。全民教育与训练如法国自1998年以来每年举办"公共安全日"活动；美国将每年9月确定为"国家准备月"。全民动员还体现在各类全民性队伍的组建，如瑞士法律规定，20—40 岁的男性公民（军人除外）都必须接受民防训练，掌握防护和救援技能；韩国将年龄在 20—40 岁的男性公民直接纳入民防部队，使得全民动员纳入法制框架。二是"社区行动"与"社区营造"。"社区行动"是近年来各国民防建设的一个热门词，亦是典型经验。"社区行动"的重要特色是强调全民参与，重视"社区营造""社区演练""社区防护"和"社区建构"等工作，形成"防灾社区""安全社区""和谐社区""新型社区"等建设目标，提出了"国际安全社区""居家安全社区"等与民众生活更为贴近的民防概念和更为细化的民防目标。也就是说，民防工作下沉、重视社区民防建设正在成为民防发展的又一个新趋势。如瑞典立德雪平（Lidkoeping）社区是世界卫生组织授予的第一个安全社区；美国开展了"防灾型社区""社区救援队""市民梯队"建设等一系列民防建设的"社区行动"；日本提出了以政府、民众、企业、非政府组织、非营利团体、志愿者相互合作的"公救""共救""自救"体系，开展了以"居民自主防灾会"为特点的"社区营造"活动，使得以"主动预防"为导向的社区营造式的民防得以落实。

（三）民防力量日益多样

冷战结束使以国家主权安全为核心的传统安全逐步淡化，越来越多的国家开始更多地转向对非传统安全威胁问题的普遍关注。与传统军事安全集中于军事威胁、政治对抗、国家中心等特点相比，非传统安全则更多地关注国民的生存与生活状态，这对民防工作与民防队伍提出了新的综合性挑战，新时期的民防能力建设逐步从单一战时防空而拓展至战时防空和非战时的非战争性威胁的参与应对，把"灾险防控"与"安全保护"的重点置于"人的安全"这一基点之上。20 世纪 80 年代以来，民防与城市防灾抗灾和应急管理相结合，把战时防空与平时防灾融为一体，构建功能强大的民防力量体系是世界各国的普遍做法。同时，各国十分重视国防安全维护的军民一体化和军民两用技术的融合，并构建相应的民防力量体系。为了强化民防的防护职能以准备专业、迅速的民防力量，各国通常优化整合全社会力量，构建专业与非专业相结合、军民相结合的民防力量体系。

美国民防的主要特色之一，就是其民防力量的多样化。目前发达国家军队信息化建设技术的 80%—90% 来源于社会信息化系统。美国国防部

的原则是，"凡是地方能做的事，都从国防系统移到地方去"，美军 88%
的全球空中战略投送、64% 的全球海上战略投送，都是依靠民用运力实现
的。美军在海湾战争之前 200 多年的 10 次大规模军事行动中，承包商人
员只有作战人员的 1/6—1/3，但在伊拉克和阿富汗战争中，承包商人员
比重迅速增长，其总人数已远远超过作战人员。目前美国基本实现了
"调整公路与军事快速通道相结合，服务区与兵站相结合，隧道与隐蔽工
程相结合，高速公路与飞机跑道相结合，高速枢纽与战储基地相结合"①。
美国在国民警卫队中建立民事支队，作为民防专业力量，1999 年开始分
批组建，2008 年组建完成，共有 55 支。在大企业中，各大企业根据职工
人数的多少成立民防大队、中队或分队，作为非专业力量。在发生紧急情
况时，各州州长还可以调动本州的国民警卫队执行民防任务，同时要向国
防部报告。另外，美国军队也参与协助民防工作。2002 年 1 月，布什总
统根据应对"9·11 事件"的经验教训，提出了组建市民团（Citizan
Corps）计划。市民团工作由国土安全部负责全面协调，其他联邦机构、
州和地方政府、志愿者组织等共同协作，联邦紧急管理署将其作为基层战
略具体组织落实。目前，美国各地成立了 2407 个市民团理事会，能够为
79% 的人口提供服务。②

　　俄罗斯也十分注重民防力量的社会性"融合"。俄罗斯民防力量由民
防部队和群众性民防队伍构成。民防部队是俄罗斯民防力量的骨干，编为
独立机械化旅、团，以及独立工程技术营和其他专业营。民防部队分为中
央直属部队和地方部队两种，必要时直属民防部队也可交由地方政府指
挥。群众性民防队伍在市、区和工程项目中组建，区分为行动分队和勤务
分队。行动分队的任务是进行求援和灾后恢复工作；勤务分队主要执行技
术性、勤务性的任务，如医疗、运输和食品供应等保障工作。另外，各军
种部队、政府部门所属的专业救援组织、社会组织等，在民防力量执行任
务时也给予必要的配合支援。

　　一些战争中立国家也十分重视民防力量的军民融合与社会融合，如瑞

---

　　①　姜鲁鸣：《军民融合深度发展与中国国防安全》，《中国人民防空》2014 年第 12 期，第
11 页。

　　②　杨胜利、耿跃亭：《当代外国民防建设的主要特点及启示》，《中国人民防空》2013 年第
3 期，第 6 页。

士民防。我国国家人防办原副主任王胜利在考察瑞士民防后撰文《考察瑞士民防建设的见闻与启示》指出，瑞士有三大特点，也是最值得瑞士人在世界上引以为自豪的"三大品牌"，即手表、银行及民防。[①] 瑞士民防力量主要是服民防役的人员，其民防部队与军队救灾部队建设已趋全民化、正规化。民防部队类似我国民兵性质，全部设在市、镇一级，市、镇政府主席兼任民防部队司令。全国现有民防部队 38 万人，占全国总人口的 5.5%，分别编入各级民防组织，实行准军事化管理。48 小时最大动员量可达 52 万人。部队有严密的组织编制，最高建制为民防团，下属消防、救护、卫生、运输和供应等专业分队，装备主要是抢险救灾工程机械设备，并配有轻型武器。民防组织和民防部队负责人，以及各类专业技术干部每年要接受 12 天的训练。军队中还编有若干个、共 2 万多人的"抢险救灾团"，作为机动力量配合民防部队行动的救灾部队，这支部队组建于1952 年，最高建制单位为团，属于执行抢险救灾任务的特种部队，隶属联邦军事部总参救灾部队司。

（四）民防体制各具特色

科学合理的民防领导管理体制与指挥体制是保障民防行动的关键与核心，也是各国民防建设重点关注与探索的内容。世界各国根据本国安全战略的要求，构建了各具特色的民防体制。[②]

1. 民防的领导管理体制

整体看，国外民防领导管理体制主要有两种类型，即政府主管型和军队主管型。

第一，政府主管型。政府主管型是世界上大部分国家特别是发达国家普遍采用的一种民防领导管理体制。这种类型的体制又可分为两种基本模式，即中央政府专设部门直接主管和政府相关部门主管。由中央政府专设部门主管民防工作的国家主要有俄罗斯、美国、瑞士、英国、法国、德国、印度、韩国、日本等。

---

① 王胜利：《考察瑞士民防建设的见闻与启示》（上），《中国人民防空》2014 年第 8 期，第 70—73 页；《考察瑞士民防建设的见闻与启示》（下），《中国人民防空》2014 年第 9 期，第 66—68 页。

② 关于外国民防体制的更详细内容参见杨胜利、耿跃亭《当代外国民防建设的主要特点及启示》，《中国人民防空》2013 年第 3 期，第 4—5 页。

英国《民防法》规定,中央政府对民防全面负责,是民防的最高决策层。内政部是政府的执行机构,主要负责民防的立法、管理及协调等。政府其他部门,则按本部门和平时期的业务范围分项负责。许多国家借鉴英国的做法,由内政部主管民防事务,并在内政部设立一个局级部门作为具体的办事机构。如法国内政部下设"民防与民事安全局",德国内政部下设"联邦救援局",印度内政部下设"民防和家乡卫队署",日本国土厅下设"防灾局",负责组织制定和实施灾害应对措施,民防准备隐含其中。

俄罗斯"民防、紧急事务和救灾部"是民防工作的主管部门,该部下设 8 个行政管理局,其主要职责是:协调民防各级指挥机构的活动,建立紧急情况预警和指挥系统;制订和落实国家有关民防的专项计划,在发生空袭、重大事故和各种灾害时,领导消除后果;建立相应的专业力量,并保证其经常处于准备状态;协调建立国家储备、保险基金,组织居民进行民防训练,进行国际合作等。

瑞士联邦民防总局,作为中央民防机构,最高权属联邦政府,管理体制实行联邦、州、镇政府三级领导,每一级设民防局,实行准军事化管理。1998 年起由联邦司法警察部转划归联邦国防民防体育部领导,负责制定有关民防的编制体制、行政管理、训练、物资、民防工程等的法律法规制定,监督州、市(镇)二级民防组织对联邦民防法的执行情况,以及研究民防战略发展的有关问题。编制 250 万人,设 1 名局长、3 名副局长,下设办公室、人事处、组织训练处、计划建筑处、后勤装备处和训练中心;26 个州政府均设民防局,各编 4 人。各州都拥有州特色的民防标识旗帜。北部与法、德边境相连的州全部实施军事化管理,装备统一的制服。

第二,军队主管型。世界范围内运行这种管理体制的国家不多,主要有以色列、越南等国。相对政府管理型而言,这种管理体制更加侧重民防战时防护功能的运用,同时兼顾平时应急救灾。1991 年海湾战争结束后,以色列为加强对民防和后方防卫的集中领导,对民防指挥机构进行了调整。1992 年取消民防司令部,成立后方司令部统一指挥民防工作,下设作战行动、通行、后勤、医疗、民众防护、条令制定、自身人员安全等部门。在协同机制上,后方司令部同国防部紧急状态委员会、卫生部急救中心、内政部消防旅、各地方行政管理机构和国防军有关单位等协调合作,共同开展平时宣教和演练、战时后方救助、国内外的应急救灾等。后方司令部下辖一支全国性救援部队、一个支援中心、一个全国救援学校，还有一支分布在国防、农业、内政、教育、卫生、财政、环保和基建等部及各地方行政单位的民防志愿人员队伍。中央与军分区分别设预警系统和民防信息中心，战时或遇突发事件，国防军紧急公布消息，紧急状态委员会通过新闻媒介加以通告。[①] 2007 年 9 月 16 日，经内阁批准，国防部设立了国家应急机构，由一名退役准将负责，职责是国家面临战争、自然灾害和其他紧急情况时，协调军队和民众的行动。再如，越南民防机构设在国土防空中心，由越南军队总参谋部统一决策并按指挥体制对防空空军、陆军防空部队、民军防空力量实施指挥，同时按战争动员体制组织全民的防空工作。

2. 民防的指挥体制

为保证扎实有效地做好民防准备和协调一致地遂行民防行动，各国普遍建立了责权明确、协调顺畅、不同层次的民防分支领导机构，形成了从中央到基层的指挥系统。这主要有层级指挥体制和区域指挥体制。

第一，层级指挥体制。主要有瑞士、印度、日本等国。瑞士民防指挥系统分为联邦、州、市（镇）三级，即联邦民防局—州民防局—市（镇）民防处。瑞士全国警报中心和三个州的指挥中心具有相当高的防护标准，指挥中心主要部位安装了隔震和防电子脉冲系统，安全监控设备先进，这些工程全部建在地下，指挥通信有无线相结合，有线实现程控化。如苏黎世全国警报中心，在做了伪装防护的地下坑道入口处，装有瞳孔识别或指纹识别的电子监控识别系统，凡有权进入的人都需要预先留下识别信息。信息大厅装有电子显示图板，密密麻麻的小灯泡在闪烁，每一个亮点就是一个警报站点或核化信息监控站点。这个警报中心还与周边国家核管理部门和本国内务部、军事部、民防局、气象、电视、广播、核电、救灾部队相互联网。全国设有 3400 个永久性警报站，无人值守的固定点、流动警报站 2600 个，警报站覆盖率占全国居民点的 85%。警报中心监控的重点在法国方向，那里有核能发电站。在马塞尔隧道附近的民防工程的地下指挥所，在每隔几个应急灯旁边还悬挂着一个带玻璃罩的蜡烛灯，以防在断

---

① 李哲：《透过巴以冲突伤亡数字看双方民防建设上的差距》，国家人防办官方主页，ht-tp：//www. ccad. gov. cn/view/pingzhanjiehe/2014/0924/7797. html。

电的时候应急灯无法使用；虽然指挥所内有线通信已安装了程控交换机和程控电话，但仍然保留着供电式电话和人工插塞式的总机，以防在程控交换机受到电磁脉冲辐射干扰破坏时，人工的、供电式的电话就可以替换保证使用。日本注重政府对防灾工作的统一领导和综合协调。日本防灾指挥系统分为中央和都（道、府、县）两级，从社会治安、自然灾害等不同的方面，建立了以内阁首相为危机管理最高指挥官的危机管理体系，负责全国的危机管理。日本政府在首相官邸地下一层建立了全国"危机管理中心"，政府根据《灾害对策基本法》建立了防灾会议体制。中央防灾会议是综合防灾的最高决策机构，会长历来由首相担任，国土厅防灾局作为其办事机构；各都（道、府、县）由地方行政长官挂帅，设立地方防灾会议，地方政府的防灾局作为其办事机构。再如，印度民防指挥系统为中央、邦（直辖区）、市三级，即内政部民防和家乡卫队署—邦（直辖区）民防事务局—市民防事务官（市长兼任）。

第二，区域指挥体制。主要有美国、俄罗斯、法国、英国等国。这些国家不仅按行政区域设置了民防机构，而且设置了一些跨行政区域的民防区，并建立了相应的指挥机构。美国联邦紧急管理署在全国设有 10 个地区办事处，每个地区办事处负责 3—7 个州。俄罗斯有 89 个联邦主体，为便于管理，"民防、紧急事务和救灾部"在远东地区、西北地区、南方地区、伏尔加河沿岸和乌拉尔地区、西伯利亚地区和中央地区设立了 6 个地区中心，以下各级按行政体制逐级设立民防指挥机构。英国分为英格兰、苏格兰、威尔士和北爱尔兰四个地区，但各个地区划分的郡比较多，因此在地区和郡之间增设了两个指挥层次，其民防指挥系统为：内政部—政区政府—民防区指挥部—民防分区指挥部—郡（区）民防控制站。

（五）民防工程不断扩展

随着非传统安全威胁的不断显现，自 20 世纪下半叶伊始，世界各国普遍减少了单纯为战时防护而修建的民防工程，而强调平战结合，在突出战时防护功能的同时，不断加大民防工程的商业化和效益化。

1. 注重综合防护和系统防护

目前，西方发达国家的民防工程都具有"核常兼顾、软硬皆防"的综合防护能力。第二次世界大战后，随着核武器的发展，各国民防工程一直把"核防护"作为重点。到 20 世纪 80 年代，各主要国家基本形成了完整的"核防护"模式。冷战结束后，核大战威胁减小，但新型常规武器的出现和发展对民防工程提出了新的要求，民防工程设计规范不断更新，开始改用对常规武器的抵抗能力作为主要标准，同时兼顾对核武器破坏效应的防护。

现代民防工程以防硬摧毁为主，也兼防一定程度的防软毁伤（即核电磁脉冲、核沉降等效应），特别是对计算机网络攻击的防护。美国是世界上使用计算机领域最多的国家，因而也更加重视对计算机网络系统的保护。目前，美国已率先将重要政治、经济和军事目标的防护从单防硬摧毁扩展为防信息软毁伤与防精确制导弹药硬毁伤并重，从而使美国民防工程各关键基础设施进入"软硬兼防"的新阶段。在提高单个目标防护能力的同时，现代民防工程开始运用系统工程方法来保护目标系统，从而收到综合防护和系统防护的最佳效果。再如瑞士已建成标准规范的民防工程610万个，总面积达4000多万平方米。不少有代表性的民防工程具有相当高的防护标准。如位于卢塞恩的一处大型公路隧道，与一个地下6层2万多米的民防工程连为一体，其中负3层为指挥所，负2层为地下医院，负1、负4层为人员掩蔽，负5层为物资库。工程建设标准按防核、防化、防细菌武器打击建设，工程内通风空调、应急发电、通信设备、储备物资等全部配套，类似火车卧铺式的上下三层的折叠床安装到位，保障生活的用品如食用水、干粮等可保证一个月用量，且定期周转，推陈出新。再是地下医院，内部可进行大手术，医疗设备、药品储备配套。

2. 注重与城市建设融为一体

城市地下空间作为平战结合的城市地下资源，是传统安全与非传统安全功能交织的地下空间资源，既是传统安全领域战时防空疏散隐蔽的防护空间，也是非传统安全领域应急避难与疏散行动的预防、准备、响应和恢复的一种地下空间资源。民防工程建设是一项耗资巨大的系统工程。为了实现民防工程的效益化，许多国家实施城市建设与民防工程建设相结合，大力开发城市地下空间，实现平战有机结合。

民防部门参与城市建设整体规划工作。建设部门与民防部门共同制定法规，强制推行民防建设任务。比如，俄罗斯在制定全国城市建设总体规划时，就按照民防建设的要求对城市建设的各项指标提出明确规定，如人口数量、城市规模、建筑密度、街道宽度、城市绿地以及水源电网等。

把民防工程纳入城市发展总体规划，使民防与城市建设融为一体。这种"融合"主要表现为以下几种形式：一是修建地下室掩蔽部。在建筑物中构建多用途的地下室掩蔽部是"相结合"工程的最佳形式。英国的《民防法》规定，"新建楼房均应设计地下室"。英国从1980年开始执行家庭掩蔽部计划，"标准至少1平方米/人，净空高度不低于2米"。1985年美国制订了"抗多灾掩蔽部计划"，该计划最基本的要求就是在新建筑物里修建多用途的地下室掩蔽部。目前，美国75%以上的城市建筑物都建有地下室掩蔽部。二是修建多功能的地下交通网。纽约、巴黎的地下铁道已达2000多千米，伦敦、东京、莫斯科的地下铁道也已达130多千米。美国华盛顿优先投资修建地下车库、地下管沟，战时可作为全市半数以上人口的掩蔽系统。这些地下铁道、隧道、车库等大多具有完善的三防设施，战时可作为理想的掩蔽部。三是修建地下城。日本已修建了150多条地下商业街和大百货商店的地下售货场，总面积达200余万平方米。莫斯科切尔坦若沃住宅区兴建的地下商业街深达70—100米，战时可作为坚固掩蔽部。美国已修建了100多所地下学校，新墨西哥州阿脱西亚市地下学校平时可供500多名学生上课，战时可作为容纳2200多人的掩蔽部。瑞典修建了地下8层的国家档案馆和800多所地下医院。

3. 注重民防警报体系的完备

冷战时期，为防范敌人空袭特别是大规模核攻击，各主要国家均建立了比较完备的民防警报体系；冷战结束后，面对传统安全威胁与非传统安全威胁相互交织的严峻形势，各主要国家从应急需求出发，又对民防警报体系做了进一步改进。其共同的特点是：上下贯通，逐级分布，双向互动，多种手段并用。如英国的民防警报体系由两大系统组成：一是警报发放系统。警报中心设在英国空军作战指挥部，通过250个中继控制点，向全国的1.1万多个警报点发放警报。二是放射性物质监视报警系统。该系统由900个基层站、25个控制组和5个控制区组成。整个民防警报体系由内政部"警报与监视司令部"统一管理。英国的这种体系是比较典型的，其他主要国家也大致如此。

冷战结束后，音响警报系统的作用降低，除以色列等少数国家外，其他各主要国家开始将建设重点转向与公共媒体连通的紧急警报系统，并以此来发放军事攻击、恐怖袭击和重大自然灾害的预警信息。美国于2007年12月全面建成了"数字化紧急警报系统"（Digital Emergency Alert System），在面临紧急情况能够向广播电台、电视台、移动电话和计算机网络用户发送文字、音频、视频和其他数字信息，迅速通报各级应急管理机构、专业救援人员和社会公众。这是利用现代信息技术对传统警报系统进行更新改造后的产物，是美国第四代国家报警系统。

（六）民防宣教不断强化

许多国家将民防知识教育纳入常规教学范畴，在学校和民间开展多种多样的民防教育活动，形成教育制度。当前诸多国家编订民防知识教材，组织公民统一学习。民防教程内容主要包括：国际和周边安全环境，世界主要国家民防发展的现状和趋势，民防理论、民防知识、民防训练等。

瑞士民防宣教的系统化特征极具代表性。瑞士民防"为民所防，由民来防"的气象十分有特色。

瑞士十分重视对全民的民防意识和普法教育，把民防教育列为全民国防教育的重要组成部分。联邦民防局编辑的关于减灾免灾、自救知识的《民防手册》发至每个人手中，做到家喻户晓，民防教育内容列入中小学教科书。还确定每年二月第一个星期一，为全国警报试鸣日，还通过组织公民服民役、民防活动提高大家的民防意识。瑞士宣传民防的形式极为广泛，无论是在办公室、民防训练中心，还是社区的民防公共场所，从装备的车辆、设备、杂志到办公用品，甚至一支圆珠笔、一个手提纸袋、自行车挡泥板、汽车挡风玻璃等上面都会印有或贴上不干胶的民防标识。

瑞士的民防训练中心数量众多，瑞士共有26个州，每个州都建有民防训练中心，大大小小共有63个训练中心，承担轮训民防干部和骨干以及开展全民民防教育任务。瑞士人口700万，平均近11万人拥有一个训练中心。20世纪90年代后，随着欧洲局势的缓和，战争危险的降低，瑞士民防任务及工程建筑更多由战备转向平时的抢险救灾和经济综合利用方面。以卢塞恩民防训练中心为例，其中一座教学楼利用现代化声学声像模拟地震、洪水等灾情发生的情景，对学员进行类似真实、身临其境的逃生训练和施救训练。瑞士自20世纪50年代以来长期坚持民防建设，视其为实施"总体防御"战略的重要支柱之一，称民防为"不带枪的国防"，经过几十年建设，已建成现代化的民防体系。

再如以色列。以色列民防部门的防空教育始自幼儿园阶段，使民众从小就养成一听到防空警报就必须放下一切而寻找掩体的自觉习惯。以色列民防部门每年都要实施全国性的民防演练，参与方包括国防军、警方、地方政府、营救部门、教育单位和普通民众，范围几乎覆盖整个国家区域。演习模拟包括导弹、火箭弹以及非常规性武器来袭等多种紧急情况，民防部门则组织有计划地拉响全国警报，测试公众在军警方计划下前往安全地点躲避与疏散的意识和能力。此外，每年还要组织多次群众防空袭演练。

第 四 章

欧美民防:比较与启示

民防产生于战争空袭之背景及向综合化安全维护体系发展是世界各国与地区的普遍现象,又因区情、国情不同而呈现不同特征。综观世界各国与地区民防建设,整体而言,经济较为发达、灾害较为频繁的国家与地区建立了更为健全与发达的民防体系,如东北亚的日本、韩国,北美的美国、加拿大,欧洲的瑞士、欧盟国家,横跨欧亚的俄罗斯,大洋洲的澳大利亚,等等。本书选取美国与欧盟民防体制为案例,比较与总结其对中国民防体制建设的借鉴思路,这主要基于三点:(1)美国与欧盟分别是当前综合实力最强大的国家与地区,近年来围绕国家安全与区域安全之整体战略的探索极具影响,其民防建设也取得了诸多宝贵经验;(2)近年来两者都历经过重大非传统安全挑战(如西班牙马德里爆炸事件,希腊森林火灾,巴黎连续遭受暴恐,欧洲难民危机等;发生在美国本土的有"9·11事件"、卡塔丽娜飓风、"桑迪"飓风、国家信息泄露等),这些威胁都集中折射了高度信息化、城市化、高科技化的典型时代特征,美国与欧盟民防体制应对这些威胁的整体表现值得作细微考察;(3)两者分别是最典型、最成熟的联邦制国家与区域一体化程度最高的地区,其民防体制本身就极具代表性,对我国单一制国家结构下的民防体制建构具有独特借鉴意义。

第一节　美国"全景式"民防体制

美国民防体制具有"全灾种""全过程""全参与""集中统一"的

典型特征。本书将之概括为"全景式"民防体制。

一 美国民防概述

与世界多数国家民防产生于第一次世界大战空袭的经历不同,美国民防源起于第二次世界大战结束后美苏两极对抗下的时代情景。由于天然的地缘位置,除了北美独立战争,美国几乎与第二次世界大战前的所有战争隔离,大西洋被视为美国隔离外来军事进攻的天然屏障,战争对美国而言都是"在别处",因而"民防"显得无必要。日本 1941 年成功偷袭美国珍珠港海军基地,美国顿感传统的孤立主义国家防御政策未能有效保护美国国家及其国民的安全,保护本国国民免遭敌对"空袭"灾害开始成为国家安全政策的重要内容。第二次世界大战中,美联合英、苏对德实施空袭作战,进一步唤醒了美国民防(civil defense)及相关民防工事建设的意识。第二次世界大战后,大国间武力对抗戛然而止,然美苏相互核威慑以称霸全球的态势又形成了"冷战"这一新的战争形态。然而由于两次世界大战都远离其领土,美国在 1949 年以前并未形成永久性的全国民防组织。20 世纪 50 年代初,美苏两极核对抗愈演愈烈,美国于 1950 年通过了其历史上第一部民防法——《联邦民防法》,成立了民防局,1968 年该局改称联邦应急署,1976 年又改称民防准备局,1979 年成立联邦应急事务管理署(FEMA)作为全国灾害应急的领导与指挥机构。冷战时期,美国民防以防护核威胁为主要目标,成为国家核战略的重要组成部分。冷战结束至 21 世纪始,在世界"和平与发展"为主题的时代背景下,美国民防在国家防御系统中的地位有所下降,年度拨款减少、"民防"与"攻击"亦分别被"紧急情况准备"(emergency preparation)与"危险"(danger)所替代①。需要特别指出的是,在美国民防发展历史中,民防与应急的关系及其各自在国家安全战略中的地位经历了多次调整与变换,成

---

① 王文臣、齐仁林:《外国民防研究》,南京陆军指挥学院印刷厂 2010 年版,第 180 页;B. Wayne Blanchard. American civil defense from 1945-1984: the Evolution of Programs and Policies. National Emergency Center, Emmitsburg, Maryland, Monograph Series, 1985, 2 (2).

为考察美国民防体制变迁的重要因素。① 整体看，民防与应急产生伊始分别将战备防空与非战争灾害应对视为其唯一职责，随着国际安全态势在"传统"或"非传统"间徘徊，战争与非战争灾害应对逐渐趋于整合与统一，民防与应急也呈现相互渗透、彼此融合的趋势。2001 年"9·11事件"爆发，暴露了美国在情报、航管和地方响应等方面的能力欠缺，② 美国视恐怖主义为国家安全与平民安全的首要威胁，又开始强化以"国家导弹防御计划"和"战区导弹防御计划"为导向的民防建设，提出了民众安全（civilian security）的概念；2005 年美国南部墨西哥湾地区遭受"卡特里娜"飓风侵害，1000 多名民众丧生；2012 年美国新泽西州遭受飓风"桑迪"侵扰，百余人丧生，自然力量——"气象"——成为国家安全的"公敌"③；奥巴马任期（2012—2016）延续了过去 20 多年的做法，将广泛且复杂的机构和议题纳入国安会系统，从阿富汗与伊拉克战争、全球经济危机，到反恐、全球环境治理等，还设立了新机构以处理21 世纪诸如网络与信息安全、能源与气候变化、国家建设与基础设施等各种跨部门的议题④。由此可见，美国逐步强化"民防"在重大的自然性、人为性害险防范和应对中的职能定位。至此，美国以"全灾种""全过程""全参与""集中统一"为核心内容的"全景式"民防体制得以形成，这集中体现在其法律法规、组织设计与力量体系的建设上。

第一，法律法规。美国已形成了较为全面、完善的民防法律体系。从历时性角度看，重要法律包括：1950 年出台其民防史上第一部民防法——《联邦民防法》，对敌方攻击及其后果处置进行了规定。该法是美

① 本书在深入考察美国民防产生与发展的过程中总结出，在话语上，美国"民防"与"应急管理"（emergency management）、"应急准备"（emergency preparation）、"危机管理"（crisis management）、"紧急状态"（state of emergency）随国家政策变换而不断交替使用，各自内容、重点及其相互关系也不断变化。9·11 事件后，美国更多采用"应急准备"与"国土安全"（homeland security）来指代国家安全与民众安全防护行动。另参见李扬《世界民防概览》，解放军出版社 2011 年版，第 115—151 页；王文臣、齐仁林《外国民防研究》，南京陆军指挥学院印刷厂 2010 年版，第 175—180 页。

② 毛欣娟、杨虹桥：《9·11 事件后美国国家安全体制变化及启示》，《中国人民公安大学学报》（社会科学版）2013 年第 1 期，第 86—91 页。

③ 严岳：《超级飓风成美国"新国家公敌"》，《国际先驱导报》，（2012 – 11 – 08）[2012 – 11 – 03]，http：//ihl. cankaoxiaoxi. com/2012/1108/116880. shtml。

④ 初建忠：《美国国家安全委员会运作模式的演变》，《国际研究参考》2016 年第 3 期，第1—22 页。

国历史上第一个用于灾害应对的非专项联邦法规，首次提出了民防"平战结合"的原则，明确了联邦政府制订民防计划，组织群众疏散，修建防护场所，指导、协调、支持州和地方政府开展民防活动等职责。[①] 1976年通过的《全国紧急状态法》对紧急状态的内涵、启动、过程、期限及总统权力等作出了详细规定。1982 年第 47 号国家安全决策指令《紧急动员准备》规定了各级政府紧急动员能力。1987 年第 259 号国家安全决策指令《美国民防》特别对核攻击与非核攻击的紧急事件处理进行了规定。1994 年国会通过国防授权法，废除了 1950 年《联邦民防法》，将其实质内容保留在《罗伯特·蒂·斯达福救灾与紧急救援法》的第六部分中，且将"紧急情况准备"代替了"民防"。1999 年《联邦法规》第 32 卷第185 章对"民防"的任务作了具体规定。[②] "9·11 事件"后，又逐步出台了《国土安全法》《使用军事力量授权法》《民间动乱》、国防部指令等法律、条例与指令。整体看，美国民防法在"民防"的内涵内容、适用范围、执行与监督、责任追究等方面已形成了较为完整、成熟的体系，为民防建设与行动提供了必要的合法性基础，起到了较好的规范、指导、制约与监督作用。

　　第二，组织设计。美国是世界上联邦制体系最为成熟、发达的国家，国家整体架构分为联邦、州与地方政府三级，州与地方政府享有高度自治权，社会力量在国家公共事务管理中具有重要地位。美国联邦制的国家建制在很大程度上决定了其民防体制的架构及其基本运行。整体观之，美国民防组织运行的主要特点有四：一是高层统一领导。总统与国家安全委员会是国家应急决策机构，其中总统是国家应急管理的最高行政首长，在重大灾害的应急救援中负责最高领导与指挥；国家安全委员会是国家安全事务的最高决策机构，负责国家安全与重大突发事件的评估、决策与应对，为总统决策提供咨询与建议；在关涉国家生存与重大利益的安全问题上，

---

　　① 游志斌、魏晓欣：《美国应急管理体系的特点及启示》，《中国应急管理》2011 年第 12 期，第 46—51 页。

　　② 1999 年美国《联邦法规》对"民防"条款的规定是："最大限度地减少因敌人对美的攻击、自然或技术灾害对美民众可能或已经造成的损失；处理因敌攻击、自然技术灾害而出现的紧张局势；对因敌攻击、自然或技术灾害而毁坏的重要设施、设备进行紧急抢修和恢复"。《背景资料：民防的发展趋势》，人民网（2009 - 03 - 02）[2012 - 09 - 10]，http：//military. people. com. cn/GB/42964/57866/8887142. html。

总统召集并主持国家安全会议。二是纵向层级负责与横向部门分工相结合。2002 年国土安全部（DHS）成立，将海岸警卫队、紧急事务管理署、海关总署、交通安全局、特勤局、移民归化局等 22 个部门并入其下，直接对总统负责，成为内阁式的灾害与安全管理部门。① DHS 是当前美国级别最高、任务最综合、资源最集中、战斗力最强的安全管理与综合协调部门，其将反恐视为核心职责。美国联邦应急管理署（FEMA）是美国民防的最高级领导与综合协调机构，直接隶属国土安全部，直接向总统报告，负责平时救灾和战时紧急准备、计划和协调。FEMA 下设 7 个职能处、10 个办公室、1 个国家紧急训练中心、1 个国家城市搜寻与救援系统、1 个全国民防处理系统（即国内事件处理系统，下设灾害指挥中心、跨部协调中心与联合系统中心三个核心民防指挥机构）；全美分设 10 个区办事处，每个区负责 3—7 个州，每个州下设分区；企业据其职工数量设立民防大队、分队或中队。美国联邦各组成部门（如能源部、内务部、农业部、商业部等）均担负相应的民防任务。三是军队参与有法可依。依据相关法律，国防部部长授权陆军部长总领的"军事支援局"负责军队参与民防应急救灾的具体任务，各州国民警卫队和后备役为主要行动力量，活动费用由 FEMA 或州政府相应补偿。② 四是民间组织发达。美国民间有民防协会（TACDA）和国际应急管理者协会（IAEM），两者都属非营利性组织，前者成立于 1962 年，现办有民防期刊和民防研究院，致力于民防知识宣传与教育③；后者成立于 1952 年，成立之初作为民防委员会，现作为国家应急管理的信息平台与决策智囊④。

第三，力量体系。主要包括行政工作人员与专业救援人员。美国建立了一支平战结合、公私结合、州际合作、平时各司其职和灾时整体联动的

---

① 美国国土安全部官方主页：http：//www. dhs. gov/history。

② 美军参与灾害应对的详细法律规定，见 Jennifer K. Elsea and R. Chuck Mason. *The Use of Federal Troops for Disaster Assistance: Legal Issues.* CRS Report for Congress 7 - 5700 RS22266, Nov. 28 2008；Henry B. Hogue and Keith Bea. *Federal Emergency Management and Homeland Security Organization: Historical Developments and Legislative Options.* CRS Report for Congress. RL33369, June 1, 2006。

③ 美国民防协会官方主页：http：//www. tacda. org/。

④ Tony Pearce. International Association of Emergency Managers Announces Oceania Region XIV. *The Australian Journal of Emergency Management*，2007，22（1）：53.

民防力量体系。2011—2012 年,FEMA 共有 17732 名行政工作人员。① 专业救援人员中,联邦军队、国民警卫队与后备役人员是民防行动的重要参与和支援力量;城市救援队伍、专业救援组织与力量(消防、气象、警察、地震、医疗等部门的专业救援或救护人员)、专兼职民防工作人员、受过民防训练但不脱产的政府雇员共同构成了一般民防行动的主要力量,其中尤为重要的是,1989 年联邦应急管理署成立了国家城市救援响应系统,其由 28 个城市救援队伍、事故支持小组与技术专家等近 5000 位专业人员以及州和地方政府应急管理部门组成,城市救援队伍由 62 位专业救援人员(分成 32 个职务,每个职务划为计划、搜索、救援、医疗、后勤5 个功能单位,每个单位全天候准备)组成,事故支持小组由城市救援队伍和联邦、州、地方政府应急救援及相关私人组织成员组成,担负相应的协调、评估、技术、后勤等支持与服务职责,技术专家则提供应急救援的相关专业知识。②

二 美国"全景式"民防体制分析

(一) 美国"全景式"民防体制的基本特征

第一,"全灾种"(all Hazards),即应对灾种包括自然、人为与天人灾害。这主要反映在美国民防法的内容规定与"整合性应急管理系统"(Integrated Emergency Management System,IEMS)中。从法律的内容规定看,在不同时期美国民防法对民防的职责有不同表述,但其明显朝向综合化方向发展,现已基本包括各种人为、自然与事故性灾害的应对。如1981 年美国修改《联邦民防法》,拓展了民防的内涵,不仅包括战时灾害应对,还包括平时应急救灾。冷战结束后,民防职责进一步拓展,不仅包括核威胁、自然灾害的快速反应,还包括核生化威胁与恐怖袭击的应对,如《联邦法规》(1999)第 32 卷第 185 章、《美国法典》、《联邦法规》等法律都将民防的职责规定为"因敌攻击""自然灾害"和"技术灾害"

---

① 2012 State of FEMA Report. [2012 – 10 – 02]. http://www.fema.gov/2012 – state – fema. 2012:42.

② 游志斌、魏晓欣:《美国应急管理体系的特点及启示》,《中国应急管理》2011 年第 12 期,第 46—51 页。

的防护；2004 年 6 月，国土安全部出台《全国响应计划》，将恐怖袭击、核威胁、基础设施保护等视为国家重点防御的危害。2012 年美国遭受"桑迪"飓风袭击后，"气象"被视为一种堪比外敌重型武器之破坏性的武器即"气象武器"，自然性巨灾——气象灾害——成为美国新的"国家公敌"。① 2015 年 2 月 6 日，奥巴马政府发布的其任期内的第二份《国家安全战略》认为，维护安全是美国政府的首要责任，而此安全外延十分广泛和多元：横向看既包括国内安全即美国的国土安全与人民安全，也包括国际安全即美盟友与伙伴的安全；纵向看既涵盖了传统安全与物理安全，又包括了非传统安全与信息安全、公共区域安全。同时，在奥巴马总统所列出的紧迫安全问题当中，首要涵盖了恐怖主义、网络安全、俄罗斯的"侵略"、气候变化、传染病暴发等，且"暴力极端主义和不断演变的恐怖威胁，使美国与其盟友面临遭受攻击的持续风险，对网络安全的挑战不断升级、俄罗斯的侵略、气候变化的影响加剧以及传染病的暴发，都使人们对全球安全感到忧虑"，美国急需综合之策。② 美国国土安全战略较为明晰地体现了从过往核威胁、恐怖主义或自然灾害的单灾种管理转向多灾害、多危险治理的"全灾种管理"模式。

第二，"全过程"（all process），即灾害应对阶段包括准备（prepare）、预防（prevent）、保护（protect）、减缓（mitigation）、响应（respond）与恢复（recover）全过程。具体而言，准备就是通过计划、培训、演练、评估试图减少生命与财产损失并保护国家；预防就是防止、阻止或终止一项现实或潜在的恐怖威胁；保护就是确保国家基本政治制度安全、维护基本社会秩序以保障公民免于各种威胁；减缓就是减轻或消除因长期风险或灾害而带来的生命与财产威胁；响应就是采取应急行动以挽救生命与财产；恢复就是通过灾后重建以恢复受灾个人、机构、商业、政府的功能，使其恢复至正常生活并保护其免于未来可能的危害。③ 2006 年美国布什总统签署《后"卡特里娜"应急管理改革法》，旨在增强国土安全部对

---

① 严岳：《超级飓风成美国"新国家公敌"》，《国际先驱导报》，（2012 – 11 – 08）［2012 – 11 – 03］，http：//ihl. cankaoxiaoxi. com/2012/1108/116880. shtml。

② 陈积敏：《2015 年美国国家安全战略报告评析》，《现代国际关系》2015 年第 3 期，第 32—38 页。

③ 2012 State of FEMA Report. ［2012 – 10 – 02］. http：//www. fema. gov/2012 – state – fema. 2012：8.

于各种灾险的预防、响应及恢复能力。从美国在自然灾害、暴恐防控、环境问题等方面的综合治理看，美国十分注重在国土安全的整体目标下，对威胁或风险的准备、预防、减缓、响应和恢复的整体举措。

第三，"全参与"（whole community）。"成功应对 21 世纪的挑战，美国必须使用、均衡、整合国家所有力量。"① 在政府（联邦与州）为救援主体的基础上，各类非政府组织、团体机构、社区、家庭、个人、灾害幸存者等与政府有效联合，共同应对灾害。② 这主要体现在以下三个层面。

一是联邦、州政府在组织与协调上的主导与相互协助。美国民防行动一般以州及其下属行政单位为责任主体，但在重大、特别重大突发事件中，联邦政府有依法进行协助的义务。早在 1988 年，联邦政府就制定了《罗伯特·斯坦福救灾与应急救助法》，明确规定突发事件应对中联邦政府要对州、地方政府与民间灾害救助单位实施救助，具体包括对象、内容、范围、条件等。更为具体的是，2002 年《美国联邦反应计划》规定，如果州无力应对其行政区所遭受的灾害，可申请联邦政府的援助，由 FE-MA、受灾州和地方政府联合开展灾害评估，根据《斯坦福法案》的规定标准由总统发布紧急状态声明，向受灾州提供相应援助。联邦援助分为12 项，每一项由其所属的某一职能机构担负领导，其他部门有进行支援的义务。联邦政府援助受灾州的具体内容及相应部门职责见表 4.1。

表 4.1　　　　联邦政府援助受灾州的具体内容及相应部门职责③

紧急支援职能	机构											
机构	交通运输	通信	公共建筑与工程	消防	信息与规划	集中照顾	资源援助	卫生与医疗服务	城市搜索与救援	有害物质	食品	能源
农业部	S	S	S	P	S	S	S	S	S	S	P	S

① Project on National Security Reform. *Turning Ideas into Actions*, PNSR Report, Executive Summary, September, 30, 2009.

② 2012 State of FEMA Report. [2012 - 10 - 02]. http：//www. fema. gov/2012 - state - fe-ma. 2012：9.

③ 沈荣华：《国外防灾救灾应急管理体制》，中国社会出版社 2008 年版，第 26—27 页。

续表

紧急支援职能 机构	交通运输	通信	公共建筑与工程	消防	信息与规划	集中照顾	资源援助	卫生与医疗服务	城市搜索与救援	有害物质	食品	能源
商务部		S	S	P		S			S	S		
国防部	S	S	P	S	S	S	S	S	S	S	S	S
教育部						S						
能源部					S		S	S		S		P
卫生与公众服务部			S		S	S	P	S	S			
住房与城市发展部						S						
内政部		S	S	S	S					S		S
司法部					S			S	S			
劳工部			S					S	S	S		
国务部	S									S		S
运输部	P				S			S	S	S		S
财政部	S				S			S				
退伍军人管理局			S			S	S	S				
国际开发署									S	S		
美国红十字会					S	P						
环境保护局			S	S	S			S		P	S	
联邦通信委员会		S										
联邦紧急事务管理署	S	S			S	P	S	S	S	P		
总务管理局	S	S			S	S	P	S		S		
国家航空航天局					S		S					S
国家通信系统	P			S	S	S					S	
核管理委员会					S					S		S
人事管理办公室						S						
小型企业管理局					S							
田纳西河流域管理局	S		S									S
美国邮政局	S					S		S				

注：P——主要机构，负责协调；S——支援机构，负责支援。

二是各类民间组织积极参与，与政府搭建合作伙伴关系。公民社会在美国各领域举足轻重的地位与作用已是共识，NGO、私人组织、志愿者、家庭、社区等民间力量构成了美国民防行动中的重要力量。如NGO作为公民社会的构成力量之一，积极参与灾害预警、紧急救援和灾害恢复的整个过程，在应急救灾中发挥了传播信息、集拢资金、提供物资、疏导民众心理、舆论宣传等作用。以美国红十字会组织为例，其拥有近23万名工作人员，每年约3.5万雇员和50万志愿者对社区提供7万次紧急事件援助，约400万人通过该组织献血，举办700多场地方性救援培训使超过1500万人学习到应急救援知识或技能。① "9·11事件"后美国红十字会在纽约、阿灵顿、新泽西州等地搭建庇护所与援助中心、提供紧急物资与电话平台、组织心理医生开展心理干预、联系各方单位提供血液、协助FEMA接受捐款等救援活动。② NGO在灾后恢复和重建中也扮演了不可或缺的角色，如"卡特里娜"飓风后成立了大奥尔良灾后恢复联盟，成员包括各教区长期恢复委员会、灾害响应机构、宗教组织、社会与人类服务机构、政府联络办公室的代表，已有超过60个跨宗教组织、非营利组织及政府机构加入该联盟，该联盟还与FEMA地区办公室、州及地方政府开展定期合作，积极救助那些受灾却不符合政府救助条件的灾民。③ 美国政府极为重视社会力量在应急救灾中的特殊作用，并通过多样化方式与其建立"伙伴关系"（partnership），包括签订互助协议或合同、帮助社会组织提高参与能力、设置与社会组织联络的制度（如设立专门部门、官员等）、及时向社会组织提供灾害信息等。④

三是"全参与"过程还极为重要地包括了社区民防行动。1985年加

---

① 游志斌、魏晓欣：《美国应急管理体系的特点及启示》，《中国应急管理》2011年第12期，第46—51页。

② 沈荣华：《国外防灾救灾应急管理体制》，中国社会出版社2008年版，第34页；赵成根：《国外大城市危机管理模式研究》，北京大学出版社2006年版，第294—295页。

③ 游志斌、魏晓欣：《美国应急管理体系的特点及启示》，《中国应急管理》2011年第12期，第46—51页。

④ 沈荣华：《国外防灾救灾应急管理体制》，中国社会出版社2008年版，第48—49页。

利福尼亚州开始组建社区应急响应队（志愿者应急救援队伍）。1992 年 FEMA 将其纳入联邦应急响应计划中，并在随后的俄克拉荷马城市爆炸（1995 年）的应急响应中发挥了关键作用。随后，该计划在全美逐步推开，其相应的培训与保障机制也逐步完善。当前美国建有"社区应急响应专业队"（CERT）计划，该计划旨在对社区民众进行全灾种的灾害防御的知识与技能教育，以保证专业救援力量到达之前民众具备基本的自救互救技能，其队员也被鼓励积极参与其所在社区的灾害防御计划。① 美国一些州或市也十分注重社区层面的民防建设，如纽约市建立社区应急小组、市民梯队委员会（citizen corps council）等②。2012 年 11 月，巨灾"桑迪"飓风来临前，美国以社区为单位进行预警，尽量让社区每户提前做好准备。③

第四，"集中统一"（intergrated），即民防应急活动在领导指挥与实施过程上采取集中、统一的方式展开。事实上，美国民防在其发展过程中并未自始就按照集中统一的方式进行，也曾存在职责分散、政出多门、部门关系混乱之困境，如 1945—1979 年期间，美国遭受"卡拉"飓风（1962 年）、阿拉斯加地震（1964 年）、圣费尔南多地震（1971 年）和"艾格尼丝"（1972 年）等多次自然灾害的侵扰，虽应急救灾工作整体还算及时，但当时涉及紧急突发事件处置的部门达 100 多个，导致政出多门、力量分散、行动混乱④；应急管理分散于 5 个联邦部门，其各自职责模糊且相互交叉，再加上军方设有防御核攻击的防务民事准备局与防洪的陆军工程师，整个应急管理系统处于碎片化、难以统一之态势⑤。经过对联邦、州和地方政府应急机构的调整，1979 年卡特总统宣布行政命令成立联邦应急管理署（FEMA），将国家火灾预防和控制管理局、联邦保险局、国家气象服务局、联邦救灾管理局等部门职责合并。冷战结束尤其是"9·11 事件"发生后，美国民防开始大力整改其应急管理与民防体制，逐步朝向领导集中、指挥统一、部门协调、区域联动的方向发展。在领导

① FEMA 官网：http://www.fema.gov/cert。
② 赵成根：《国外大城市危机管理模式研究》，北京大学出版社 2006 年版，第 41 页。
③ 温宪、吴云、张旸：《"桑迪"暴露美国防灾短板》，《人民日报》2012 年 11 月 1 日，第 19 版。
④ 朱建新、王晓东：《各国国家安全机构比较研究》，时事出版社 2009 年版，第 284 页。
⑤ 李扬：《世界民防概览》，解放军出版社 2011 年版，第 117 页。

指挥上，根据法律规定，联邦 FEMA、州民防分区及地方民防机构分级负责、集中统一领导不同规模的民防行动。同时，美国的灾害管理原则上是由各州政府负责实施，而对于跨行政区域的灾害事故或重特大灾害应对，则由联邦政府负责统一组织与协调。如 2004 年 3 月 1 日，美国国土安全部成立了"国家事故管理系统"（NIMS），该系统针对所有人为、自然与事故性危害，设立公共信息系统、事故指挥系统和跨部门协调系统，为全国各级及各类组织提供了灾害应对的统一模板，指导联邦、州、地方、部族政府、各类企业和 NGO 共同开展应急行动。在实施过程上，美国各级政府和各参与组织极为注重区域协调。1992 年美国遭受"安德鲁"飓风伊始，南部各州逐步加强州际应急合作。1993 年东南部 16 州共同签署《南部区域应急管理互助协议》，相互确保各成员州在应对重特大灾险时可迅速获得应急与恢复资源。1995 年该协议扩充成员州，并签订《州际应急管理互助协议》（EMAC）。目前，美国多数州和部落政府已是 EMAC 成员。在"卡特里娜"飓风的紧急应对中，49 个州参与了 EMAC 响应行动；尤其在飓风登陆后的 36 小时内，EMAC 成员州的共 6335 名救援人员被派遣至灾区，实现了州际协助史上规模最大的应急资源动员和部署；同时，许多相邻市、县、镇间也都签署了应急互助协议，形成了覆盖广、联动强、集中统一的民防行动网络。[①] 在应对手段上，2002 年美国国家科学院发表《反恐：从自然与技术灾害中吸取的教训》的报告认为，自然、技术与恐怖主义危害在紧迫性、危害性上具有相同特征，因此紧急应对手段可以相互借用。[②] 此外，从美国国家安全体制的历史变迁看，强调跨部门的整合和协调是改革的总趋势。[③] 同时，这也显示了非传统安全维护的平战结合特征。

（二）美国"全景式"民防体制形成的动力因素

巴里·布赞与琳娜·汉森合著的《国际安全研究的演化》是国际安

---

① 游志斌、魏晓欣：《美国应急管理体系的特点及启示》，《中国应急管理》2011 年第 11 期，第 46—51 页。

② Julie L. Demuth. *Countering Terrorism: Lessons Learned From Natural and Technological Disasters*, National Academy of Social Sciences, Feb 28 – Mar 1 2002.

③ 刘建华：《美国国家安全体制改革：历程、动力与特征》，《美国研究》2015 年第 2 期，第 68—92 页。

全研究的一部"通透的思想史"与"学科史"①，为国际安全研究的流变识别了五个驱动力的分析框架，即大国政治、技术驱动、关键事件、学术争论与制度化②。还有学者在专题研究美国国家安全体制的变迁动力时得出，客观环境、新安全观、总统个性、行政部门的倡议、国会的推动、智库的研究、公众舆论的压力等，都成为驱动美国国家安全体制改革的动力。③ 由此而整体看，美国"全景式"民防体制的产生、发展与逐步形成的背后驱动力主要包括六方面。

第一，美国国内外安全威胁常态化的挑战，且在信息化、高科技化的时代脉搏下呈现愈加复杂、交织、综合的特征，切实提升安全治理能力是国家安全与人的安全维护的必然要求。这构成了美国民防体制不断改建、重组、再组及整体朝向综合化、全灾种、全过程趋势发展的宏观推动力。

第二，重大突发事件的爆发成为民防职能趋于综合、体制趋于整合的"催化性事件"（catalysing events）④。如在美苏争霸历史上，1962 年古巴导弹危机使得核危机处于"爆破点"，美国政府当局为全面防御可能爆发的第三次世界大战（核大战），在国内空前强化各种防御措施准备；⑤ 再如 2001 年"9·11 事件"爆发，美国安全战略瞬即将"反恐"列为其首要且重要任务，而 2005 年"卡特里娜"飓风危害又迫使美国政府将自然灾害视为美国国土安全战略的永久性防护对象。

第三，美国"霸权安全"（hegemonc security）的国家安全定位。霸权安全是以强大的实力为后盾，在全球范围内通过单边主义推动实现以自

① ［英］巴里·布赞、［丹麦］琳娜·汉森：《国际安全研究的演化》，余潇枫译，浙江大学出版社 2011 年版，"序言"。

② Barry Buzan, Lene Hansen. *The Evolution of International Security Studies*, Cambridge：Cambridge University Press，2009：50 – 65.

③ 刘建华：《美国国家安全体制改革：历程、动力与特征》，《美国研究》2015 年第 2 期，第 68—92 页。

④ 巴里·布赞与琳娜·汉森在《国际安全研究的演化》中对"驱动力"进行阐述时，将"事件"分为"建构性事件"（constitutive events）、"催化性事件"（catalyzing events）、"重大关键事件"（significant critical events）三类。见 Barry Buzan, Lene Hansen. *The Evolution of International Security Studies*, Cambridge：Cambridge University Press，2009：54 – 57。

⑤ Guy Qakes. *The Imaginary War：Civil Defense and American Cold War Culture*. Oxford University Press，2005；Laura McEnaney. *Civil Defense Begins at Home*. Princeton University Press，2000.

身利益为核心目标的地区或全球安全战略行动及其体系。[①]"9·11 事件"后，美国一方面以"单边主义"推行霸权主义，发动阿富汗战争、伊拉克战争；另一方面以联合反恐为名既积极联合世界各国共同反恐，又四处动兵谋求国际警察地位。为实现霸权安全目标准备稳固的后方，美国在国内推行"大民防"体系，即"全景式"民防。

第四，高科技的推动与支撑。美国无疑引领着当前世界高科技的最前沿，其中就包括安全维护与灾害防护领域的相关技术。如美国高水平的信息技术推动了信息化指挥、信息化预测预警、信息化模拟等安全治理与灾害应对实践。

第五，学界在安全理论、灾害理论、危机理论、风险理论、博弈理论等相关研究领域的进步及其对公共安全政策的推动。以最前沿研究组成国家发展战略的智囊，是美国政府的一贯做法，也被实践证明是推动国家战略与政策制定站在国际最高端、最前沿的有益方法。美国民防体制的不断调整也清晰反映了美国理论研究成果在国家安全政策制定中的"发声"及被运用于实践，如战略研究中的"先发制人"、风险研究中的"脆弱性"、社会学研究中的"社群"等都广泛体现在安全治理的政策与实践中。

第六，社会大众的舆论压力。公民社会在美国国家政策制定中具有较大影响已成普遍共识，这也同时反映在对公共安全政策的影响上。如在"卡特里娜"飓风的应对中，美国政府响应迟缓、军队参与低效、军队与政府合作不顺畅等都被公众诟病至今，[②] 这成为美国痛定思痛一再重组民防体制的重要驱动力。

第二节　欧盟"一体化"民防体制

欧盟（EU）是当前区域化程度最高的地区，作为一个独立行为体在

---

① 余潇枫、潘一禾、王江丽：《非传统安全概论》，浙江大学出版社 2006 年版，第 319 页。

② Adams, T., Anderson, L., Turner, M. and Armstrong, J.. Coping Through a Disaster: Lessons from Hurricane Katrina. *Journal of Homeland Security and Emergency Management*, 2011, 8 (1), Article 19.

多极化国际关系与世界事务中扮演极为重要的一"极"。1993 年 11 月 1
日,《欧洲联盟条约》生效,标志着 EU 正式产生。截至 2014 年 EU 已有
28 个成员国,其宗旨是通过建立内部无边界的空间,加强经济、外交、
社会的协调发展,最终建立实行统一货币的经济货币联盟,促进成员国经
济、社会、外交与安全政策的均衡发展。EU 民防体制的独特性反映在:
一是 EU 经济、政治、社会领域的高度一体化程度及其高效运作,使其民
防的产生与发展带有更多独特的区域特征与全球意义;二是 EU 历经了全
球化、信息化、高科技条件下的重大自然与人为灾害,其民防体制的建构
与运行折射出特别的时代特征与发展要求。根据 EU 民防运行高度统一、
协同的特征,本书将其概括为"一体化"民防体制。

一 欧盟民防概述

欧盟民防机制(Civil Protection Community Mechanism,CCP 机制)
成立于 2001 年,旨在保护成员国民众免于灾害威胁的同时全力保护自然
与文化环境及财产安全。① 欧盟 CCP 机制产生伊始,主要针对环境危害,
由环境总署(Directorate – General for the Environment)负责,随后其职
责及其具体运行进行了多次挑战,2007 年 11 月 8 日,欧盟委员会再次更
新了民防机制的法律规定,更新内容特别指出 CCP 机制不仅在于应对自
然灾害,还应对各种人为灾害与恐怖行径。这成为当前欧盟 CCP 机制的
基本框架。反恐、应对自然灾害与事故性灾害是 EU 民防的三大任务,而
反恐是其核心任务。EU 民防机制自建立以来,该机制被启动用于灾害应
对超过 150 次,包括 2004—2005 年东南亚海啸、2005 年美国"卡特里
娜"飓风与"丽塔"飓风、2007/2012 年希腊森林火灾、2008 年中国汶
川地震、2010 年海地地震与巴尔干半岛洪水、2011 年日本地震与核危机、
2011 年利比亚动乱及塞浦路斯海军基地爆炸等。② 在近年欧盟成员国(尤
其是法国、德国)遭受重大暴恐、非洲难民危机、地区安全紧张局势加

---

① 欧盟民防机制主页:http://ec. europa. eu/echo/policies/disaster_ response/mechanism_
en. htm。

② European Community Civil Protection Mechanism. 欧盟民防体制主页,http://ec. europa. eu/echo/policies/disaster_ response/mechanism_ en. htm。

剧等国家安全挑战的情形下，德国提出了"冷战后最严厉"的"民防计划"，认为德国民众需要特别预防的安全威胁包括"常规威胁、生化武器威胁和对关键基础设施如水、电和煤气供应的攻击"，这是因为"德国本土基本不可能受到需要使用传统手段防御的袭击，但是现代多种手段混合的杂糅式攻击还需提前做好应对"。① 实践证明，欧盟民防与人道主义救援紧密结合，在欧盟内外重大灾害的紧急救援与救助中发挥了积极作用。欧盟民防伴随欧盟安全观及其实践的变化而产生、发展，深刻烙下了欧盟形成历史、一体化进程、安全观与安全实践不断变换的印记；在很大程度上，欧盟现有民防体制直接反映了当前欧盟安全防护理念与政策的定位。

二　欧盟"一体化"民防体制分析

（一）欧盟"一体化"民防体制的基本内容

第一，一体化的跨国"团结"与欧盟"辅助"原则。欧盟以法的形式为其民防活动制定了统一的行动依据，包括欧盟理事会与委员会的相关法律、条例、决议等，涵盖了原则与规范、预警与预案、响应方式、经费与宣教、物资与工具等核心要素，形成了内容全面与指导性、规范性、强制性适度的民防法律体系。这具体体现在：一是成员国之间遵循跨国"团结"原则。《欧洲宪章》草案（2003 年）与《里斯本条约》（2007年）都有"团结条款"（solidarity clause）的内容规定，尤其是后者明确规定，欧盟任一成员国遭遇重大突发灾害，该国可向其他成员国请求援助，其他成员国有责任与义务对求助国提供紧急救助。2004 年西班牙马德里爆炸事件发生后，成员国在《反恐怖主义团结宣言》中再次重申了"团结"原则。EU 为增进成员国民防行动的"团结"能力，以团结（solidarity）、辅助（subsidiarity）、比例和国家主权（proportionality and national sovereignty）等原则，平衡基层—地区—国家之间差异，"保持欧洲风范"以建立预防性行动框架（preventive action framework），具体措施包括：建立持续一致的 EU 灾害管理政策与战略、强化 EU 与国际合作、

---

① 田园：《德"民防计划"引民众热议》，《光明日报》2016 年 8 月 26 日，第 12 版。

制定切实可行的灾害管理方法与指导措施、强化 EU 一体化响应行动等。① 团结原则为 EU 成员国联合行动与相互援助提供了法律规定与依据。二是欧盟"辅助"原则，或主权原则（principle of subsidiarity），即欧盟委员会作为一个在组织架构上高于成员国的单位，未建立可直接派遣的救援部队，并不直接采取民防活动，而是通过相关"中转"机构（MIC，下文将详细介绍）的传递、匹配、协调等功能来调动成员国的民防资源与力量；其所准备或采取的民防措施也并非要替代成员国的民防活动，而是在必要时为成员国提供辅助性的救援、支援或救助，各成员国必须要有官员负责其自身民防工作。② 因此，EU 在集体民防行动中扮演情报汇总与传递、资源协调与调度的角色。EU 委员会未建设直接行动队伍阻碍了实际民防行动的反应速度。

第二，一体化的指挥与运行体系。这主要体现在支撑整个民防体系展开指挥与运行的组织结构及其运行机制。一是领导体系运作一体化。在 EU 民防行动尤其在反恐实践中，欧盟理事会（Council of the EU）、欧洲理事会（European Council）、欧洲议会（European Parliament）和欧盟委员会（European Commission）是领导与权威核心，其通过高层会议、高级代表会晤、部长协商等方式，以框架、条例、决议、法令等形式出台共同立场、行动协议、联合声明等，为 EU 民防提供统一的行动规范与基本原则。③ 在一体化领导的框架内，EU 实行"联合行动""共同立场"的民防原则，这也构成了 EU 反恐行动的突出特征，如 2001 年"9·11 事件"爆发后，欧盟法律和国内事务部部长理事会（2001 年 9 月 20 日）、研究部部长理事会（2001 年 10 月 30 日）和卫生部部长理事会（2001 年 11 月 15 日）各责任部长一致要求欧盟委员会制定一整套有能力应对各种突发恐怖袭击危害的行动方案，尤其在根特欧盟理事会（2001 年 10 月 19 日）的决议中明确提出欧盟要制定具体措施以提高成员国对危险的评估、预警与干预能力。2001 年 9 月 21 日，欧洲理事会还举行特别会议，提出了关于联合反恐的逮捕状、列举名单、分享情报、执行公约、协调全球行

---

① EOS White Paper. Developing a Stronger EU Civil Protection Agenda 2010. ［2012 - 10 - 12］. http：//www. eos - eu. com/？Page = wpapers.

② European Commission. EU Focus on Civil Protection. ［2012 - 10 - 12］.

③ 马勇：《欧盟的反恐机制》，《国际资料信息》2010 年第 2 期，第 26—29 页。

动、相涉主体的协调作用等七点行动。① 11 月，欧盟委员会出台了《民防：应对可能的紧急事态》（欧盟文件 COM〔2002〕707 FINAL），提出 EU 应对核、生、化恐怖袭击威胁的具体民防行动。② 2007 年 11 月 8 日，欧盟委员会再次更新了民防机制的法律规定。③ 上述高层领导机构及其运行共同形成了欧盟民防的领导体系。二是一体化的执行体系。主要体现在四方面的运行上：（1）监测和信息中心（Monitoring and Information Centre，MIC）。MIC 成立于 2001 年 10 月 29 日，是 EU 民防机制的信息中枢，位于欧洲委员会总部（比利时首都布鲁塞尔），由欧盟委员会下属的人道主义事务办公室（ECHO）指挥，保持全天候的工作状态。MIC 与 32 个国家④的国家危机中心保持直接点对点联系，该 32 国任何时候遭遇任何形式的灾害，必要时都可直接向 MIC 发出灾情与救援请求，MIC 根据受灾国的救援请求及时向成员国及救援专家传递灾情信息，在成员国自愿的基础上第一时间匹配供需，受灾国直接从 MIC 或援助国获得援助，并得到救援专家的指导。MIC 在 2007 年希腊森林火灾中发布了近 120 次火灾预警。⑤ MIC 在受灾国、施救国与派遣专家之间扮演通信汇合（communication hub）、信息中转（Information provision，通过 MIC Daily 发布预警）与匹配协调的角色。MIC 也接收非 EU 成员国的紧急救助请求，但具体响应程序由欧盟委员会向欧洲理事会主席请示决定，若被确定为国内民事冲突，则依危机管理条款（crisis management provisions）⑥ 的程序应对，若不被确定为危机事件，则依 MIC 惯有响应程序进行。MIC 与受灾国、救援国与派遣专家的关系见图 4.1。（2）公共应急与信息系统（Common E-

---

① 马勇：《欧盟的反恐机制》，《国际资料信息》2010 年第 2 期，第 26—29 页。

② Communication from the Commission to the Council and the European Parliament. *Civil protection—State of Preventive Alert Against Possible Emergencies*，2001.

③ Euratom：Council Decision of 8 November 2007 establishing a Community Civil Protection Mechanism（recast）（2007/779 EC，Euratom）（OJ L 314，1.12.2007：9）.

④ 32 个国家包括 EU27 个成员国、3 个 EEA 国家（冰岛、列支敦士登公国和挪威）、候选国克罗地亚、前南斯拉夫的马其顿，见 EU 民防机制主页 http：//ec. europa. eu/echo/policies/disaster_ response/mic_ en. htm。

⑤ 邓萱：《欧盟民防机制经验及其借鉴》，《中国安全生产科学技术》2012 年第 1 期，第 123—127 页。

⑥ Consolidation of the Treaty of European Union. *Official Journal of the European Communities*. 2002：13 – 20.

mergency and Information System，CECIS）。CECIS 自 2007 年正式运转，是一个基于网络、执行力强的警报系统，服务于参与国之间应急信息的共享与传递，为收发情报、掌握救助动态、实施援助与全程灾情管理建立了集成平台。CECIS 的终端是 EU 成员国与 MIC，当 MIC 接收到任一成员国的紧急求助时，所有参与国都能通过 CECIS 获知该情报，并根据自身救助能力及时发布救助详情，求救国就此回复施救信息（是否接受、如何接受等）。CECIS 的核心任务是收到求助请求时通过 24 小时运行系统及时发出、处理接收、信息反馈、管理紧急信息库等。① （3）培训与专家互换（Training and Exchange of Experts Programme）。2003 年伊始 EU 每年实施多次民防知识培训行动，成员国设有培训协调员专门负责专家培训的组

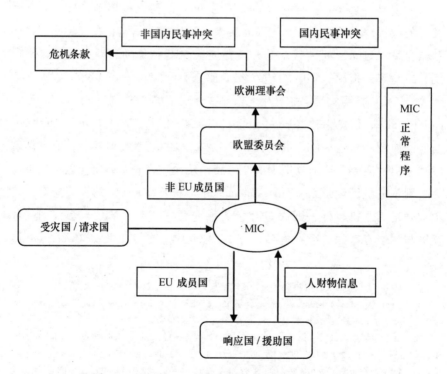

图 4.1　MIC 与 EU 内外受灾国、救援国关系示意图

注：MIC：信息监控中心；EU：European Union。

---

① European Union Committee. *Civil Protection and Emergency Management in European Union*. 6th Report of Session 2008 – 09. Authority of the House of Lords, 11 March 2009.

织与联络事宜。培训是对来自成员国的专家进行八类民防知识课程培训、建立专家指导经验分享制度、联合演习等；专家互换是在成员国之间互派专家全程参与他国的民防活动，以提高专家在不同国家制度环境下展开民防活动的水平。NGO 也享有接受培训的机会。（4）民防模块（Civil Protection Modules），按照联合国、EU、NATO 等国际组织对人道主义干预及紧急救助的相关规定，对 EU 民防所需资源进行预先集中设置与准备，以确保集中响应的快速性与有效性（一般在收到援助请求的 12 小时内做出响应）。该模块因 2004 年南亚海啸事件启发而建立，其资源由成员国自愿提供，分为城市搜救、紧急避难、空中灭火等 13 项内容，MIC 派遣的救援干预队就包括其提供的队伍、物资与技术资源。

另外，EU 成员国实行统一、唯一应急号码 112。112 在 2009 年 2 月 11 日正式建立，任何 EU 成员国公民在 EU 地理范围内遇到突发事件，可免费拨打 112 获得相应的应急救援协助。为提高 112 号码的知晓度，EU 还为 112 号码的使用情况做专项调研与报告以提高 112 的作用，[1] 还在"211 日"（2 月 11 日）举行各种形式的宣传与教育活动。

第三，一体化的职责体系。这包括风险、信息、预案、灾后与联合行动五方面职责（见表 4.2）。

表 4.2　　　　　　　　EU 民防行动内容的大致分类[2]

项目	具体职责
风险评估、预防与疏散（risk evaluation, prevention and mitigation）	将自然、技术与事故性灾害的风险实发巨灾的影响降至最小，形成各种人为与自然灾害预防的清晰原则与指南（尤其是针对洪水、决堤与火灾）。

---

① European Commission Information Society and Media Directorate – General Implementation of the European Emergency Number 112 – Results of the fifth Data – gathering Round, Brussels. 19 March 2012. http：//ec. europa. eu/echo/civil_ protection/civil/prote/112/112_ en. htm.

② 根据相关材料整理，主要参见 European Commission. *EU Focus on Civil Protection*：*Coping with Catastrophies – Coordinating Civil Protection in the European Union*, Luxembourg, Office for Official Publications of the European Communities, 2002。

项目	具体职责
信息公开（information to the public）	当 EU 民众面临或遭遇紧急事态或灾害情景时，提供适合其语言习惯、全面有效的信息以提高自救能力；当任何一国民众在其他成员国旅游、学习或工作时，确保他们有能力理解以其他标记、标示、图示、代号等形式表达的灾难预警与防护说明，确保其自救、互救能力。如 1991 年欧盟委员会创立了成员国的统一应急号码 112，任何个人或组织，只要在欧盟区域范围内因紧急突发事件而面临生命或财产危害，必要时拨打统一号码 112 就能获得相应应对服务。
预案与响应（preparedness and response）	尽可能消除成员国之间因自然、社会条件而存在的风险及应对体制的差异，为所有成员国民众提供统一、高标准的灾害预防准备，具体行动包括灾害心理干预、救援力量培训等项目。
灾后分析（analysis after the disaster）	民防专家尽可能全面、深刻地总结灾害应对的经验与教训，为未来可能的突发危害制定更加有效的应对措施，包括提升脆弱性较大成员国的安全治理能力、对灾害进行社会经济学分析等具体项目。
横向联合行动（horizontal actions）	为民防行动的专业人士提供支持，具体包括信息技术运用、NGO 角色扮演、EU 候选国民防行动交流等。

第四，独立展开对外民防活动。一是对外人道主义救援。对非 EU 成员国提供必要的人道主义援助是 EU 的历史传统。EU 是世界上最大的人道主义援助单位（约占世界人道主义援助的 50%）。欧共体人道主义事务办公室（the European Community humanitarian Office，EChO）创立于1992 年，产生伊始至 2011 年，对 140 多个国家安排了约 140 亿美元的援助；在过去 5 年，每年援助约 10 亿美元，帮助了全球约 1.5 亿受灾民众。[①]"在过往 20 年中，一旦自然或认为灾害发生，欧洲委员会立即提供各种必需品（食物、水、医药、避难所等）。单在 2011 年，欧洲委员会就为 90 多个国家的 1.2 亿受灾民众提供援助。"[②] 在对外实施人道主义援助实践中，EU 以"需求为导向"，着重对亚非拉、加勒比地区、环太平

① European Union. *Helping Worldwide*：*EU Humanitarian Aid and Civil Protection in 2011*. Printed in Belgium，2012：4.

② Ibid. ，Forward.

洋区域、中东与地中海地区、高加索地区等的人道主义危机进行评估与援助。① 二是对外实施安全维护活动。EU 已是地区安全维护的一支重要力量。EU 作为一支较为独立的力量在联合国维和、地区安全维护、官方发展援助（ODA）等方面发挥了重要作用，且在与世界其他国家和地区的安全合作已极具影响力，如 EU 与 NATO 有较多实质性合作方案与实践，而尽管 EU 在情报、指挥、力量等方面对 NATO 有依赖，EU 完全具有独立行动的能力②。尤为重要的是，EU 在区域问题治理方面探索建立了一系列区域合作的制度框架，如创新区域模式、流域治理模式、跨境合作模式等多样化区域治理模式，打破了传统的区域分类和发展模式，形成了一种多层次、网络化治理模式，区域问题治理更具有效性与针对性，③ 如 EU 与非洲已建立起"区域间集体安全"机制，成为 EU 安全治理方式的新探索④。

（二）欧盟"一体化"民防体制形成的动力因素

欧盟"一体化"民防体制逐步制度化的过程是多方因素合力作用的结果。整体观之，以下四方面因素起到了根本作用。

第一，外部战争威胁的压力，即近代尤其是第一次世界大战以来，外部战争对欧洲大陆所构成的国家主权与民众生命的威胁，历史性地对欧洲建立强大的民防体系提出了迫切要求。自第一次世界大战始，空中轰炸与海上封锁打破了过往那种国家只要在其国家地理边界内独立维护其人民、领域、资源安全的幻想，加上新军事技术与手段日益出现于战争与空中轰炸中，国家间相互依赖程度不断提高，国家间建立"集体安全""安全联盟"被认为是优于传统"孤立主义"与"闭关锁国"之国防政策的必然选择，欧洲国家开始考虑"集体行动"以联合抵御外来威胁；第二次世

---

① Commssion Staff Working Paper. *Annual Report on the European Union's Humanitarian Aid and Civil Protection Policies and their implementation in* 2010. ｛COM（2011）343 final｝，Brussels，22 June 2011.

② ［英］埃米尔·J. 科什纳:《欧盟安全治理的挑战》,《南开学报》（哲学社会科学版）2007 年第 1 期，第 3—11 页。

③ 杨爱平、陈瑞莲:《欧盟公共管理制度对泛珠三角的启示》,《珠江经济》2007 年第 4 期，第 62—68 页。

④ 郑先武:《欧盟区域间集体安全的构建——基于欧盟在非洲危机管理经验的分析》,《世界经济与政治》2012 年第 1 期，第 49—73 页。

界大战后美国开始采取更加开放、主动、外向型的安全政策，而此举欧洲却早于美国近 30 年①。冷战结束后，大规模国家间武装冲突发生的可能性减少，EU 从两极核对抗的安全困境中解放出来，在自身安全防务上采取了更加独立、主动的政策。《欧洲联盟条约》生效后，EU 将其政治合作机制提升为"共同外交与安全政策"机制；2001 年 9·11 事件爆发后，EU 及其邻国随即意识到，恐怖危害代替武力战争成为 21 世纪 EU 新的重大安全威胁，且反恐绝非一国之力所能及，其安全与外交政策亟须将反恐作为主要内容。另具有推动作用的是，相对于北约力量，欧洲人在科索沃战争事务处理上的被动与"配角"地位，再次觉醒"欧洲是欧洲人的欧洲"的深刻意识，促发了欧洲改变"经济巨人、政治矮人"的困局，欧洲共同安全与防务进程自此迅速加快。② 从战争防务的角度看，欧盟民防的产生和发展经历了各个欧盟成员国奉行孤立、独立、自助之国防政策到相互依赖、互为条件的互助、互赢的安全定位。世纪之交 EU 提出"共同安全"观，开展"安全治理"实践，且基于政治、经济、社会一体化基础之上的"集体安全"的安全维护路径已初步形成。"寻求用集体安全替代传统国防，体现了欧洲人在战争与防御问题上的觉醒。"③

　　第二，内外恐怖主义及内部重大非传统安全威胁的双重挑战。一是内外恐怖主义威胁的挑战。恐怖主义是影响欧盟安全及防护政策的极为重要因素，反恐亦成为 9·11 事件以来的核心内容，故在此对其作单独考虑。欧洲的恐怖主义威胁由来已久，至 20 世纪 60 年代末呈愈演愈烈之势，90年代初一度泛滥，1996 年后大幅减少④，9·11 事件又标志着恐怖主义威胁进入新的历史时期，促发了 EU 反恐历史上的新起点，2015 年及以后针对巴黎连续遭受暴恐与非洲大量难民潜入欧洲境区的复杂背景，欧洲反恐任务愈加严峻⑤。面对形式多样、无孔不入、危害巨大的恐怖主义威胁，

---

　　① 〔英〕巴里·布赞：《人、国家与恐惧——后冷战时代的国际安全研究议程》，闫健、李剑译，中央编译出版社 2009 年版，第 270—273 页。

　　② 张茂明：《欧洲共同体防务：进展、动因与问题》，《欧洲》2001 年第 1 期，第 66—73页。

　　③ 〔英〕巴里·布赞：《人、国家与恐惧——后冷战时代的国际安全研究议程》，闫健、李剑译，中央编译出版社 2009 年版，第 270 页。

　　④ 胡联合：《当代世界恐怖主义与对策》，东方出版社 2001 年版，第 98—99 页。

　　⑤ 较为集中和典型的两起暴恐事件是：2015 年 1 月 7 日，法国《查理周刊》在巴黎总部遭遇暴恐袭击；2015 年 11 月 13 日，法国巴黎再次遭受重大暴恐袭击。——笔者注

尽管 EU 成员国在恐怖主义的界定、应对手段等方面存有不同意见，但加强 EU 反恐的民防建设的呼声日益一致与强烈。二是内部非传统安全威胁的挑战。冷战以降，威胁来源与安全指涉对象都在发生重大改变，国内或区域内威胁比国外或区域外威胁、非军事性威胁比军事性威胁更多地成为国家、NGO、私人团体及个人的主要安全挑战。特定的安全指涉对象（如国家、民众）的安全维护开始转向国内或区域内的非传统安全威胁应对。EU 共同面临重大非传统安全挑战的现实，建立一个齐心协力、协调一致、资源共享之民防体系是现实需要。欧洲大陆是地震、洪水、泥石流、森林火灾、工业事故、海上污染等灾害的频发地区，冷战结束尤其是进入 21 世纪以来，欧洲遭遇了多次重大跨国、跨区域性的自然或事故性灾害，如 1997 年意大利中部地震和 1999 年土耳其地震、2000 年多瑙河污染事件与蔓延至全欧洲的疯牛病、2002 年部分国家特大洪灾、2003 年 SARS、2010 年末重大冰雪灾害，以及 2011 年以来的欧债危机、环境恶化、非法移民、认同危机（如"脱欧"问题）等。欧盟虽然就非传统安全治理已形成一个多层次决策参与、非等级权责分享的安全模式，但仍存有协调不足、功能重叠的问题，其成员国普遍意识到，多数灾害都具有跨国性与迅速传递性，建立（邻近）国家间的联合应对机制十分必要，应更多地依赖于与中、美等大国共同建构"有效的多边体系"。①

欧洲国家民防实践开始朝向跨国合作与整合的趋势发展，逐渐显露出 EU 与成员国、成员国之间民防资源进行"整合""共享"与"协同行动"的特征。

第三，内部历史记忆与制度准备。主要有三方面：一是共有历史记忆。欧盟成员国经历极为相似的国家形成与国家建设的历史过程，共享相似程度极高的历史记忆、发展脉络、社会文化与价值观念，这为建立统一、协同的民防体制奠定了共有历史记忆基础。EU 扩大成员显然会考虑安全与物质利益因素，但决定因素还涵盖"集体认同及新老成员国享有的共同历史遗产等规范性考虑"。② 二是 EU 成员国相似的国家制度及组

① 宋黎磊：《欧洲的非传统安全问题与趋势》，《中国非传统安全研究报告》（2011—2012），社会科学文献出版社 2012 年版，第 96—123 页。

② ［英］埃米尔·J. 科什纳：《欧盟安全治理的挑战》，《南开学报》（哲学社会科学版）2007 年第 1 期，第 3—11 页。

织形式。EU 成员国在宏观上建有极为相似的国家制度、政府组织形式与权力运行机制，其安全维护机制的框架构成及运行机制相似程度较高。这为 EU 一体化的民防体制的形成准备了制度基础与运行条件。三是欧洲区域一体化的促动。欧洲一体化进程为其形成领导、指挥、组织、运行一体化的民防体制创造了制度保障。尽管 EU 一体化运作还存有多方面的难题与不足，然 EU 无疑是欧洲一体化的成功实践，其在经济、社会、外交领域形成联盟的基础上逐步向政治、安全、防护领域的一体化拓展。EU 全方位一体化的进程客观上为其逐步形成一体化的民防体制创造了有利条件。

第四，外部安全行动的驱动。外部安全维护主要指 EU 作为安全供给者对他国与地区实施和平与安全维护活动。EU 长期以来对维护地区和平与安全承担着诸多层面的责任，并将此作为 EU 独立于北约之区域性力量的象征与维护其自身安全的重要条件。EU 采用非军事措施实施外部安全维护主要有预防冲突、强制执行和平与缔造和平三种手段。[1] EU 积极担当他国与地区安全供给者与维护者的角色，成为其内部民防体制不断完善与发展的重要推动力。

历史造就当下，EU 得以形成的进程及其面临的灾害现实，造就了其当前的民防体制特征。EU 充分发挥其独特的国家间组织结构、运作机制、关系网络与软硬件资源，将各类政府与非政府部门、系统、物资、人才、信息等形成的网络整合在 EU 统一机构的领导与指挥之下，形成统一指挥与运行的民防体系，呈现"一体化"特征，突出表现为 EU 高层协调—管理机构[2]、成员国政府、专家、NGO 等相互之间在安全理念、法律依据、实施主体、运行机制上具有"整合性""独立性"与"统一性"。

第三节　比较与借鉴

EU 与美国分别作为世界上区域化程度最高和联邦制最成熟的区域与

---

① ［英］埃米尔·J. 科什纳：《欧盟安全治理的挑战》，《南开学报》（哲学社会科学版）2007 年第 1 期，第 3—11 页。

② EU 高层机构主要有欧盟委员会、欧盟首脑会议、部长理事会议、共同外交与安全政策高级代表、政治与安全理事会、人道主义办公室。

国家，其民防的产生与发展深刻反映了两者所面临的安全环境、所采取的安全政策及两者的变化，其民防体制的运作也明显反映了各自区域或国家的结构及运行特征。本书对两者民防体制进行横纵向比较，旨在从中提取对中国民防体制有所借鉴的思路与启示。美国与欧盟民防体制各具特色，且存在多方面异同（见表4.3）。

表4.3　　　　　美国（US）与欧盟（EU）民防体制的整体比较

相同	1. 具有较为完备、具体、可行的法律依据。 2. 建有统一、权威、高效的领导与指挥单位（包括信息中心）；高层与地方责权较为清晰，地方政府发挥核心作用，最高层扮演"协助"角色。 3. 参与主体广泛，各层级、各领域应对主体间建立快速联动机制。 4. 民防任务综合化，包括反恐、应对自然与事故性灾害，且将基层民防活动纳入其中。 5. 具备一支快速响应、准军事化的专业队伍。①
不同	1. 政体结构对民防体制运行的不同影响。EU是独立国家联合体，属于邦联性区域，各个成员国在给予援助的性质、范围、内容上享有较大自主权；US是复合制的联邦制主权国家，联邦政府对重大威胁具有领导与责任角色；对一般性威胁，州及地方政府是责任主体，但联邦负有支持责任。 2. 是否直接采取行动。EU不直接采取民防行动，而扮演组织协调、信息传递、物资援助的"中转"角色，坚持"辅助"原则和"主权原则"；US联邦政府紧急情况需要时独立采取行动，对参与州及受灾州负有领导、指挥、协调责任。 3. 整体性差异。EU民防行动集中体现各个成员国的协同与一致，呈现"一体化"模式；US民防行动集中体现全灾种、全过程的特征，呈现"全景式"模式。

综观冷战后世界各国与地区权力结构的调整，以紧急事务管理机构为核心的安全机构的变化甚为显著，其整体体制及其运行的变化直接反映了世界整体安全态势的变动特征与发展趋势，与过往固有的国防、内政、消防等体制相比，紧急事务管理体制明显呈现更多的变动性、复杂性与发展

---

① 2004年6月，欧盟理事会为保证欧盟有能力对远距离危机做出快速、专业响应，组建了欧盟战斗组（EU battle groups），即由1500—2500名军人组成的快速响应专业部队。参见 Maria R. Freire, The European Security and Defence Policy: History, Structures and Capabilities, in Michael Merlingen, et al., *European Security and Defence Policy: An Implementation Perspective*, Routledge, 2007: 35。

性。从美国与 EU 分别所处的安全挑战及其安全体制的反复调整看，两者民防体制在很大程度上代表着当前及未来相当长时期内世界多数国家与地区民防体制的变动要求与发展方向，甚至在民防体制的具体设计与运行上引领着各国与地区民防体制建构的大致方向。从这个角度看，EU 与美国民防体制的形式和运行对中国民防体制建设就具有了较大启示意义。

一 实现非传统安全维护从管理到治理

EU 是较早实践"安全治理"（security governnance）的成功典范，安全学界对此也已有较多研究，最具代表性的是埃尔克·克拉曼（ Elke Krahmann）的论述：冷战后，面对日益复杂和难以预测的新安全威胁，欧洲在安全的认知、管理体系以及政策安排上都发生着巨变，即由国家的和两大多边组织（北约和欧安会）全盘主导安全政策转向一种由国家和非国家行为体广泛参与的复杂的网络型安全实践，这种新的安全合作框架和政策导向很难用以往的安全概念（如"安全共同体"或"安全机制"）来准确解释，而呈现一种由"统治"到"治理"的变化，即"安全治理"①。安全治理具有安全行为体多元、安全议程综合化、行为方式过程主导性、价值取向规范化、国际制度结构非等级化等特征。② 安全治理的目标就是通过多层次（个人、社会、国家、区域、国际、全球）、多主体（政府与非政府主体）、多中心（政府、社会、市场）、多向度（纵向贯通、横向联动、纵横双向）、多维度（理念、领域、层次、价值、手段、能力、路径、阶段）的方式提高安全维护水平。与过往的"安全管理""安全管制"或"安全管理"模式相比，安全治理更加切实地抓住了分权、市场化、多中心、协商合作式的全球治理要求，更加有效地回应了当前愈加综合性、复杂性、动态性、交织性的非传统安全特征，其在欧盟、东盟、拉丁美洲等地区的安全维护的成功实践证实了其理论的解释力与指导力。安全治理成为一种新的更加有效的非传统安全维护理念与手段，在

---

① Elke Krahmann. Conceptualizing Security Governance. *Cooperation and Conflict*, 2003，38 （1）：5 - 26.

② 郭延军：《安全治理：非传统安全的国家能力建设》，经济科学出版社 2011 年版，第 13—16 页。

安全维护领域中具有"范式"意义。① 安全治理的实施条件之一，是社会多元主体具备较为成熟的发展程度与参与意识。EU"一体化"和美国"全景式"民防体制在参与主体多元化、安全行动非等级化、安全议程综合化等方面，具有较多共性，集中体现了安全治理的共同特征。本书认为，安全治理是我国民防发展的未来整体朝向。

二 建立权威、统一、高效的决策单元

"决策单元"是美国与 EU 民防体制及其运行的首要启示点。政策学家德罗尔（Yehezkel Dror）在《逆境中的政策制定》中精辟地指出，危机决策对多数国家具有极大的现实重要性，且多数不可逆转。② 危机决策单元通过急难状态下的决策制定、实施与反馈而发挥实质性的领导、指挥与协调作用，这集中体现在信息汇总与发布、应急整体方案的制定与把握、直接调动专业应急救援队伍、最短时间内集中应急物资等重要方面。危机理论与实务界的普遍共识是，危机应对中的危机决策系统具有核心地位，集中折射整个响应系统（国家和社会）尤其是责任主体（国家和地方应急单位）的决策、应变与统筹能力，权威、快速、高效、统一的决策能力是危机响应能力的核心。随着非传统安全威胁的日益凸显，美国与EU 民防相对分散、独立的决策机构逐步朝向统一、集中的发展，且各有特色：前者是一般性非传统安全威胁发生时，州政府拥有自主决策与响应权，在重大非传统安全威胁发生时，联邦政府实施统一领导与协调，由美国联邦应急管理署（FEMA）担负最高决策机构（FEMA 直接隶属国土安全部，直接向总统报告），设立全国民防处理系统（即国内事件处理系统），设置灾害指挥中心、跨部协调中心与联合系统中心三个核心民防指挥机构；后者是一般性非传统安全威胁发生时，成员国拥有自主决策与响应权，重大非传统安全威胁发生时，隶属 EU 委员会人道主义办公室的MIC 负责决策，受灾国通过 MIC 接受援助国和 EU 委员会的相关援助（MIC 运行见图 4.1）。整体上，美国和 EU 的民防决策系统是行之有效

---

① 崔顺姬、余潇枫：《安全治理：非传统能力建设的新范式》，《世界经济与政治》2010 年第 1 期，第 95 页。

② 丁煌：《德罗尔的宏观政策分析思想》，《中国软科学》1997 年第 1 期，第 11—15 页。

的。相比之下，我国民防体制的军政双重领导、政府首长临时成立决策单元的战时防空与平时防灾的决策系统，整体上在快速决策、统一领导、权威指挥、人力动员、资源集中、信息汇总与发布等方面发挥了有效作用，而地方政府的快速响应与决策能力及其与中央决策系统的相互协调还需进一步完善。

三 形成非传统安全治理区域联动机制

建立健全重大突发事件的区域联动响应机制已是理论界与实务界的共识，然其在 EU 和美国民防实践中却呈现独有的特征与价值：联动主体在相对独立的基础上实现自主、自觉、自发性区域联动，高层领导与指挥中心只发挥"辅助"作用。进入 21 世纪，EU 和美国都遭受了信息化、高科技条件下的重大非传统安全危机，这些危机在 EU 区域一体化程度愈加深化和美国州际联结愈加紧密的条件下表现出独有的特征：突发性强、传递性快、影响范围广、危害程度极高，恐怖主义危害还呈现手段高科技化、主体非国家化、目标平民化、根源非物质化等特征。EU 和美国所遭受的非传统安全威胁的此种特征决定了单由受灾主体（成员国或州）响应的传统模式已不足以有效保护受灾群众与环境，央地之间、邻近行政区域之间实行区域联动响应是必然之举。客观地评判，EU 委员会与成员国之间、成员国相互之间，美国联邦与州政府之间、州相互之间的跨国、跨州、跨部门联动响应在重大非传统安全威胁应对中（如希腊森林火灾处置、EU 联合反恐、美国"卡特里娜"飓风应对等）发挥了极为关键的作用。近年来，我国在国内与国际两个领域都历经了重大非传统安全威胁的联动响应考验，如汶川地震的举国响应模式和利比亚撤侨中与途经国家实施紧急协调等。随着中国面临的非传统安全威胁的愈加复杂多样，我国加强国内外跨区域应急联动能力成为一项重大现实课题，尤其是加强与完善区域联动的微观运行机制是其重要内容。

四 发挥国家单一制建构的体制优势

国家结构决定了民防体制的整体建构，且在原则上决定了民防体制的具体运行。从这个角度看，美国与 EU 民防体制的形式与运行都集中反映了其所在政权的结构特征：美国是最为典型的联邦制国家，在法律规定下，州政府享有较大行政、立法与司法自主权，重大突发事件发生时，受灾州或市政府负有第一响应责任，联邦政府及其相关机构在财政、物资、人力、信息等方面发挥"辅助性"与"支持性"作用；EU 是建立在各成员国主权相对让渡基础上的区域化一体化程度最高的区域，成员国在自身国家结构、基本制度与安全维护体制上拥有较大自主权，在重大突发事件应对时实行集体安全机制，各成员国在相对独立的基础上通过 EU 委员会信息中枢（MIC）实施信息、力量、物资等的跨国联动。EU 和美国通过行政级别的更高层（EU 委员会和联邦政府）来组织、协调联动主体（EU 成员国和州），实现重大突发危机应对所需要的统一领导、迅速反应与资源集中。但这也存在实施上的难题，如在 EU－NATO 合作实施地区安全维护中，对于 EU 能否以及在多大程度上独立实施安全供给（尤其是强制执行和平的干预行动）与自身防护活动，成员国之间存有诸多争议，再加上各成员国实施不同的国防预算、军事行动与指挥体系，导致其协同行动能力降低，政策缺少必要的一致性与连贯性。[①] 朱建新等在横向比较研究多个国家紧急事务机构后得出，在国家高层建立协调机构与责任机构是多数国家实施安全治理的普遍做法，但突发事件，尤其是重大突发事件的紧迫性与行动性决定了高层响应机构朝向实务性、任务性与责任性方向发展。[②]

我国高度集权、集中领导、行政动员的单一制国家结构与运行为非传统安全治理带来快速决策、高效动员、统一指挥的制度与运行优势。中国"举国体制"式救灾在 2008 年汶川地震应急救援中证明是卓有成效的，被认为是抗震救灾的"法宝"[③]，具有"制度优势"[④]，集中体现在具有强有力的领导核心、集中全国力量办大事和钢铁般的人民军队[⑤]。相比之

---

①　[英] 埃米尔·J. 科什纳：《欧盟安全治理的挑战》，《南开学报》（哲学社会科学版）2007 年第 1 期，第 3—11 页。

②　朱建新、王晓东：《各国国家安全机构比较研究》，时事出版社 2009 年版，第 303—307 页。

③　高建国：《应对巨灾的举国体制》，气象出版社 2010 年版，第 3 页。

④　刘云山：《2008 年不平凡的经历的启示与思考》，人民网（2008－10－05）[2012－11－12]。

⑤　郑功成等：《多难兴邦——新中国 60 年抗灾史诗》，湖南人民出版社 2009 年版，第 393 页。

下，我国单一制国家结构为重大非传统安全威胁的应急救援准备快速决策、高效领导、资源集中、力量动员等制度优势的同时，要进一步为社会力量参与安全治理创造顺畅的体制、机制、制度环境，要进一步深化社会参与重大非传统安全治理的理论与实践。

第 五 章

社区民防:理论与建设

第一节 社区民防的内涵与意义

一 社区民防的内涵与研究

社区是现代城市的细胞和城市管理的基础单元,也是人口比较密集、生活要素相对集中的重要区域,同时是城市灾害、突发事件的直接现场和第一防线。社区对灾险的防控状态直接关系着民众的生产、生活与生存,也不同程度影响到社会稳定与国家安全。因此,社区是保障人民安全的基本场所,社区民防是社区安全维护的重要方面。在非战争或非重大灾害时期,民防工作在社区中体现的往往不是大规模的防控与救援,而是与民众日常生活休戚相关的各类灾险的处置。与此同时,民众的自救及互救能力更多的不是表现在抵御战争空袭危害中,而是表现在应对日常的各类自然灾害、事故灾难与突发事件上,因而社区民防理所当然地成为当下民防关注民生、保障民生的重要抓手。

根据本书对"民防"的广义界定,"社区民防"可界定为:政府引导社区多方参与的,以自救与互救为主要方式的灾险防控与安全保护。国家层面民防界定中的"灾险防控"与"安全保护"更为强调"公救",而社区民防中的"灾险防控"与"安全保护"则更为突出"自救"与"互救"。基于当前我国民防"战时防空、平时服务、应急支援"的职责新定位,社区民防就包含三部分:应对空袭灾害的社区战备民防、保障应急支援的社区灾备民防和防控日常事故的社区生活民防。

理解社区民防的内涵需要明确五大问题，即防什么（what）、为谁防（whom）、谁来防（who）、如何防（how）、防得如何（outcome）。

一是"防什么？"现实生活中，"灾难""危机""危险""风险""威胁""突发事件"等均是不安全的"危险源"，社区民防要防护的危险源主要是三种：来自社区外部的从国家到街道的危险源；来自社区内部的一般共有的危险源；来自社区内外部相结合的危险源，即社区与外部相关联的特定区位与区情引发或存有的特殊危险源。

二是"为谁防？""民防"的保护对象为所有民众，因而就国家民防来说，社会民众均是其保护对象；就社区来说，民防的防护对象是社区特定地域空间内的聚居人群。然而，社区聚居人群的复杂性与流动性决定了社区民防工作是一个不断跨越社区边界与逐步推进的过程。

三是"谁来防？"主要行为体是政府，即政府担负起引导、组织、动员、救援的职责。在我国当前的安全维护活动中，行政动员主导、社会动员不足的现状折射出政府与社会力量的不均衡，社会力量还远未发挥它可以达到和应该具有的效用。对社区民防工作来说，除了政府主导的"公救"之外，民众"自救"与"互救"应成为灾险防控与安全保护的重要路径，因而社区管理者、物业公司、社区志愿者队伍、各常驻单位以及居民均是社区民防的重要行为体。

四是"怎么防？"这是一个技术路线问题，即设计和建构以政府指导和引导、社区力量共同参与的自防自救的社区民防体系。社区民防建设必须有规则、有制度、有组织、有队伍、有经费、有设施、有物资。同时，由于社区之间在物质条件与精神文化上的差异，社区民防工作应依据具体情况，有创意、有组织、有计划、有步聚地开展与实施各项工作。

五是"防得如何？"民防工作包括建立组织体系、强化安全教育、培植安全文化、拟定防护措施、添置防护工具、应对灾险事件等，这是一个有计划、有组织、有领导和有控制的过程。"防得如何"要求对社区民防工作进行考核和评估，而考核与评估的标准除了"战备效益、社会效益和经济效益"之外，还应该加上"文化效益"的维度，建立涵盖安全意识、安全心理、安全教育、安全培训等的社区民防"安全文化"评估维度。

最为根本的是，社区民防要以人民安全为导向，以服务民生为基点。

首先，以"人民安全"为导向。以人为本是科学发展观的核心，人民安全是总体国家安全观所确立的安全宗旨。社区是我国最基层的社会单位，社区工作与社区管理构成了我国现代社会管理的重要内容。推进社区民防就要深刻把握社区的本质属性及其环境，充分尊重社区产生、发展过程中所形成的独特情境，要从社区管理体制的现状出发来探讨以"人民安全"为价值导向的社区民防实践。其次，以服务民生为基点。关注民生、重视民生、服务民生、保障民生和改善民生是党和政府工作的重中之重。要把社区民防作为民防建设的切入点，以服务民生为目标导向，发挥好社区民防的民生效益。

近年来，我国大部分省市区县，尤其是沿海或较为发达城市的民防部门都在大力探索民防进社区，社区民防建设的制度性举措，如组织领导、部门设置、人力队伍、经费保障、物资保障、预警预案、宣传教育等，都在不断地建立、健全与推进，并有了一些标志性、典型性的做法。同时，关于社区民防建设的理论思考，如关于其基本内涵、主要内容、关键任务、整体定位、发展方向等，各个层面的民防研究者与民防实务人员也有了许多新思考。但整体看，相比于我国较为兴盛的社区民防实践和西方较为成熟的社区民防理论研究，我国社区民防的理论研究却较为滞后与薄弱，关于社区民防的系统性、专门性的理论研究尚显空白。在本书付印前，中国学术期刊网（CNKI）以"社区民防"为篇名只有2篇研究性的专题论文，其分别从社区民防建设的基本内容与城市社区安全的角度，对我国社区民防进行了探析。① 此外，在中国国家图书馆的在线检索中，也未能检索到以"社区民防"为题的专门论著或编著。当然，国家人民防空办公室主办的《中国人民防空》杂志中的"基层观察""应急支援""人防文化""宣传教育"等栏目中，刊登有较多的关于社区民防或人防工作进社区的研究论文与经验介绍文章。对社区民防开展体系性研究是一项开拓性课题。

社区民防研究应集中关注四方面内容：一是基本内涵与特征研究。在对民防的历史与内容进行全面梳理的基础上，对社区民防的基本含义、特

---

① 这2篇论文分别是：廖丹子：《城市社区安全新建物——以杭州社区民防为例》，《城市发展研究》2012年第8期；周鹏：《社区民防——城市建设的"安全带"》，《城市减灾》2009年第5期。

征进行研究，深入分析社区民防的本质、内涵、维护对象、施动主体、基本规律、现实需求等，为社区民防理论奠定范畴基础与逻辑前提，为社区民防的发展定位提供科学依据。二是必要性与可行性研究。社区民防是在社区特定区域内开展灾险防控与安全保护活动，这就带来两个问题：(1) 社区是一个综合性的基层"共同体"，各条"工作线"都通向社区，"安全社区""平安社区""文明社区""和谐社区""防灾型社区"等都是社区建设的重要内容。那么，如何确定社区民防工作的地位、定位及具体职责？(2) 民防内容广泛且与各方各部门都有紧密相关性，那么，社区民防如何有效地整合多方资源，合理地开展以"自救"与"互救"为主要内容的防灾救险活动？这就是社区民防所关涉的横向及纵向体制问题。三是发展定位研究。进入 21 世纪以来，许多国家日益重视社区民防建设，不断推出"社区行动""社区营造""社区动员"等举措，我国在不断探索现代民防的新体制过程中，开始重视"社区民防体系建设"，社区民防的发展定位与职责体系研究就是第一要务。这一研究必须对世界民防发展的普遍趋势、我国民防的现有体制机制、我国社区沿革的独特环境以及灾害发生的一般规律进行综合分析，提出现阶段社区民防建设的发展定位。同时，要认识社区民防理论与实际的差距，提出符合我国实际发展需要的社区民防发展定位。四是路径优化研究。社区民防建设的路径优化是一项系统工程，也是难度最大、挑战最强的部分。以"社区共同体"为基本特征的社区形态在我国尚未形成，这决定了无法直接"嫁接"国外的社区理论与社区民防建设经验。就社区民防建设的路径来说，它所关涉的关系冗杂，涉及平级行政职能部门以及社区中的企事业单位、驻社单位、家庭、民众等社会行为体。因此，研究社区民防的建设路径，要体现科学性、可行性与有效性，必须建立在对信息全面汇集与分析、对利益关系深入调查与分辨、对体制机制综合考察与比较上。

二 社区民防的现实意义

加强社区民防建设是世界各国民防建设的大趋势。1989 年以来，世界卫生组织一直积极倡导和推广安全社区建设，迄今为止，全世界近 200 个社区获得世界卫生组织认可的"安全社区"称号，主要分布在瑞典、澳大利亚、泰国、加拿大等国家。进入 21 世纪以来，许多国家日益重视社区民防建设。如瑞典立德雪平（Lidkoeping）社区是世卫组织授予的第一个安全社区，该社区于 1984 年成立了由各个部门组成的公共安全健康理事会，制订公共健康计划，推广公共安全健康活动；成立安全工作小组负责具体的伤害预防工作，工作范围覆盖了各个年龄、性别、场所和条件的人员，尤其是为儿童和老人等高风险人群专门制订了健康计划。除常规性的安全推广活动，该社区还专门创建了户外环境事故和犯罪等方面的防范计划，向各方专家咨询并征求意见，营造安全的居住环境。为更好开展预防工作，从 1978 年起，该社区的健康和医疗卫生服务机构开始登记意外事件，所有数据为社区的伤害预防工作提供参考依据，使社区有针对性地制订伤害预防计划。

日本探索建立主动预防的"社区营造"行动。日本高度重视"全民"防灾意识和抗灾能力的培养以做到主动预防，形成了特色鲜明、渠道多样、成效显著的防灾宣传教育体系，其中政府起到了关键的主导作用。除此，学校、社区和公共媒体都是重要的宣传教育渠道。日本把防灾教育作为一种系统的教育形式，贯穿国民教育的全过程，并努力创造持久浓厚的宣传教育氛围，如设立全国性防灾教育日，建立灾害主题纪念馆、纪念公园、防灾教育中心、灾害体验馆等。更为重要的是，日本的防灾教育充分考虑到了国民的身心发展规律和教育规律，结合防灾的学科特点和认知心理学的相关内容，根据不同年龄、年级，开发了各种由简单到复杂、功用多样的课程和相关教育载体。近年来，日本改变了政府"独导"的救灾体系，提出了以政府、民众、企业、非政府组织、非营利团体、志愿者相互合作的"公救""共救""自救"体系，建立了横跨部门之间的"勤报告""多联系""快协商"的信息沟通制度，推行了中央危机管理部门与地方政府对应部门相互协调的跨行政区的年度防灾训练，开展了"居民自主防灾会"，"社区营造"及其"主动预防"的特征较为明显。

韩国水原市政府在 1999 年开始安全社区推广计划，其社区在 2002 年成为世界卫生组织认可的安全社区。水原市建立了基于致命伤害的医学报告和医院急诊的信息伤害监控体系。2001 年 3 月，水原市实施各种伤害预防计划，内容主要包含交通安全、自杀预防和居家安全。(1) 针对 0—14 岁儿童制订的安全促进计划。为引起父母对儿童居家安全的保护意识，市健康中心鼓励父母参与儿童伤害预防活动，并开展各类预防居家伤害的模型展示，参观者可直接体会居家安全的重要性；此外，该市为儿童专门设计汽车安全座椅，在家庭中推广使用，并设立虚构的"交通公园"，通过演练提升儿童的交通安全意识和行为能力。韩国政府规定，对12岁以下没有佩戴安全防护用品的骑车儿童的父母进行罚款处置。（2）针对65岁以上老人的安全促进计划。为提高老年人生活质量和为社区老年人提供更好的社会生活条件，水原市制订并实施预防老年人摔倒计划，社区采取一些措施，如鼓励老年人增加日常锻炼、进行平衡能力训练、穿防滑鞋等。①

近几年来，越来越多的发展中国家增加了安全社区的探索活动，我国也涌现了诸多各具地方特色的"民防工作进社区"的探索。如江苏省社区每年结合自身情况开展至少一次居民疏散演练，开展面向中小学生的民防知识教育，致力于打造平安社区、平安校园、平安家庭与平安社会②；北京民防局秉承"以人为本、民防为民"的理念和"平战结合、公益为民"的要求，积极推进民防建设与经济社会发展、城市建设、应急管理融合发展；上海是我国首批（另有辽宁省）"平战结合"和人防专业队伍参与核化事故救援的试点单位，在组织机构、法律法规等方面走在全国前列③，并在组织指挥、教育培训、地下防护、应急救援、依法行政、网络信息等为内容的社区民防体系建设中取得显著成效，不断提高履行"战时防空、平时服务、应急支援"的水平；深圳市则探索建立了将应急指挥中心、安监局、安委办、民防办、地震局5个部门归入市应急管理办公室（应急办），归市政府办公厅领导、由市政府副秘书长领衔挂帅的"大部制"民防体制。另外，全国各省、市、县（区、市）民防机构和社区防灾减灾组织的民防演练、社区民防宣教等活动也持续推进。当前，融入式发展是我国现代民防建设的重要指导思想，这就要求民防在主动融入中体现"战时保护人民、平时造福人民、灾时救助人民"的重要职责。对社区民防工作来说，要做到"健全社区工作网络，完善硬件设备设施，开展防护技能培训，把防空防灾工作融入和谐社区、文明社区和平安社

---

① 马英楠：《中国安全社区建设研究》，首都经济贸易大学硕士学位论文，2005年。

② 杨建国：《民防知识教育向小学拓展势在必行》，《中国人民防空》2014年第12期，第43页。

③ 1992年，上海市人防办正式更名为上海市民防办，成为我国首个正式民防机构，开启了我国现代民防的历史；1999年8月1日，《上海市民防条例》颁布实施，是本书截稿为止我国第一部现代民防意义上的地方性民防法规。——笔者注

区、减灾示范小区建设，强调服务保障功能"①。

社区民防是我国现代民防建设、社会管理创新与安全治理改革的宝贵"试验田"。

第一，从我国民防所提出的"战时防空、平时服务、应急支援"的新定位看，社区民防构成了我国现代民防改革的有利突破口。一方面，新型现代化战争及其空袭模式对民防提出了新挑战。随着战争的发展，人类社会的军事工具从"冷兵器"再到"热兵器"到"热核兵器"又到"信息武器"等其他新型武器，战争模式从"陆战"再到"海战"到"空战"又转向了"信息战"，与此相应，空袭与轰炸的水平也随着科技革新而迅速提高，现代空袭方式越来越转向瞄一个、击一穴、轰一楼、毁一点的定点精确打击，已经形成了以"空对地"为主导的模式，并将从"空对地"为主导的模式发展到"外太空对地"为主导的模式，"空"具有了绝对的制高性与主导性。此外，要害目标的人防工程已经通过战备地铁四通八达，可实现机动调配与快速转移。据相关统计数据：将全国国民隐蔽于地下的能力，以色列是100%，瑞士是89%，瑞典是85%，美国是70%。② 这一数据为我国民防能力的构建提供了重要参考。在做好"防空"工程建设、做到"实行伪装，进行干扰，加固工程，提前预防"的同时，就要大力提升民防的组织指挥能力、通信预警能力、快速反应能力、应急救援能力和整体抗毁能力，民防建设的重点也应集中到防核生化、防精确打击、防电磁武器攻击和防新概念武器打击等方面。社区民防为应对这些新挑战和新问题的探索，构成了我国现代民防改革的"第一线"。另一方面，新型非传统安全威胁对民防形成了新挑战。与传统军事安全相比，非传统安全则表现出更少的军事对抗和国家中心主义特征，更多地关注国民的生存与生活状态。非传统安全在现实中直接表现为安全形态的"非传统"景象，如恐怖主义、民族冲突与分裂、跨国犯罪、生态破坏、难民移民、毒品走私、大规模传染病、重大灾难事故及认同危机等，其威胁涉及的范围超越了军事和战争的威胁，波及的层次也跨越了国家层面（上至跨区域

---

① 蒋卓庆：《融入上海经济社会全局推进人民防空改革发展》，《中国人民防空》2015年第11期，第8页。

② 转引自朱坤芬《济南市人防工程规划的几点思考》，《城市建设理论研究》2013年第26期。

乃至全球、下至社区乃至个人)。这对非传统安全治理及其相应的民防能力建设提出了新要求，我国民防的"应战、支援、服务"职责显得极为重要。在社区开展民防探索，可以在一定程度上突破自上而下的改革而遭遇到的体制与观念的阻碍，可以更多地基于社区民众的安全需求而展开工作，因此社区民防将成为推动现代民防事业进步的一股重要力量。

第二，从社会治理的角度看，社区民防通过重组社区组织结构而推动社会管理创新。十八届三中全会之后，我国高层多次强调要创新社会治理，建立总体国家安全观。社区组织结构是指在社区中承担不同功能的各类组织所组成的结构性系统。社区的组织结构是国家社会管理的落脚点和重要组成部分。我国现行社区组织架构包括社区党组织、政府组织（政府职能部门、街道办事处）、辖区单位（社区内的事业单位和企业单位）、社区自治组织（包括正式的资质组织如居委会、居民代表大会、业主委员会等和非正式的资质组织如腰鼓队、健身队和各种小型俱乐部等）。从结构形态看，社区组织结构分为垂直式结构和水平式结构两种。改革开放后，我国城乡二元制结构逐渐被打破，多元利益主体开始在城市社区出现，基层民主建设步伐加快，社区作为探索民主治理的最基层单元，在城市社会中的作用逐渐显现。近几年来，我国社区的组织结构不断革新，形成了诸多地方特色，较为典型的如上海"两级政府、三级管理、四级网络"结构下的社区体制，沈阳市"一个大会、两个机构"的社区体制，以及武汉市"江汉模式"的社区体制，等等。然而，整体而言，我国社区组织仍存在"小、弱、老、少"的不足："小"主要指社区组织的规模小，特别是群众自治的社会团体，有的甚至仅有一两个人；"弱"是指参与人员的能力较弱，知识结构薄弱；"老"是指参与人员主要以老年人为主，活动样式也较为传统、单一；"少"主要表现高质量的社区自治组织少，社会效果有限，高素质的人才少，专职从事社区组织工作的人较少，一定程度上影响了组织的健康持续发展。社区民防探索，就是在上级政府机构的指导下，在社区党组织的组织下，鼓励社区多元主体共同参与（如相关社区管理职能部门、街道办事处、辖区单位、居委会、居民代表大会、业主委员会、社区企业、社区志愿者、党员等），提高社区民防意识，建立社区民防网络。因此，社区民防在内容与形式上的创新，实质上是社区治理方式的创新，也是社会治理体制机制的探索与创新。

第三，从安全治理的角度看，社区民防通过推动社区安全而提升总体安全能力。1989 年，世界卫生组织（WHO）第一届"世界意外事故与预防"大会首次正式提出"安全社区"的概念，将其界定为"进行涵盖所有年龄、性别和区域的安全促进，进行伤害、暴力、自杀预防和对自然灾害造成的人身伤害的预防的自治市、县、市或区"①。2001 年联合国提出了"发展以社区为中心的减灾战略"口号。依据我国安全生产监督管理总局颁布的《安全社区建设基本要求》（AQ/T9001—2006）标准，安全社区是指"建立了跨部门合作的组织机构和程序，联络社区内相关单位和个人共同参与事故与伤害预防和安全促进工作，持续改进地实现安全目标的社区"。WHO 在全球设立 14 个安全社区推广中心，还规定了 6 条认定标准。迄今为止全世界近 200 个社区获得 WHO 认可的"安全社区"的称号，主要分布在瑞典、美国、日本、澳大利亚、加拿大等发达国家和地区。我国于 21 世纪初引入"安全社区"的概念，随后安全社区的建设和发展十分迅速。中国香港地区于 2000 年引进安全社区的计划，并在当年成为世界上第 6 个安全社区支持中心。2002 年，国家安全生产监督管理总局组织召开"建设安全社区"研讨会，引进 WHO 安全社区理念和经验。2003 年，中国香港的屯门和葵青社区获得 WHO 授予的"安全社区"称号。中国台湾地区和中国澳门地区还相继成立了国际安全社区。自此，我国安全社区建设蓬勃发展并达到新的水平。2006 年，中国职业安全健康协会制定了《安全社区建设基本要求》，济南市的青年公园街道成为我国大陆地区第一个安全社区。2014 年四川省质监局发布《安全社区建设与管理基本规范》，成为全国首个省级安全社区标准。我国还建立了全国安全社区促进中心和国际安全社区支持中心。截至 2016 年 10 月 11 日，大陆已有 575 家社区成为全国安全社区，91 家社区成为国际安全社区（仅中国大陆地区），329 家社区成为国际安全社区网络成员。② 实践证明，安全社区的实践活动，有利于社区安全防护能力的增强与民众安全意识的提升，切实维护了民众的生命健康与财产安全。因此，社区民防是人民安全维护的重要实践，也是总体国家安全维护的有益探索。

第四，从融入式发展的角度看，社区民防是基层治理中推进机构联

---

① 吴宗之：《WHO 安全社区建设标准简介》，《中国安全生产报》2004 年 7 月 8 日，第 8 版。

② 中国安全社区主页：http://www.safecommunity.org.cn/#，2016 - 10 - 17。

动、资源共享、队伍合建、互助互救的重要行动。我国社区民防融入式发展模式已有不少好经验与好典型。如常州市人防工作进社区的探索中，提出了"进得去、留得住、用得上"的总体要求，注重将社区管理与应急管理、人民防空、民生警务、地震安全、气象服务等工作结合推进。2012年起常州市文明办将民防进社区工作纳入文明社区创建内容，加大了推进"多站合一、多员合一"的社区综合防灾减灾和应急管理工作机制，并创建了"一站式""独立站"和"兼容站"三种模式。2014年还试点开启民防工作站向乡村延伸，在武进区雪堰镇城西回民村建成全省首个农村社区民防工作站；2014年10月29日，在社区民防工作站的具体组织下，全市125个城市社区、16000多人参加空前的防空应急避险演练。至2015年初常州市已建成社区民防工作站357个，完成率达100%。① 再如南京"人防进社区"：2012年底南京市人防进社区工作就已经实现100%全覆盖。南京市鼓楼区的社区人防工作更是走在前列，于2014年出台了《居民防空防灾教育计划纲要》，将鼓楼区委党校设为区人防学校，每年至少开展2次人防培训活动。鼓楼区的将军庙社区设有防空防灾教育馆，馆内设计了"人防的回顾与发展""防空知识教育""防灾知识"和"身边的人防"四个展区，馆内还有心肺复苏模拟、灭火模拟、逃生体验、防空警报体验等互动体验项目；滨江社区利用长江大桥引桥立交桥下的丁字路口的三面墙壁建设了南京首个室外人防文化墙；丁山社区利用丰富的影视资源，在社区服务中心三楼的电影放映厅配有人防宣传教育片，每播放新上映的电影时就会插播人防宣传教育片，在每年的"5·12"防灾减灾日全民国防教育日、"12·13"南京大屠杀死难者国家公祭日等重要纪念日，电影放映厅还会开设人防专场，形式多样地向社区居民宣传人防知识。② 还有，杭州民防探索了"平时分工、灾时联动"的应急救险新模式："平时分工"，即在平时，杭州市现有应急管理体制保持现状，负有防灾救险职责的各部门依法独立履行各自的职责；"灾时联动"，即在灾害发生前、中、后的整个过程中，市相关防灾减灾部门要迅速形成"联

---

① 王粉龙等：《进得去留得住用得上——常州市人防工作进社区的探索与启示》，《中国人民防空》2015年第4期，第67—69页。

② 黄莺、杭玲：《以鼓楼区为例看南京人防进社区》，《中国人民防空》2015年第9期，第70页。

动"机制,在民防部门的指挥和协调下,组成一致、反应迅速、平战(灾)灵活转接的防灾救险模式。"平时分工"建立在各部门合理分工、高效合作之基础上,并在平时的防灾知识宣传、预案演练、数据信息采集与分析等过程中保持信息共享、及时沟通、共同协商与集体探讨,达到相互渗入、相互支持,这为"灾时联动"准备了快速的信息传递与有效的应急决策机制。"平时"各部门工作之间的相互沟通、经验分享与合作本身成为"灾时"联动的重要组成部分。"平时"与"灾时"的灵活转接机制既保证了民众生产、生活的正常进行与社会秩序的稳定,也最大限度地整合了政府应急救灾资源,为保护民众生命、财产与生存环境安全夯实了体制基础。在社区民防建设中,杭州市民防则探索建立以"人本民防"为理念指导,涵盖组织领导、人才队伍、物资场所、宣教网络、预案演练、信息化等内容的以"分工联动"为主要特征的社区民防体系。[①]

第二节　社区民防的基本建设

社区民防建设的内容十分丰富,按照国情、省情、市情的不同,社区民防建设的侧重点也各不相同。但从国家对民防建设的总体要求和对社区民防建设的具体要求来看,社区民防建设的基本内容具有共通性。总体上,社区民防建设应包含八个基本方面:组织机构、预警预案、人才队伍、物资与设施、宣传教育、法制与规范、预案与演练、绩效评估。

一　组织机构建设

建立统一、规范的社区民防组织机构,是领导、组织、落实和管理社区民防工作的重要组织基础,是推进民防进社区的基础要件。当前我国中东部省区都已普遍探索了社区民防机构。当前,我国社区民防组织机构的两种形式比较有代表性。

第一种,建立社区民防工作站。如浙江省杭州市、江苏省南通市和南

---

① 关于杭州市社区民防体系的研究,参见廖丹子《城市社区安全新建构》,《城市发展研究》2012 年第 8 期。

京市，就探索实施了社区民防工作站。杭州市社区民防工作站成员是以街道人武部、街道党工委、社区综合服务中心、社区民防志愿者等组成，职责分工明确，其职责包括平时社区民防宣教、应急物资管理、志愿者管理、应急信息汇总、战时组织疏散等。① 当前，杭州市社区民防工作站又有了新形式，即由杭州市人防办（民防局）与杭州市民政、城建等部门在社区联合组建社区防灾减灾基地，发挥各自优势为社区安全提供保障。再如，南通市从 2011 年开始，全市各县（市、区）主城区有条件的 238 个社区均建立了民防工作站，健全了社区民防工作组织体系，完善了社区工作制度、社区应急处置方案、应急防护救护器材、民防宣传教育阵地、社区民防培训与演练等。其中，南通市文峰街道鲍家桥社区按照全市民防进社区试点要求，推崇"发展、融合、共享"的治理理念，高标准建成了社区民防工作站，实施社区民防工作"十个一"工程，即：建立社会民防工作组织网络；拟定防空防灾应急预案；标注地面和地下避难场所；建立得力的社区民防志愿者队伍；建成民防宣传教育阵地；配备能够自救互救的民防器材；完善社区民防工作台账；设置多媒体警报信息终端；印发社区民防宣传手册；组织防灾减灾演练。② 社区民防工作站是社区民防组织机构的有益探索。

第二种，多方合建社区应急管理的"大安全"模式。如深圳市探索建立了将应急指挥中心、安监局、安委办、民防办、地震局 5 个部门合并，由市应急办归口联系，建成了深圳市应急办（安委办、安监局、民防办、地震局），撤销原来的深圳市应急指挥中心，归市政府办公厅领导。相应地，深圳在街道（社区）一级则建立了社区工作站、股份公司、物业公司、驻地单位等多方联动的基层应急模式。

上述两种社区民防机构的共同特征是：资源整合，高效联动。以社区民防工作站为例，其承担的主要职责包括以下几方面。

（1）组织所在社区民众学习相关民防法规和民防政策，开展防空减灾方面的知识、技能学习与培训，提高民众的民防意识和自救互救能力；

（2）组织制定所在区域人员掩（隐）蔽方案，针对可能出现的灾难

---

① 廖丹子：《城市社区安全新建构》，《城市发展研究》2012 年第 8 期。

② 褚敏：《重实效惠民生活创新发展社区民防工作》，《中国人民防空》2013 年第 7 期，第 43 页。

制定应对措施;

（3）组织社区民众开展民防训练和演练;

（4）组织对突发事件的初期处置，配合救援队伍实施救援行动;

（5）负责做好站内的民防工程管理与维护;

（6）组织和管理民防工作志愿者队伍，定期召开民防志愿者培训，组织民防志愿者活动;

（7）全面掌握并向上级汇报社区内的民防工作情况，并经常性地提出完善计划与意见;

（8）完成上级赋予的其他任务。

我国部分地区社区民防工作站的成功实践表明，社区民防工作站在民众应急防范、民防知识宣传、社区应急动员、后期处置保障等工作中发挥了不可替代的作用。而同时，从全国社区民防的组织建设现状看，各地社区民防机构建制参差不齐，不同程度上存在着体系不健全、基础不牢固、职能不到位的问题，难以跟上"民防事业未来的发展在基层、靠基层""把基层民防部门打造成保障和服务地方发展的一支不可或缺的重要力量"[①] 的发展要求。

在社区民防组织机构的探索中，可以先行开展社区民防试点，通过试点逐步推进。这就要做好以下六点:第一，成立"社区民防"试点工作小组。要从社区民防的实际工作与要求出发，试点工作小组可以与社区民防工作领导小组实行"两块牌子、一套班子"，也可以灵活独立设置，如由所在区（县、市）分管民防工作、街道武装部、民政局、社区管理等相关部门分管领导组成试点工作小组。试点工作小组要做好指导思想与实施原则、组织机构与人才队伍、工作机制与考核机制等方面的规范性工作，发动社区工作人员、物业保安队、城管人员、志愿者等广泛参与。第二，"社区民防"试点应置于区（县、市）民防工作中通盘考虑。要充分根据试点单位的实际情况和社区民防建设的总体目标，认真制定试点实施方案，上级领导要勤于指导，经费上要给予大力支持，社区民防干部要有序落实，要为社区驻地单位创造机会与条件参与试点工作。要将试点工作重心下移，以社区为主体，发挥社区的主体性、主动性。要精心挑选试点

---

① 钱国超:《抢抓机遇乘势而上奋力推动江苏民防再上台阶》，《中国人民防空》2014年第11期，第9页。

社区，确保对其他社区开展民防工作具有借鉴与示范意义。第三，社区民防应与社区建设相融合。如将社区民防与构建安全社区、幸福社区等有机结合，形成社区民防工作的长效推进机制。第四，将社区民防融合到社区应急体系建设之中。可以以社区民防工作平台为依托，将安监、消防、地震、民政、红十字等部门职能整合到社区应急管理体系中，实行社区应急管理的归口管理和机制统一。第五，做好"社区民防"试点工作的总结、宣传与推广。试点社区汇集了社区民防系统的人才、机构、经费、物资、设备、程序、机会等资源，对其他社区开展民防建设具有较好的带动、榜样与示范作用。因此，要利用好"社区民防"试点的机会、成果与平台，做好试点工作的总结和宣传，并适时推广。第六，上级民防部门要加强对社区民防工作的指导，适时组织对专兼职人员进行培训，指导制订疏散隐蔽方案，帮助完善应急物资，组织实施民防宣传教育等工作。

二　预警体系建设

预警体系是为避免和减少危机引发的灾害而提供的一体化预警服务，其一体化主要体现在"多灾种综合、多部门联动、防灾减灾多环节一体化"。预警体系建设的重点包括：研究自然、社会和地区经济、灾害本身特征等因素与自然灾害及其后果形成的"因变规律"，争取提前预警，为救灾部门提供宝贵的应对时间；建立多部门联动机制，在统一平台上联合发布标准化的预警信息，联合制作预警产品，实施标准化的联动措施；重视"政府主导，基层主体"的防灾减灾体系建设，开展安全社区防御体系建设，提高居民的自救意识与自救能力。[①] 预警体系作为危机发生的"事前"管理环节，是危机管理成功的关键要素之一，是识别、确认、分析和评估风险的重要依据，有助于减轻危害损失，转移危机地带，保障经济和社会可持续发展。

（一）社区民防预警体系的整体要求

1. 整体性。社区民防是一项系统性工程，这就要求社区在建设预警

---

① 唐彩娣：《江苏省自然灾害综合预警系统建设研究》，南京邮电大学硕士学位论文，2011年。

体系时，应树立"大预警"观，按照一体化的结构模式，突破地域限制，建立互通、互联、互操作的预警信息的搜集、整理、识别、融合、评估机制。社区民防预警体系的整体规划应当突出"扁平化"原则，压缩预警情报的传递层级，注重社区层面预警信息的搜集和处理，加快信息的流动，同时，还要优化社区民防预警的指挥体制，变树状指挥体制为网状指挥体制，探索矩阵式指挥体制，从根本上优化信息处理流程，加快指挥信息的流动。

2. 联动性。首先是军民联动。在信息传输中，平民化的技术趋势越来越强。因此，要将军队的专业预警技术通过民众喜闻乐见的形式进行传播和教育，将专业的空袭预警信息转变为大众传媒的信息，使普通百姓能了解并掌握预警知识。其次是上下联动。地方政府应当考虑从立项、方案设计、功能需求等方面，考虑实际的社区民防预警需要，把预警的顶层设计与社区实际密切结合，保证社区民防预警体系的上下贯通。再次是内外联动。我国民防建设起步晚，转型慢，国外民防建设的很多方面许多值得我们借鉴。因此，要积极学习国外民防预警的先进技术，尤其是在社区层面，要在本国"半自治化"的社区情势下，开展好社区民防预警体系建设。

3. 时效性。面对公共危机的突发性和不确定性，"第一时间"原则是信息传递的第一要务。时效性是指信息仅在一定时间段内对决策具有价值的属性。决策的时效性很大程度上制约着决策的客观效果。预警体系提供的信息如果不够及时，很容易使防灾减灾工作丧失最佳时机。社区作为获得灾情险情"第一手情报"的组织，应当保证社区民防信息的快速、畅通传播。但当前由于资金不足，社区监测预警平台建设缺乏专业人员和信息技术，导致危机预警的准确性和即时性不足。这就要求加大信息平台的投入，引进优秀的专业人员，研发新技术，全面提升预警平台的预测能力。

4. 经济可行性。社区风险预警平台的建设并非是短期、静态的项目，而是长期、动态地不断为社区提供预警信息服务的工程，初期的平台建设和日常的运行维护费用较大。这对于街道或社区而言，无疑是较大的负担，且短期内无法收效。这就需要上级部门应给予必要的资金支持，设立社区民防预警体系的专项资金，同时社区也可结合自身特点，发挥联动优势，联合周边社区共同成立预警平台，费用公担，安全共享。

（二）社区民防预警体系建设的基本内容

1. 提升对预警体系的重视。当前我国公共部门和社会大众对预警体系的认识还有不足，如对预警体系建设的战略意义认识不够，缺乏紧迫感和责任感，对民防预警的科学内涵理解和认识不全面，对预警体系建设的特点和规律认识不足。这就需要社区配合其上级政府，积极开展社区民防预警知识的宣传和教育，加强民众对社区民防预警的重要性认识；需要畅通信息的沟通渠道，保证普通民众及时获得预警信息；对社区民防工作者进行培训，加强其对社区民防预警的运用和信息传播能力等。

2. 建立集中统一的领导机构。当前各地民防部门大多独自开展民防预警体系建设，统筹建设少，联动机会少，资源共享少。因此，对于社区民防预警而言，应由其所在的街道民防责任部门制定统一的规划和预警预案纲要，开展社区防灾抗灾预警演习等多样性的活动，引导建立社区之间的有效联动；对各个社区民防预警的特色和优势进行统筹，在此基础上制定信息、平台、人才、资源等的共享策略。

3. 提供政策法规与标准依据。民防预警体系的政策法规是确保预警落实到位的基础。目前我国民防预警体系的法律法规尚不健全，社区民防预警体系也十分薄弱。在这方面，国外民防经验为我国提供了借鉴，如2002年新西兰国家民防计划生效，该计划分政府应灾、灾后重建民防警报系统，法律和秩序、消防、卫生、公共信息、福利、后勤、通信、能源、培训等部分，预警系统的建设是重点之一，并特别说明"地方自治政府（地区市政委员会、地方有关应急服务部门、新西兰应急管理部）应将民防预警纳入当地民防计划"，"地区民防计划应包括在本地区内能有效地发布民防预警的适宜的预警程序，并报国家应急管理部备案"。新西兰国家民防计划特别强调个人和社区的责任。可见，要进一步加强我国社区民防预警体系建设的政策、法规和标准依据。

4. 加大预警体系的人才培养。在信息化、城镇化和防空防灾一体化的背景下，能够熟练掌握预警技术并能及时有效地进行综合响应，是社区民防预警人才的关键素质。当前我国民防预警系统的人员年龄普遍偏大，知识结构单一，不少指挥干部不懂技术，技术干部不懂指挥，缺乏预警意识、预警知识和预警能力。据此，首先，要加大社区民防预警人才的专业化建设，结合指挥通信、信息系统等民防专业人才的培养，要大力提升社区民防预警人才在信息搜集、数据分析、系统控制等方面的专业技能。其次，要利用民防系统的宣教资源优势，通过多样化的形式对社区民防预警人才进行专门、专题培训。再次，预警是一项实务性极强的工作，对工作人员的实际操作能力要求非常高，因此要加大社区民防预警队伍的实战演练任务，尤其要演练提升跨区域、多任务、复杂性的预警能力。

5. 加快预警设施设备建设。现有的人防预警系统指挥通信设备较为落后，没有形成交互式的预警信息传递系统，不能满足战时防空和平时防灾的快速、高效、准确、保密的要求。同时，一些民防预警工程让百姓感觉"不接地气"，实用性不够。社区民防建设要坚持以居民群众的安全需求为中心，做到贴近群众、贴近生活、贴近实际，服务于民。首先，要制定紧急启用民众避难场所的预警方案，在工程口部、重要路口等位置，设置明显的指示标识，战时可以减少人员伤亡，保护国家和群众的生命财产安全，平时可以最大限度地转换资源，为百姓所用。其次，要在居民居住区完善社区民防服务，装备一定数量的手摇警报器、简易通信设备和必要的呼救、救生、灭火等器材，并设专人保管，对使用方法开展广泛的宣传教育。再次，利用现代传媒的快速、便捷，开辟预警新路径。如开发利用短信、微博、微信等"微平台"对居民进行预警通知；在学校、社区、机场、港口、车站、旅游景点等人员密集区和公共场所建立电子显示屏等预警信息接收与传播设施，保证预警信息及时传递给群众。

三　人才队伍建设

（一）完善社区民防人才队伍结构

1. 建立专兼职相结合的社区民防工作队伍。当前我国大部分城市配备社区民防专职人员的做法还极为少见。新时期为进一步加强社区民防工作，可以试点在社区建立由街道人武部成员组成的专职社区民防队伍，如在街道配备1名专职民防工作人员，由街道人武部部长担任，人武部其他干部也同时兼任社区民防人员，负责履行社区民防工作的专门职能。还可以建立由退役军人、社区党员、保安员、社区应急处理人员等组成的社区民防兼职工作队伍。社区要建立和完善专兼职相结合的工作队伍，配合做好社区民防的知识普及、技能培训、工程巡查、警报建设和日常维护管理等工作，同时对于毁坏社区民防建设的行为要积极予以制止，并向上级人防（民防）部门报告。

2. 建立社区民防志愿者队伍。建立健全社区民防志愿者队伍，目的在于充实人民防空宣传员、信息员、协管员和紧急救助员等力量，进一步强化战时担负疏散引导、心理疏导、医疗救护、后勤物资发放等保障任务。

一要组建主体广泛的社区民防志愿者队伍。志愿者队伍可以在社区民众、社区企业人员、退休干部、学校师生、社区工作者、社区党员等广泛人群中招募。志愿者可以分为专业志愿者和非专业志愿者。专业志愿者队伍，如抢险抢修、医疗救护、消防治安、防化防疫、通信运输、心理干预等，这其中就包括适合现代城市应急应灾需求的专家型志愿者队伍，非专业志愿者队伍，如宣传解说、疏散引导、信息传递等。为适应信息化条件局部战争需要，志愿者还需要加强信息防护、心理防护、引偏诱爆、伪装防护、特种救援等知识与技能。

二要完善社区民防志愿者的培训与管理制度。要在大力推进社区民防建设工程的同时，做好社区民防志愿者队伍的培训和管理工作。要充分利用好、发挥好民防系统的培训阵地与资源，规划好志愿者培训的师资、教材和制度等基础建设，注重社区民防志愿者的专业知识和技能培训，提高防空防灾时的救助意识、能力和水平。同时，可根据社区工作实际条件和需要，为社区民防志愿者购买相关保险，分发社区民防应急包和社区民防志愿者证。

三要经常组织社区民防志愿者开展志愿活动。要大力开展注册社区志愿者培训活动，将志愿者经常性地纳入社区民防的常规性具体活动中，如年度性和季度性的应急演练（培训）、民防知识讲座等，在活动实施中不断完善志愿者管理规定，逐步明确志愿者的职责，提高志愿者参与应急救援的动力与能力。此外，还应将开展社区民防志愿者建设的日常活动纳入创建文明城区（县、市）、文明村镇、文明社区的重要内容和考核指标之中。

3. 建立社区民防专业应急队伍。要充分发挥民防、民兵、预备役部队特有优势和职能，与地方的涉安部门（如消防、公安、海关、民政等）联合建设和训练各种专业力量，建立并加强社区民防的专业队伍力量，主要包括城市防空、民兵特战、信息对抗、保交护路、次生灾害防护等五大综合专业队伍。同时，要依托地方培训中心、民兵训练基地等资源进行精细化、专门化训练；在专业应急队伍的常态演练方面，要综合运用军队和地方的资源优势，进行统一规划、联合保障、综合演练。极为重要的是，要针对不同类型的突发公共事件而制定不同的应急救援处置方案和行动计划，成立应急管理专家组，建立专家信息库，发挥各类专家、学者和专业技术人员在信息研判、决策咨询，以及专业分析、专业救援、专业鉴定、专业评估等方面的作用。

（二）加强社区民防人才队伍管理

1. 加强理论学习。要大胆探索与创新社区民防干部的培训形式，根据不同时期、不同灾害、不同地区、不同工作等，适时实地地安排不同形式的培训或集中学习方式，如知识讲座、电影观看、现场讨论、外出参观、模拟竞赛、团队训练等。还要丰富培训资料、教材、有声资料等。《民防知识读本》《民防工作指南》《国内外民防》《应急手册》等都可以成为社区干部培训和自主学习的资料来源。此外，还要提高业务技能水准，不断提升自身的业务技术能力，熟练掌握战时防空与平时防灾工作中的各项硬性技术，如疏散信息管理系统、通信站、现代指挥系统等的使用与管理。

2. 强化实践演练。这是提高社区民防工作者防护灾害风险的有效途径，形式多种多样。考虑演练的难度、成本等因素，社区民防工作者主要有两种演练方式：一是社区民防干部参加演练。通过全程真实模拟灾害事故，让社区民防干部切实把握灾害发生的信息收集与分析、灾害识别与预警、过程防护与控制、灾后处置与协调等典型特征与规律，了解防护人员在灾害应急中的心理状态与自我防护特点，识别灾害防护全过程中的优势与劣势，明白需要强化与提高之处。二是社区民众参与式演练。要按照民众防护预案的要求，组织社区有关部门和企事业单位及居民群众进行防空防灾演练，以检验各类预案的可操作性；不断丰富社区民防实践演练的内容与形式，广泛动员居民参与到逃生、灭火、急救、疏散、鸣报、动员、警报等各种应急演练中来，切实提高群众在灾害应急中的反应能力。

3. 加强考核评估。为更加有效地解决社区民防工作者积极性不高、目标不明确等问题，有必要建立一套社区民防工作者的激励机制，其中建立社区民防考核与评估机制就是有效举措。国家减灾委员会办公室在下发《全国综合减灾示范社区标准》的通知中规定，"全国综合减灾示范社区"

的十大要素之一，就是"管理考核制度健全"。这项要素有三个基本要求：一是社区建立综合减灾绩效考核工作制度；二是社区定期对隐患监测、应急救助预案等各项工作进行检查；三是社区对综合减灾工作开展考核。

社区民防考核机制的主要内容是：上级民防部门做好工作指导，确定当年工作内容；街道负责民防工作的组织计划，各社区负责抓好人员、时间、场所和工作总结等具体工作的落实，建立相关工作台账；区（县、市）街道应加强对社区民防干部工作的检查、监督。社区民防干部考评的具体项目可以着重从组织领导、宣传教育、人才队伍、物资设施、预案方案等方面进行设置；考评办法可以实行层级考评法，也可以实行综合考评法。实行层级考评法，则由市负责考评县（市）区，县（市）区负责考评镇（街道），镇（街道）负责考评社区。实行综合考评法，则由市负责牵头，组织县（市）区和镇、街道的相关人员参加，组成综合考评组进行考评。考评可结合年度民防工作目标责任制进行考核；考评成绩可以采取百分制。对考评成绩突出的社区根据国家、省、市或具体的区（县、市）有关规定，实行精神奖励和物质奖励，以鼓励先进，激励后进，推动工作。

同时，还可把社区民防工作考核纳入街道（镇）、社区（行政村）年度工作考核之中，做到统一计划、统一部署、统一要求、统一考评。社区民防工作考核机制可以从机制上推动社区民防工作向纵深发展，推动新形势下社区民防各项工作逐步走上法制化、规范化、制度化、科学化的轨道。

4. 加强经费支持。上级民防部门对社区民防工作给予足够的经费保障，是社区民防工作顺利开展的重要基础。社区所在的县（市、区）要根据年度基层民防（人防）工作的目标与任务，将人防工程、信息系统、组织指挥、宣传教育、训练演练、战备值班、设备设施维护管理等所需经费（含乡镇、街道、社区）列入本级财政预算，严格落实预算管理规定和财务制度，确保基层民防（人防）工作经费的落实到位。同时，各项民防（人防）经费必须做到应收尽收、专款专用，要建立有效的执行机制和审核机制。针对民防（人防）工程、设备设施的维护管理，要探索建立专项基金、政府拨款、市场化运作等多种方式，确保经费的严格、科学、有效落实。

四　物资与设施建设

2003 年以来,我国遭遇了非典、松花江水污染、南方低温雨雪冰冻灾害、汶川地震、玉树地震、甲型 H1N1 流感、舟曲泥石流、芦山地震、鲁甸地震等一系列重大突发事件。在国务院统一部署的应急救援中,应急物资涉及面广、品种繁多,参与应急保障的工作人员组成多元化且每次处置之间变化较大,不同行业或专业背景人员对特定事件所需的应急物资熟悉程度存在差异等,又由于事发地经济社会条件与地理气象等自然条件千差万别,保障需求存在较大不确定性,且往往需要跨部门、跨区域、跨灾种协调等多方资源保障,因此,各类应急物资和关键生产要素的协调保障极为重要。

(一) 社区民防物资建设

1. 加强社区民防物资的整体规划。民防物资储备应立足于应对复杂、艰巨、长期的防空任务,采取"军民结合"的方式,重点搞好粮食、弹药、油料、药品、防护器材、抢救设备等。各类物资应实行统一规划,加强战备管理,制定物资储备的相关方案,保证储备充足,避免战时物资的短缺和中断。如《上海市民防条例》(2015 年 7 月 23 日修订) 第十三条规定,"计划、财政、商业、物资、医药等有关部门,应当结合平时物资周转供应,有计划地做好民防物资储备"。要结合防空防灾的特点,社区将平时物资储备与战时物资储备相结合,结合本地区实际,因地制宜,将人防工程战时物资储备库与平时救灾应急物资储备库统筹建设。

2. 确保社区民防物资的具体落实。有条件的社区可以建立街道民防应急库、社区民防应急箱、家庭民防应急包。(1)街道民防应急库。街道民防应急库是较大型灾害事故发生时的必备物资储备仓库,必须提供第一现场的应急救援装备与各种物资资源。应根据所在街道的特点、地理位置、房屋规划等,请相关专家选定街道应急库的设立方位、标准、装备和使用管理办法,并依据所在地区常见的自然灾害特点配置相应的食品、药、水、呼叫器、手电筒、应急照明等应急物资。(2)社区民防应急箱。社区民防应急箱是灾害发生时有效引导逃生、疏散、隐蔽等的重要工具。要根据所在社区的地理位置、应急需要、灾害特点、社区空间规划等配备社区民防应急箱。应急箱内要配好应急避险与救援时必备的逃生、呼救、灭火、防化、警戒、防电和现场医疗救护等方面的应急器材。这些应急器材在开展社区应急疏散时，或突遭火灾、地震、台风、化学、触电、供排水等需要先期应急处置时，都可以方便、及时、快捷地"派上用场"。(3) 家庭民防应急包。家庭应急包是为每个家庭配备的应急装备。家庭应急包在提高家庭成员的安全意识，维护被困生命尤其是保护老、弱、病、残、幼的生命安全方面，具有十分重要的作用。社区民防可以通过深入广泛地宣传配置家庭应急包的重要性与方法，鼓励每户家庭自主设立家庭应急包。当然，有条件的县（区、市）和街道可以逐步推行向所在社区家庭免费发放家庭应急包。社区民防应急库（箱、包）是社区民防建设中的重要内容。

3. 加强社区民防物资管理。以社区民防应急库管理为例：一是加强领导，统筹安排落实。各级部门要把民防应急库的配置管理作为一项重要工作，做好协调和审批等，落实措施，抓住重点，逐步推进。① 各级民防部门要加强领导，认真组织实施，制订切实可行的工作计划，采取有效的工作措施，分期分批落实，稳步推进，不断总结，扩大使用范围。二是民防应急库配置与管理应采取市、区（县、市）、街道（镇）三级共同落实、分职管理。社区民防所在的上级民防部门负责民防应急库的监督和管理工作，力争把民防应急库纳入市政府的实事工程，同时，协助街道（镇）人武部设立民防应急库；各区（县、市）民防办要积极向本级政府汇报情况，争取各方面的支持，落实专用资金，组织购置配发，并积极指导街道（镇）民防应急库的配置管理工作。三是设定管理标准，实行标准化管理。民防应急库的物资配备标准应符合上级民防部门制定的有关标准。为确保民防库的质量和功能，可由民防协会等相关部门共同负责监制工作。县（区、市）应对民防应急库进行造册登记，定期进行检查；所在街道（镇）要经常指导居委会进行日常维护管理，并对有关人员进行使用培训。四是落实管理职责，实行专人管理。民防应急库的设立方位一般选择在居住小区较为集中的交通便利之处，日常管理工作由居委会和小

---

① 如《上海市民防条例》（2015 年 7 月 23 日修订）第十三条规定："物资储备方案由市负责物资储备的部门提出，报市人民政府批准后组织实施。其中防空袭物资储备方案应当报市人民政府和上海警备区批准。"

区物业共同负责管理,实行定人保管、定位放置、定向使用、定期保养等措施。各居委会应按民防应急库使用管理规定的要求,加强民防应急库的使用管理,确保应急器材始终处于良好状态。民防应急库要纳入居委会的资产管理范围,按照有关要求进行资产登记、造册和移交。民防应急库是一项新工作,在推广应用的过程中,要充分统筹领导指挥、人才培训、宣传教育、预案等各项工作,要注意收集信息,及时进行数据汇总,不断总结经验,为进一步推广应用提供有力的依据。

(二) 社区民防设施建设

1. 注重设施的整体布置。民防设施的主要特点是其不可移动性,因此在规划设施建设时,应注重对社区现场勘查和对社区常见灾种的探究,根据可行性分析划定社区设施的建设种类、数量、地理位置等因素,请相关专家选定设施建设的方位、标准、装备和使用管理办法。对应急疏散基地等民防设施的建设,应注重"平战结合""平战转化"功用的发挥。如应急疏散基地的规划可以分为地下车库和人员隐蔽室两部分,平时作为车库使用或物业工作人员办公居住,战时和灾情发生时作为社区人员掩蔽和应急避难场所。再如民防应急库的建设,应根据切实的需求,广泛征求社区住户的建议和意见,以便民利民为第一宗旨。对于社区地下空间的开发利用,如地下室、地铁、地下街、地下仓库、共同沟等,要统筹维护,注重平战结合和平战转化。

2. 全面加强设施维护。对社区民防设施的维护是发挥民防设施作用的关键环节,直接影响到民防设施的效用。首先,对设施的维护应形成常态机制,并设立专人专职,明确工作人员的职能和责任。其次,针对不同灾害事故特点,制定紧急启用民众避难场所的预案,并将启动的时机、进入避难场所的路线和使用要求等事先告知群众,并在平时的社区演练中,将民防设施的使用纳入演练流程。再次,要注重平时的宣传和教育。当前我国一些城市社区已经建立了一定规模的民防设施,如地下空间的设施、社区应急库和应急箱等,但其所在地的居民对这些民防设施的了解甚少。因此,有必要将民防设施的基本常识作为宣传和教育的重要内容,向普通群众进行传递和普及。

3. 加强基础性设施建设。要按照战时防空、平时服务、应急支援的原则,推进社区民防建设所必备的设施、场所等基础设施建设。要通过建

立街道民防应急库、社区民防应急箱、家庭民防应急包来逐步完善必要的
食品、通信等自救互救工具，确保应急救助工作的需要；要充分利用绿
地、地下停车场、操场等，建立一定数量的社区民防应急疏散场所；对社
区内避难场所进行摸底、统计与规划，完善民防指挥场所，明确疏散标
识，推广社区应急疏散平台，制定社区应急疏散图等；要建立和完善疏散
隐蔽（掩蔽）场所，并配备相应的物资和供应等。

五　宣传教育建设

在新的历史发展背景下，应不断创新民防宣传理念，创新宣教体系，
创新宣教模式。[①] 要将民防开展的防空防灾教育纳入国民教育、国防教
育、爱国教育和社会公共安全教育体系。《全国和谐社区建设示范单位指
导标准（试行）》（民发〔2008〕142 号）的"示范社区指导标准"对社
区"宣传阵地"的要求是："社区建有居民公开栏、宣传橱窗、体育健身
点及室内外文化活动场所；依托电脑、电话、网络、呼叫器等实施，建有
现代信息化网络阵地，开设社区网站、社区论坛等，居民可以通过社区综
合信息平台参与管理、反映诉求、获得服务。"要通过打造多元化的社区
民防宣传手段构建多元化的社区民防宣教体系。

1. 设立民防宣教的专门机构与平台。在大型社区或人口密集区域建
立民防宣教中心或民防宣教馆或民防展览馆是国内外大中型城市民防教育
的普遍做法。大型民防馆在民防历史展播、最新民防科技成果、最新国内
外民防发展动态、灾害动画展示、灾害案例分析、灾害体验平台、灾害自
救互救等的民防宣传教育中发挥了重要作用。设立专门的民防宣教中心，
有组织、有计划、制度性地开展社区民防知识和技能的宣传、教育与培
训，提高公众对自身与他人生命的尊重与关爱意识，树立灾害防范意识，
提高自我防护能力。民防宣教中心的宣传与教育，让民众被动式的防护知
识学习模式转为主动式的学习模式。要将民防宣教中心的建立与完善作为
民防建设与发展的重要内容。

2. 积极推进社区民防宣教的信息化。信息化已成为当前的时代特征，
"互联网＋"带来的互联网泛在化深刻地改变了社会的生产生活和思维方

① 赵平：《浅谈新常态下如何创新人防宣传教育工作》，《中国人民防空》2016 年第 3 期。

式。社区民防的宣教工作要符合民众生活、工作对信息化的需求,要不断健全社区民防宣教的信息化模式。要充分挖掘网络在社区民防宣传中的渠道与手段,建立覆盖面广、影响面大、方便快捷的社区民防信息网络,将民防动态、灾害信息、预防技巧、温馨提示等信息与资讯及时、正面地通过正规网络渠道告知民众;同时,还要深入研究网络视频、网络电话、网络会议、网络跟踪等现代信息技术在社区民防宣教中的应用,建立最灵活、快速、便捷的社区民防信息传递通道。另外,还要结合人机一体的时代背景,进一步创新社区民防宣教的方式,比如围绕民防知识建立微课、影片、微信公众号、电子化教育馆、移动式共享等。如南京市鼓楼区在社区民防宣教中就形式多样地开展了微课、电子化教育馆等新探索。①

3. 推进民防知识"五进"。民防的宣传教育需要进一步完善进学校、进机关、进社区、进企业、进媒体的"五进"工作机制。以"进学校"为例:2008 年汶川地震与 2010 年玉树地震中校园的惨痛教训,让国内许多专家一致认为,推进应急避险知识进学校十分必要。校园课堂教育是开展民防教育训练的主要方式。这种途径适用的宣教对象主要包括在校学生、国家机关工作人员以及部队官兵,其中最重要的教育群体便是学生。民防的课堂教育一般由民防机构组织开展,教育部门协助落实,也可由教育部门直接负责。在校园的民防教育实施中,要根据民防教育的要求安排课时、教材与教学内容,其中教学内容主要包括:国家的民防制度、法规与方针政策;民防的历史与地位;常规的空袭灾害、核生化武器、自然灾害及事故灾难等的基本防护手段;应急救援的基本技能;组织和实践民防措施;开展民防工程和技术;民防行动、计划和预案;重要经济目标防护;实施抢险抢修以及自救互救的基本技能;等等。如杭州市在推进民防进校园的活动中,杭州市 250 多所初级中学开展了民防知识教育,并将杭州同顺职业技能培训学校确定为"杭州市民防教育试点学校"。还如厦门市极为重视民防进校园的举措,2013 年厦门全市有 109 所初级中学、18 所高校、7 所党校、480 个社区开展了民防宣传教育。② 在民防教育进校园的实施中,应采取电影观看、应急模拟系统体验、应急工具试用等灵活多变、生动形象的民防教育方式开展民防知识进校园。同时,要发挥好社

---

① 黄莺、杭玲:《以鼓楼区为例看南京人防进社区》,《中国人民防空》2015 年第 9 期。
② 钟兴国:《加强人防工作建设幸福厦门》,《中国人民防空》2013 年第 7 期,第 7 页。

区民防学校的宣传教育平台作用,将社区民防学校建设为民防教学基地。如浙江省衢州市衢江区人防办确立区实验小学为本区首个人防教育试点学校,建立了涵盖人防教育教材、网络宣传体系、优质公开课、教育橱窗、教育社团、疏散演练、参观教育、公益服务平台、心理咨询室、创作作品等为主要内容的民防进学校"十个一"宣教载体。①

4. 充分发挥好传统的民防宣教方式。人防教育基地、宣传橱窗、民防手册等都是较为传统的民防宣教方式与手段,并因其历时长久而在民众心中留下了深刻印象,因此传统的民防宣教方式仍发挥了重要作用。在开展传统的宣传活动中,要以直观的动画、图片等形式举行,善于发现、挖掘社区居民和驻区单位中能写会画、能歌善舞、能吹会拉等专门人才,组建诸如文艺宣传、腰鼓、棋牌、书画、乐器、戏曲、歌咏、舞蹈等队伍,结合民防主题,通过自编、自导、自演节目,向市民宣传民防知识。另外,要充分利用板报、标语、书画展、分发宣传资料等传统形式,增强社区居民群众对民防文艺工作者的认同感、向心力。还如,发放民防手册仍然被视为社区民防宣教的最为常见的形式。民防手册的特色在于其可以用灵活、生动的动画形式,引导群众进行火灾、水灾、地震、台风、暴雨等的灾害防护,最直观地知晓对生化武器袭击、化学武器袭击、核武器威胁、恐怖主义威胁等的基本防护手段。手册内容的编写应包括社区疏散图、应急重要联络对象、常用公救电话、人防应急通道等信息。

5. 加强民防理论研究。缺少理论指导的实践是盲目的,而缺少实践检验的理论是空洞的。要进一步加大民防基础理论研究,通过理论研究将民防活动的规律转化为基本知识而宣教给广大民众。在我国民防实践逐步推进、民防理论研究尚属空白的历史时期,提出编写民防教材的意义十分重大。民防教材的编写是提升民防理论研究的助推器,在一定程度上说,是民防理论得以建构的标志。民防教材的主题既要有聚焦性,又要有广延性,既要深入挖掘民防的本质属性,又要以公共政策为导向,将民防研究与社会公共政策相结合。可以尝试编写的民防教材如《民防知识读本》《民防导论》《民防概论》《民防与非传统安全》《民防与公共危机管理》《民防与应急管理》等。

---

① 马建红、叶翔:《创新"十个一"宣教载体扎实推进人防教育进小学工作》,《中国人民防空》2016 年第 3 期。

值得指出的是,"在人防(民防)宣传教育方面,往往停留在防空警报、人员掩蔽的方法传授上,缺乏对居安思危、未雨绸缪的战备思想教育,也缺乏对信息化条件下防空袭知识技能的普及,特别是一些长期从事人防工程建设和行政管理等工作者缺乏对现代空袭特点和防范、对人防组织指挥方法的了解"①。因此,要打破主题单一、形式单一的宣传手段,开展层次较高、主题丰富的民防宣教活动,如要逐步加强各种民防干部培训班、民防工作论坛(研究会)、民防工作论文征集、防灾减灾拓展训练基地、开办民防的网络与影视资料、建立家庭安全体验馆等层次较高的宣教形式,推动民防宣教走向新水平。

六　法制与规划建设

2015 年 1 月,中共中央、国务院、中央军委作出《关于深入推进人民防空改革发展若干问题的决定》,要求坚持依法建设人民防空,建立健全人民防空法制体系。在依法治国、建设法治国家的改革要求下,"法治民防"也就成为民防改革进程中的一项重要工作。

(一)社区民防法制建设

从当前我国社区民防的法制现状看,其首要工作,就是社区应因地制宜地制定《社区民防条例》。

民防地方性法规是国家各级地方权力机关根据本行政区民防工作的需要,在同宪法、法律、行政法规不相抵触的前提下制定的,施行于本行政区或特定范围内的具有法律效力的规范性文件。《上海市民防条例》是我国第一个关于民防的地方性法规②,为我国社区民防法治工作探索到了具有一定普遍适用的范例。《上海民防条例》强调:"本条例所称的民防,是指政府动员和组织群众采取防空袭、抗灾救灾措施,实施救援行动,防范与减轻灾害危害的活动。"我国社区应根据本市区域民防建设特点与总

---

① 阚立奎:《树立总体国家安全观拓展和深化人防军事斗争准备》,《中国人民防空》2014年第 10 期,第 6 页。

② 1999 年 6 月 1 日上海市第十一届人民代表大会常务委员会第十次会议通过,后根据 2003年 6 月 26 日上海市第十二届人民代表大会常务委员会第五次会议修正。

体要求，由所在市人防办（民防局）牵头，联合市应急办、民政局、消防局、防汛抗旱指挥部等部门，推动制定《社区民防条例》，并加强社区民防法治的宣教与执行。在《社区民防条例》的拟定过程中，尤其要明确相关部门的职责与义务，突出相关职能部门和社会主体的互动机制，理顺权职关系，落实制度保障。

一般而言，《社区民防条例》应明确四项内容。

1. 指导思想。《社区民防条例》适用于本行政区域内对空袭、火灾、水灾、地震灾害和其他灾害，灾害性化学事故、放射性污染事故、交通事故、建筑物与构筑物倒塌和其他灾害性事故的预防、应急救援及其相关的管理工作。因此，《社区民防条例》的指导思想，就是提高社区防护能力，防范与减轻战争空袭灾害、重大自然灾害和人为事故灾害的危害，保护人民生命财产的安全。

2. 总体原则。总体原则是预防为主、预防与救援相结合，贯彻政府统一领导、分级管理、平战结合的应急管理规则，加强社区民防的综合治理。具体就是要遵循"四个结合"和"七项整合"，即要坚持防空防灾一体化与本地区民防实际相结合，坚持民防建设与服务民生相结合，宏观设计与具体操作相结合，稳定连续和与时俱进相结合；实现减灾组织机构整合、信息资源整合、救援队伍整合、工程设施整合、后继保障整合、教育资源整合和法律法规整合七项整合。通过危机预警、危机识别、危机隔离、危机救援、危机善后处理等一系列危机管理措施，控制灾害源泉，缩减灾害影响，保障人民安全。

3. 具体内容。为保证《社区民防条例》内容的全面性、科学性、前瞻性，其应包括总则、任务目标、实施主体、指挥联动、人才队伍、教育培训、装备设施、预案规划、信息预警、应急处置、灾后重建、费用预算、法律责任13项内容，并对社区民防工作机构的相关职责内容及与其他部门的联动机制进行合理、全面、清晰地定位。①

4. 理顺政府与自治组织的关系。开展社区法制化建设，必须依托社区所属街道，协调各方关系。在此过程中，政府应认识到社区自治是社区发展的必然趋势，适应社区发展新要求，进行相应的政府职能调整。政府相关部门应支持《社区民防条例》的制定，以社区自治为平台，建立社

---

① 余潇枫：《公共危机管理》，人民出版社、党建读物出版社2006年版，第70—75页。

区自治管理系统与行政管理系统的共生机制，充分发挥民间防救力量，保证其与社会的良性互动。政府与社区民防自治机构之间的关系及各自承担的工作职责，都需要在社区民防工作中体现，从而推动社区民防建设的开展。

立法、执法、司法、守法和护法是我国依法治国、建设社会主义法治国家的有机整体，缺一不可。因此，社区民防法治的立法、执法、司法、守法和护法工作也是社区民防法治建设中不可或缺的重要环节，且这些环节相互促动，共同构成了社区民防法治体系。当前，我国社区民防执法还存在诸多方面的执法难问题，要进一步加强民防法治教育，提高执法主体和社会公众对民防法治的理解和认可，加大不同执法主体的协同执法，完善执法生态环境，提高执法监督力量，提高行政执法和服务水平。① 规范的社区民防法治文本，专业的社区民防执法队伍，独立的社区民防法治监督，成熟的社区民防公众守法和护法环境，共同构成了当前我国社区法治建设的重要内容。

（二）社区民防规划建设

当前，我国社区民防规划的整体内容包括：以《中华人民共和国人民防空法》（2015 年修正）及国家有关人防（民防）的法律法规为依据，建设管理规范、办事高效的依法行政体系；建立统一高效的防空、服务和支援一体的社区民防领导指挥体系；以社区防灾避险为主体内容，建设防空防灾一体化的社区民防教育培训体系；以社区民防训练为基础，建设平战结合、业务精良的人才队伍体系；以社区民防物资储备为主体，建设布局统一、结构合理的社区民防物资保障体系；以社区民防信息化为重点，建设统一平台、统一标准、统一数据的网络信息体系。社区民防规划的整体目标是：基本建立起一套精简高效的灾害事故紧急处置组织指挥体系，建立防灾救灾规划和总体应急救援预案体系，建立灵敏可靠的通信、警报和新闻发布体系，建立精干过硬的各类专业队伍体系以及防护工程、物资保障和训练体系，提高城市的整体防护能力、工作的快速反应能力、民防的应急救援能力和消除灾害后果的能力。

---

① 陈晖：《"人防行政执法难"现象初探》，《中国人民防空》2015 年第 9 期，第 66—67 页。

1. 加强社区民防立法立规，建设管理规范的依法行政体系

加强社区民防立法立规。着力抓好宣传和协调，推动制定所在市或区（县）的《民防条例》（或《社区民防条例》）或民防工作的政府规章。条例或规章出台后，应按照上级民防主管部门统一部署，制定社区相关实施细则，以便于贯彻执行，落实到位。制定社区民防工作的规章制度，包括社区民防建设标准，应急避难场所、应急物资储备与管理、信息平台建设与管理、人才培养、宣传教育等方面的规定。

加强社区民防法规、规章的宣传教育。研究制订实施计划，举办各类培训班和知识讲座、竞赛，提高社区民防工作者的应知应会能力。充分利用市民防教育基地、民防学校等平台，深入开展社区民防法规、规章的宣传教育。

加强社区民防的行政执法。依据民防法规和规章，落实行政执法工作。适应"两防一体化"的思路，拓展现有民防行政执法机构的职能，对破坏民防法规、规章的违规行为给予处罚和警戒。社区民防工作人员应配合行政执法机构公正执法。

2. 建设防空、服务和支援一体的社区民防领导指挥体系

搭建组织指挥网络。按照精简、高效、统一的突发事件应急管理机制和市民防"防空防灾一体化"的目标，建立一支统一高效、反应灵活、自主联动的平战灵活转接的领导指挥体系，适应现代民防"战时迅速反应、平时服务民生"的建设要求。进行"社区民防"试点，在工作站和试点单位基础上探索建立社区民防组织指挥网络。

夯实指挥平台。充分发挥城市应急救援指挥中心在人才、技术、设备等方面的优势，有效带动相关应急指挥部门的相互配合，发挥其在各类应急指挥中心的联结与桥接作用。夯实以城市应急管理指挥中心为枢纽，集空情接受、警报发放、综合通信、指挥控制、决策支持、监视预警功能为一体的指挥平台。

强化重要防护目标的保护。积极配合城市发展战略，强化服务交通枢纽、大型建筑等重点防护目标和大型综合体的重点防护工作。完善重要目标防护工作的领导体制，建立协调小组，明确目标单位及上级主管部门的职责任务，强化市、区（县、市）民防部门对目标防护工作的指导和监督，研究制定社区重点防护目标的保护预案。

加强人员目标防护工作。建立健全人员疏散与掩（隐）蔽方案体系，

落实紧急避险场所、民防工程、物资、通信等保障措施,将应急避险的人员防护工作落实到社区居委会、学校、企事业单位,并落实责任到人和机构。

3. 以社区民防宣教为主导,建立健全社区民防教育培训体系

加强民防的理论研究水平。发挥民防研究用于指导实践、引航实践、纠偏实践的作用;加强民防系统的学习和培训;凝聚各方力量,利用各种载体,加强民防理论和政策的学习和研讨,提升民防理论水平。

建立民防教育基地。推进社区民防学校建设,以社区民防学校为载体建立民防教育基地。要采取多媒体互动教学、民防教育基地展览、演练训练等相结合的教学手段,将民防教育工程纳入市、区(县、市)两级党校的教学内容。完善社区民防宣传教育的动力、奖励、协作机制,形成学校民防教育、社区民防教育和党政干部民防教育三个体系。通过建立企业、家庭、学校、社区、机关全方位的培训教育链,形成全民动员、预防为主、社区参与、人人安全的局面。

建立社会化的民防教育培训设施。建成民防教育馆和民防培训中心。区(县、市)研究制定社区民防教育培训设施建设的规划与方案,学校、乡镇、街道、社区、重要防护目标单位积极建设民防知识学习室和民防知识栏,每年组织开展1—2次集中性宣传活动。利用网络、电视、广播、报纸等媒体,加大民防宣传力度;建立统一、规范的社区安全标识和社区应急疏散图,做好社区安全标识与社区紧急疏散图的日常维护与管理。

4. 以社区民防训练为基础,建设平战结合、精干过硬的人才队伍体系

优化人才队伍结构。逐步建立一支专兼职相结合的社区民防工作者队伍;建成社区民防工作专门机构;组建素质好、服务意识强的社区民防志愿者队伍;发挥社区驻地单位工作人员与社区相关工作人员参与建设社区民防的积极性;完善社区民防干部培养机制,建立社区民防干部工作考核机制。

提升人才队伍素质。强化社区民防干部的理论学习,提高理论水平;制定民防培训教材与民防知识读本,制定社区民防干部培训大纲与计划,建立专业化、制度化、规范化、系统化的社区民防干部培训体系;制定社区民防应急演练基本要求,定时举办社区民防应急演练,提高演练的装备水平;制定社区民防跨岗、跨部门、跨地区的人才交流方案。

5. 建设统一布局、结构合理的社区民防物资保障体系

完善社区应急物资储备体系。建成街道民防应急库、社区民防应急箱、家庭民防应急包组成的社区应急物资储备体系，按照社区应急管理要求配备充足、合理的应急物资。在全市社区（街道）建成覆盖广、配备全、管理完善的社区应急物资储备体系。

完善社区应急物资管理体系。制定《社区民防应急库（箱）设定标准》《社区民防应急库（箱）的管理工作规定》和《民防应急库（箱）使用管理规定》，按照市、区（县、市）、街道（镇）"分级负责，分层管理，逐步落实"的原则，加强领导，认真组织实施，制订切实可行的工作计划，采取有效的工作措施，分期分批落实，稳步推进，不断总结，扩大使用范围。

6. 建设统一平台、统一标准、统一数据的网络信息体系

推进演练模拟与仿真信息化。结合民防人才科技创新机制，大力开展防空演练的计算机辅助程序研究，明确其步骤及相关控制环节，对演练所涉及的节点进行明确规范；研制演练模拟仿真模型，编制相应的计算机程序，实现疏散演练的模拟与仿真。

集成融合的信息系统建设。开发民防工程和地下空间信息管理、重要目标防护、宣传教育、应急演练等一批信息化应用软件，为社区应急救援提供辅助决策能力。建立社区民防网络化的工作平台，为预警发布、常规信息管理建立快速、方便的信息平台。逐步推广社区综合管理信息化工作平台，在社区建立社区综合管理信息化工作平台。

应急疏散平台信息化。进一步推进《社区民防应急疏散管理平台》建设，提高辖区居民应对突发公共事件的能力。开展社区人员疏散信息化平台建设，将人员疏散预案数字化、图形化。

推进日常工作信息化。推进社区民防应急信息库建设，扩展防空防灾信息库与共享数据平台，建立数据备份中心，建立数据分类科学、编码格式准确、属性结构合理、实时更新的全市防空防灾综合数据库，搭建市、区两级数据库管理、更新、交换和资源共享机制。在市、区（县、市）两级民防机构建立较为完备的应急数据中心。

七 预案与演练建设

(一) 社区民防预案建设

1. 预案覆盖全面化

第一，保证预案内容规定的完整性。要明确适用范围和实施主体，处置原则和程序，明确保障措施，主要从通信、队伍、物资、人员防护等方面做出具体部署。第二，保证预案灾种的全覆盖。社区预案的制定可以分为专项类应急预案（如泥石流应急预案等）和综合类应急预案（如恶劣天气应急预案等）。对尚未发生的灾害、尚未出现的环节、尚未出现的迹象要有足够的应对准备；要充分利用现代技术手段与设备，对可能出现的灾害与危机进行预测、监测。此外，要在社区应急预案建设之基础上，推动建立市、区（县、市）、街道、社区四级预案体系，形成城市应急预案的全覆盖；还要集中做好市政大楼、通信设施、学校、医院等重点防护目标的应急预案工作，突出预案建设的重点内容。第三，要注重预案与民防改革同步。要紧密围绕国家民防和军委的统一部署，同步提升应急应战预案建设，强化应急应战预案的前瞻性、操作性与应急避险性；要按照"联合指挥、区域协同、区域救援、联合防护"的要求，落实好人民防空应急行动预案的制定工作，综合做好战时防空、平时服务、应急支援。

2. 预案实施科学化

首先，要做好社区民防预案的演练工作。要拟制与预案相关的配套实施计划及相关保障措施，详细规划各项模拟演练工作，规定疏散时机、疏散地域、疏散对象、疏散路线等。通过模拟演练提高社区民防的实际应急能力，并通过演练为理顺基层应急协调机制与联动机制创造发展机会与历练平台。加强平时的应急演练工作也是锻炼社区民防队伍战时快速反应能力的重要渠道。为适应突发应急情况下的疏散与应急演练需要，要不断调查摸底，全面整合资源，做好疏散地域规划和配套建设，要建设能行、能吃、能住、能学、能医、能通、能藏，物资储备充足、保障能力强的人口疏散场地，提高应急预案的可实施性和应急疏散的安置能力，做到预案与实际情况相结合、与应急资源相结合，注重预案的实效性与实用性。同时，为提升演练开展的水平、层次与实际效果，要为各项演练环节准备好能够应对城市灾害的各种现代化设备与工具，夯实社区民防应急演练的硬件基础。其次，要做好社区民防预案的科学评估工作。预案的有用性与实用性建立在预案制定中的科学手段、模拟演练之基础上，同样还有赖于后期的科学评估。预案评估是切实检验预案内容是否科学全面、预案是否有效执行、预案是否与现实相符的综合评价。预案的执行过程本身存在诸多风险，一项预案的有效执行程度不仅与预案内容本身有关，还与应急救援时的特定"情境"有关，如灾害应急过程中的不可预测因素、不可控因素、实施主体的主观因素等。这些因素可能无法在模拟演练中得到体现，必须通过后期对预案制定与实施的全过程进行综合、全面地评估，纠正预案的不适与瑕疵，提高预案的科学性和全面性。

3. 预案管理信息化

社区建立信息化工作平台是"互联网＋"时代社区建设的重要基础内容。《全国和谐社区建设示范单位指导标准（试行）》（民发〔2008〕142号）规定："（要）建有区（县、市）级或市、区联动的社区综合信息平台，为社区成员提供方便、快捷、优质的服务。"根据现代信息化的发展要求与趋势，满足突发事件应急中及时反应、快速行动的要求，要尽快搭建数字化的预案管理平台和预警发布系统。

第一，推进演练模拟与计算机仿真。广泛结合民防人才科技创新机制，大力开展防空袭演练的计算机辅助程序研究，明确其步骤及相关控制环节，对演练所涉及的节点进行明确规范，在此基础上研制相关模型，编制相应的计算机程序，实现疏散演练的模拟与仿真。这是预案演练迈向信息化轨道的重大突破，必将实现社区民防宣教手段的创新。第二，推进集成融合的信息系统建设。要继续抓好社区民防指挥通信网络建设，如办公自动化网、机要网、移动指挥车等通信网，做好社区民防信息综合网电信线路宽带升级和综合复用设备改造工作，增强信息处理能力。要充分保障有无线信息网络的互联互通，积极探索社区民防通信指挥保障手段为城市服务和灾害事故中心的应用能力，加大对现有通信装备战斗力生成的力度，抓好社区民防通信系统综合联训工作。要在抓好防空警报与防灾警报建设的基础上，组织全市社区的警报完好率普查，掌握基本信息，加强信息计算机管理能力。第三，推进应急疏散平台信息化。要加强社区民防工作，积极开展防空防灾知识宣传教育活动，在社区应急疏散场所设置标识标牌，组织社区居民参加人员防护疏散演练，提高辖区居民应对突发公共事件的能力。为此，要开展社区人员疏散信息化平台建设，将人员疏散预案数字化、图形化，使直观的疏散预案进家入户，使社区居民知道如何疏散、疏散到哪里。

（二）社区民防演练建设

民防演练是指为应对可能发生的空袭灾害，按照预先制定的民防预案，由民防部门组织其他有关防空防灾部门及群众，模拟某一真实的防空防灾场景所举行的演习。"十二五"以来，我国民防演练呈现了方向明、思路清、影响大、练兵忙、成果多的态势，但新时期民防训练法制化、一体化、实战化还需加强。[①]

一般来讲，社区民防演练的基本程序包括以下几种。

1. 设立指挥机构。指挥机构应当按照灵活、精干、健全的原则去组织成立。一般而言，指挥机构由负责民防工作的军事机关首长和民防部门的领导及有关部门组成。一般设立总导演、副总导演、导演助理、调理员和有关保障人员。在民防专业战术演练中，一般由民防办公室领导或民防专业队指挥员担任总导演；在民防综合演练中，演习总导演一般由民防办公室领导或民防专业队指挥员担任；在民防综合演习中，总导演通常是负责民防工作的政府领导或当地军事机关的领导担任。演习的全部工作由总导演负责组织实施，副总导演协助总导演工作。导演助理和调理员负责对参演民防专业队伍和群众组织进行调理、裁决和成绩评定工作。导演机构中的其他人员根据总导演的指示和分工开展工作。

2. 选择演练场地。导演部通常在本行政区范围内选择场地。选择场地时，应尽量利用现有大型训练场地或训练基地。演练场地应当符合演练情况的需要，反映所涉及范围内的情况，便于组织交通、生活、卫勤等方面的保障。在选择场地时，要充分考虑信息化条件下空袭、自然灾害、事故灾难的特点与重点防护目标的有关情况。

3. 拟制演练计划。实施计划是开展演练的最基本依据。通常应在计划中明确规定导演、调理员、参演民防专业队伍和群众组织的主要工作、演习的时间安排、具体程序、演习指挥机关的行动方案、导演部门的工作程序、内容和方法等。

4. 组织勤务保障。勤务保障主要由导演机构负责组织，其主要内容

[①]　孙卫东：《着力提升人防训练"四化"水平》，《中国人民防空》2015 年第 9 期。

包括：通信联络、警备调整勤务、物资器材和生活保障。

5. 通信联络保障。由通信部门和通信分队有关人员负责，按照导演系统通信组织方案，组织有无线电通信、运动通信、简易信号通信、检查通信网络的沟通情况，保障演习不断进行。

6. 警备调整勤务。负责演习地域的安全警戒，维持演习地域的交通秩序，调整参演民防专业队伍和群众组织按规定的序列和速度行进，维护参演民防专业队伍和群众组织的纪律和保护人民群众的利益，执行临时警卫勤务。物资器材保障。按照演习物资器材保障计划，筹集各类物资器材，制定物资、器材的保障单位，确定物资、器材的保障方法，维修、保养各种物资、器材；生活保障。提供演习人员必需的生活用品，解决参演人员的衣、食、住、行等问题。①

八 绩效评估建设

为更加有效地解决社区民防工作者积极性不高、目标不明确等问题，有必要建立一套社区民防工作者的激励机制，即社区民防绩效评估机制和考核机制（下文将"绩效评估"和"绩效考核"等同）。国家减灾委员会办公室在下发《全国综合减灾示范社区标准》的通知中规定，"全国综合减灾示范社区"的十大要素之一，就是"管理考核制度健全"。

社区民防考核机制的主要内容是：上级民防部门做好工作指导，确定当年工作内容、目标和主要任务；街道（镇）负责民防工作的组织规划，社区负责抓好具体工作的落实；区（县、市）街道民防应加强对社区民防干部工作的检查、监督。其中，社区民防干部考核的具体内容可以着重从组织领导、宣传教育、人才队伍、物资设施、预案方案等方面进行设置；考核办法可以实行层级考核法，也可以实行综合考核法。实行层级考核法，则由市民防负责考评区（县、市）民防，区（县、市）民防负责考核街道（镇）民防，街道（镇）民防负责考核社区民防。实行综合考核法，则由市民防负责牵头，组织区（县、市）民防和街道（镇）民防的相关人员参加，建立综合考核组。考核可结合区（县、市）民防和街

---

① 王珏、王文臣：《民防概论》，南京陆军指挥学院人武指挥专业系列教材 2008 年版，第 183—184 页。

道（镇）的年度民防工作目标进行;考核成绩可以采取百分制。对考核成绩突出的社区及其组织和个人,可根据国家、省、市、区（县、市）民防的有关规定,实行奖励和表彰,而对于不完成任务或完不成任务或因渎职造成不良后果的,要予以通报批评。

整体看,社区民防绩效评估要明确三方面内容:一是绩效评估实施主体,即谁负责与实施评估。我国社区是法律意义上的自治组织,社区民防工作本质是服务居民,因此评估主体首先应以居民为主。但由于社区民防是国防的一部分,因此由上级民防部门来负责考核社区民防也有合理性,这也是当前我国社区民防绩效考核的常用做法。二是绩效评估的对象,即社区民防绩效评估将对谁展开。社区民防绩效评估的对象一般是针对社区民防的工作人员。在社区民防力量呈现多样化趋势的背景下,社区民防考核对象既要包括由财政经费担负的社区民防工作人员,也应包括由社区经费负担的社区民防工作人员（如志愿者、义工等）。三是绩效评估内容,即对社区民防的哪些内容进行考核。一般来看,社区民防考核包括两方面,日常工作考核和应急性工作考核,前者就是日常的社区民防工作的考核,比如人防工程、警报设施、物资和宣教、志愿者管理、应急演练等,后者指对社区民防参与城市重大应急活动的考核,如参与应急救灾中的救援人才、应急物资的输送等。

区（县、市）民防每年应组织一次社区民防绩效考核,并将社区民防绩效考核纳入市、区（县、市）、街道（镇）民防的年度工作绩效考核体系当中,做到统一计划、统一部署、统一要求、统一考核。同时,社区民防工作考核务必要结合市、区（县、市）、街道（镇）与社区民防建设的实际情况,结合"综合减灾示范社区""平安社区"等活动进行,尽量减少重复性考核和不必要的台账、文字总结等。

非常重要的是,在探索社区民防建设的活动中,上级人防（民防）主管部门要加强对乡（镇、街道）、社区业务工作的指导,适时组织对专兼职人员进行培训,指导制订民防疏散隐蔽方案,组织实施民防宣传教育等工作,推动基层民防工作的开展。

第六章

中国民防(一):探索与建制

改革开放后,我国各地尤其是东部沿海省份在单一战备人防向"防空防灾一体化"的现代民防转变中取得了重要突破,初步建成了涵盖法律法规、领导指挥、物质保障、队伍建设、宣传教育等内容的现代民防体系,如上海民防全面融合进城市公共安全且初步建成了现代民防体系,深圳形成了将民防委办与安监局、安委办、地震局等部门整合进应急办的"大部制"特征的民防体制,杭州民防与相关管理部门探索建立了"平时分工、灾时联动"的"一办五中心"的民防体制。

本章选取深圳市与杭州市民防体制作为考察对象,来分析与获取其对我国民防体制新建构的启示,这主要是基于以下三点考虑:一是综观全国各地民防的实践探索,深圳与杭州民防的探索成果较为突出,尤其是其体制建构较有特色,可以作为成功探索民防体制的代表;二是两市同属沿海经济发达省份(广东与浙江),同属国防责任重大的两大战区(广州战区与南京战区),也都面临海洋气候变化带来的气候性自然灾害,此种地缘条件酝酿形成的民防体制在平战结合上有其特殊性;三是笔者攻博研读期间,对深圳市与杭州市民防展开过多次调研,对二者民防体制的建构历程与现状有了较为深刻的把握与理解。还需特别指出,深圳与杭州两市民防体制是否直接成为整个国家民防体制的缩影,或预示某种未来方向,还未有定论,但两者必定为我国民防体制新建构提供经验性反思。

民防体制,即民防系统的组织结构、权责划分与运行机制。它纵向上表现为从中央到地方各级民防机构的组织形式、职能划分及上下级的领导隶属关系(如国家、省、市、区四级民防机构之间);横向上表现为民防系统内各部门关系及其与同级相关部门的关系（如民防机构内的指挥通信、人防工程、法律法规等部门之间及民防与民政、应急、地震、消防等部门之间），还表现为现有行政区划下的同级地区性民防部门关系（如各大军区民防机构之间、各省民防机构之间、各市民防机构之间）。另外，民防体制内蕴相应的规范与价值，表现为各种法律及由此产生的法律关系、行政文化与理念价值。民防体制是民防系统内制度化程度较高、沿袭性较稳定的部分，直接决定着民防体系的职能履行与功能发挥。民防体制构成了非传统安全管理体制中具有平战结合能力的特殊部分，其运行方式与状态直接影响民防参与非传统安全治理的功能发挥与效果。民防建设的关键问题是民防体制建设，民防建设的核心困境也集中体现为民防体制的困境。

第一节　深圳市"大部制"民防探索

一　深圳市民防概述

深圳市通常被誉为透视中国经济发展的窗口。相比于我国大陆其他沿海城市，深圳市是一座年轻且充满活力的新城：1979 年 3 月深圳建市；1980 年 8 月 26 日全国人大常委会批准设置深圳经济特区：1988 年 11 月，深圳市在国务院批准下实行单列，被赋予相当于省一级的经济管理权限；1992 年深圳被授予经济特区立法权；2000 年继续保留深圳特区独立立法权，还授予其所在市以较大市立法权。深圳以其经济特区为经济改革的突破口，稳步实现着经济、文化、社会等建设的腾飞。在党和政府的政策支持下，深圳市已成长为兼具现代化、城市化、信息化与国际化的大都市，其金融、商贸、信息、旅游、文化、城市安全、高新技术等都引领全国。深圳先后荣获国际"国家卫生城市""国家生态园林示范城市""国家环境保护模范城市"等荣誉，连续两次被评为"全国文明城市"。2008 年12 月 7 日，深圳市被联合国教科文组织"全球创意城市网络"评为"设计之都"，这是首个获此殊荣的中国城市；2011 年深圳成功举办第 26 届世界大学生运动会，成为继北京奥运、上海世博、广州亚运之后的又一盛事；2011 年深圳 GDP 总量位居大陆第四，仅次于上海、北京和广州。2013 年十八届三中全会以来，深圳市积极推动全面深化改革，在政治、经济、文化、社会等广阔领域开展着前沿性、探索性的改革，深圳的各项改革成为全国相关领域改革的"风向标"。

同时，深圳市频繁遭受自然灾害、事故灾难、突发公共卫生和社会安全威胁的挑战，如 8·5 清水河大爆炸（1993 年）、非典（2003 年）、9·20 特大火灾（2008 年）和台风、泥石流、特大暴雨、山体滑坡（如2015 年深圳山体滑坡事故）等自然灾害曾给其市民带来生命、财产的巨大损失和生存环境的极大破坏，构成了整个城市与社会和谐的巨大挑战。践行城市"安全发展"理念、加强城市安全治理能力成为深圳市委、市政府的一项重要工作。近年来，深圳在国家"大部制"改革的推动下，结合深圳实际情况逐步先行先试"大部制"挑战，并在城市安全建设上取得了巨大成绩，在民防与应急立法、体制、宣教、队伍、物资、人防工程等探索中集中体现了因地制宜、突出特色、局部突破的特征。

深圳建市历史较短，其民防体制建制于改革开放后的新时期。综观之，深圳民防体制改革中的重大事件有：（1）1992 年 10 月，深圳市民防委员会及其办公室成立，担负全市人民防空、核电事故应急、防震抗震的组织指挥与协调责任；（2）2004 年，根据《中共广东省委、广东省人民政府关于深圳市深化行政管理体制改革试点方案的批复》（粤委〔2004〕6 号）以及广东省机构编制委员会办公室《关于深圳市部分机构更名的批复》（粤机编办〔2004〕155 号），成立深圳市应急指挥中心（正局级）为市处置突发事件委员会的日常办事机构，直属市政府，主要负责全市重特大应急事件的综合协调和组织指挥工作；（3）2009 年，深圳市人民政府应急管理办公室成立，依法承担全市应急指挥、安全生产、人民防空、核电事故应急、防震抗震等职责；（4）2009 年 7 月 31 日，深圳市政府机构改革动员会召开并正式公布《深圳市人民政府机构改革方案》，拉开了深圳市"大部制"行政体制改革的序幕。改革旨在精简机构、畅通机制、降低成本、提高效率。在此次"大部制"探索中，深圳市政府机构精简幅度达 1/3，集中体现了"放权"与"整合"的特征。① 在对"应急办"的改革上，目的是整合民防的应急指挥体系、指挥平台及各种资源，将突发事件应急与国防动员相结合，提高政府处置应急突发事件的能力。改革后的应急办归深圳市政府办公厅领导，市原应急指挥中心、安监局、安委

---

① 刘芳：《深圳大部制改革再动刀》，《中国青年报》2012 年 4 月 23 日，第 7 版。

办、民防办（地震局）的职责划入市应急办，应急办加挂"安委办"（安全管理委员会办公室）"安监局"（安全生产监督管理局）"民防办"（民防委员会办公室）、"地震局"（地震局）牌子，后将核应急职能加入

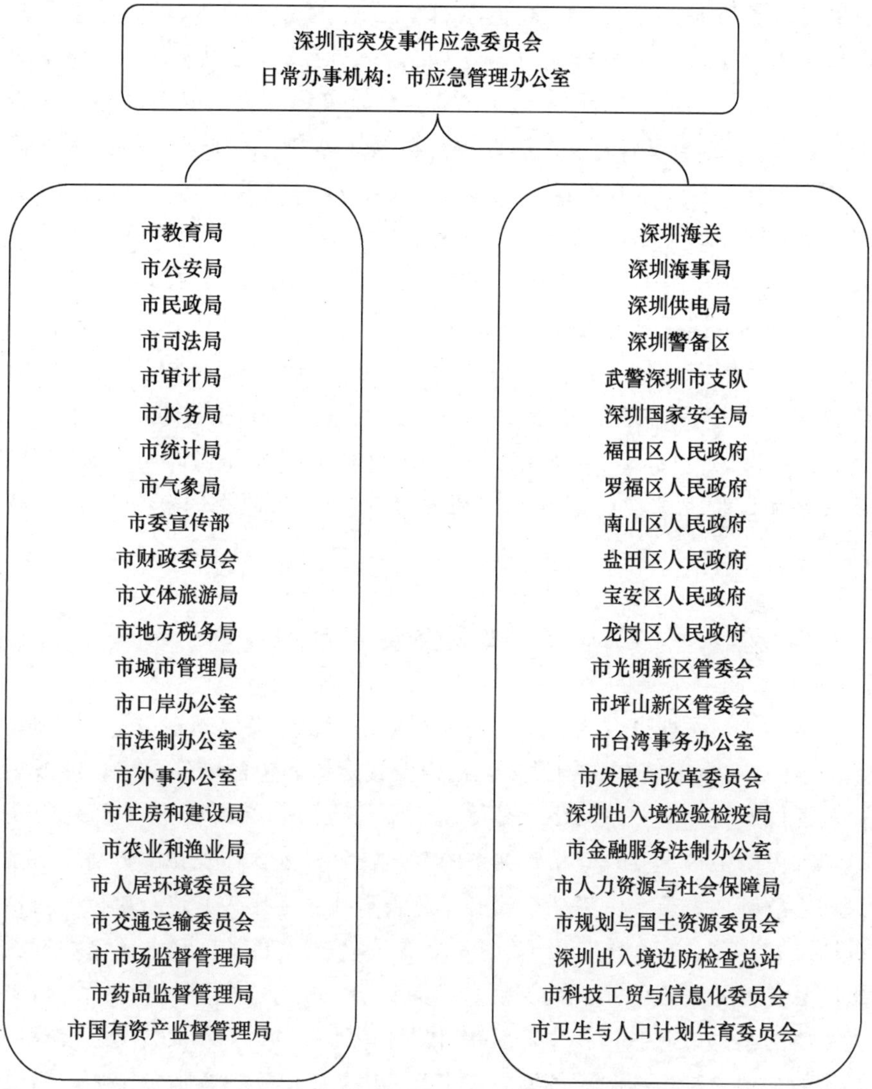

```
┌─────────────────────────────────────┐
│        深圳市突发事件应急委员会          │
│   日常办事机构: 市应急管理办公室         │
└─────────────────────────────────────┘
```

市教育局	深圳海关
市公安局	深圳海事局
市民政局	深圳供电局
市司法局	深圳警备区
市审计局	武警深圳市支队
市水务局	深圳国家安全局
市统计局	福田区人民政府
市气象局	罗福区人民政府
市委宣传部	南山区人民政府
市财政委员会	盐田区人民政府
市文体旅游局	宝安区人民政府
市地方税务局	龙岗区人民政府
市城市管理局	市光明新区管委会
市口岸办公室	市坪山新区管委会
市法制办公室	市台湾事务办公室
市外事办公室	市发展与改革委员会
市住房和建设局	深圳出入境检验检疫局
市农业和渔业局	市金融服务法制办公室
市人居环境委员会	市人力资源与社会保障局
市交通运输委员会	市规划与国土资源委员会
市市场监督管理局	深圳出入境边防检查总站
市药品监督管理局	市科技工贸与信息化委员会
市国有资产监督管理局	市卫生与人口计划生育委员会

图6.1　深圳市应急办（安委会）成员单位示意图①

---

① 根据深圳市人民政府应急管理办公室主页相关资料整理。

其中，成为市应急办（民防委、地震局、核应急管理办）；（5）2010 年，根据《关于调整市委系统议事协调机构、临时机构和成立市重点工作领导小组的通知》（深办〔2010〕21 号）文件精神，原深圳市处置突发事件委员会更名为深圳市突发事件应急委员会（简称"市应急委"），主要负责对市各类重、特大突发事件应急管理工作的重大事项进行决策，日常办事机构设在市人民政府应急管理办公室，成员单位共有 48 家（见图 6.1），并建立了常态化涵盖自然灾害、事故灾难、公共卫生事件和社会安全事件四大类 32 个应急指挥专项。在领导体制上，深圳民防受深圳警备区与深圳市委、市政府的军政双重领导，战时遵循国防动员的运行机制；新时期在参与非传统安全治理的改革与实践中，逐步从单一"组织人民防空"向"平战结合"与"防空防灾防恐一体化"的综合化方向发展，与应急指挥、安全监督、安全生产、抗震救灾等部门开展联合行动，统一归入政府非传统安全治理活动中，初步探索建立了"大部制"民防体制。（6）2016 年第七次全国人民防空会议确定了"战时防空、平时服务、应急支援"的民防新定位，深圳在新时期不断深化民防战备效益、社会效益和经济效益的兼顾，围绕总体国家安全而不断深化民防发展方式。

二　深圳市"大部制"民防体制分析

整体看，深圳市"大部制"民防体制的特征主要体现在以下六方面。

第一，"大部制"机构设置。机构设置是体制中的硬件要素，形成了体制的框架结构与关系网络，是体制正常运行的"神经"。"大部制"是深圳市民防机构设置及其相互关系的突出特色，主要体现在两方面：一是深圳应急管理委员会由深圳市政府应急管理办公室作为其执行单位，包括深圳市党、政、军、法、检系统 48 个成员单位（见图 6.1）。《深圳特区报》认为这是形成了"纵向到底、横向到边"的应急管理机构体系。[①] 极为重要的是，市应急指挥中心具有中枢作用。根据《深圳市应急指挥中心职能配置内设机构和人员编制规定》，市应急指挥中心担负市委、市政府总值班室日常值班和突发事件的组织联络职能，内设信息综合处、应急

---

① 吴勇加：《构建"大应急"格局》，《深圳特区报》2016 年 3 月 7 日，第 A14 版。

指挥处（挂市委、市政府总值班室牌子）、资源保障处 3 个处，核定编制 20 名。应急指挥中心具有"把握城市脉搏的前哨、保障政令畅通的枢纽、联系基层群众的桥梁、展示党委政府形象的窗口、保障社会安宁的指挥所"的作用。① 二是机构大整合。应急办（安委会）、安监局、安委办、民防办、地震局 5 个重大突发事件责任部门实现"五块牌子、一套人马"，由应急办负责组织协调与领导指挥。"五块牌子、一套人马"探索实行"块块兜底、条条配合"的工作模式，即将对应五块牌子的四个处室定为块块，其他处室定为条条，"条块"相互配合，推动重要事项、急事难事的有效处理。其中：（1）应急办（安委会）总负组织协调与领导指挥的职责，由市政府办公厅领导、市政府副秘书长领衔挂帅，下设 10 个处室：市政府总值班室、秘书处、预案综合处、应急指挥处、安全监察处、监测预警处、地震处、资源保障处、人防工程处、宣传培训处，另设直属单列市民防工程管理站，共同构成了 24 小时政务值班与情报汇总、法规与预案制定、预警预测与应急指挥、安全生产监督与管理、物资与装备配置、队伍组建与管理、知识教育与培训、民防工程建设与管理等职责体系；（2）民防委员会办公室（简称民防办）接受深圳警备区与深圳市政府双重领导，担负战时组织人民防空和平时防震减灾、核电厂核事故场外应急三项职能，与深圳预备役高炮团开展实质性合作②。深圳"大部制"民防组织结构见图 6.2。

深圳"大部制"民防体制的机构设置有三个突出特点：一是应急办（安委会）组织协调与功能整合作用明显，但不具备行政管理职能。应急办是市政府执行应急管理职责的责任单位，既担负四大类突发事件处置任务，还肩负民防、地震与核灾害应急、安监综合协调等相关职责，如 2011 年第 26 界世界大学生运动会总指挥部应急联席指挥办公室就设在应急办（安委会）。但应急办只协助市长办理应急管理的专门事项，不具有独立行政管理职能。二是民防办与安委会、地震局、安监局在应急办（安委会）的组织协调下，共同依法负有各职责范围的民防职责，共享情

① 深圳市应急管理委员会官网：《深圳市 2010 年应急管理工作总结及 2011 年应急管理工作思路》（EB/OL），（2011 - 03 - 02）［2012 - 08 - 24］，http：//www. szemo. gov. cn/zwgk/ghjh/ndgzjh/201103/t20110310_ 1642328. htm。

② 深圳市史志办公室：《深圳年鉴（2011）》，第 186 页。

报信息与技术平台。这应该是全国范围内民防融入应急管理较早、较成功的实践尝试。三是民防办在平战结合和调动军队参与应急管理的机制建设上具有优势，如民防与深圳预备役高炮团共建强有力的防空作战体系，形成定期资源整合、优势互补、定期走访、共研课题、预案对接、群防群治的联动行动机制。①

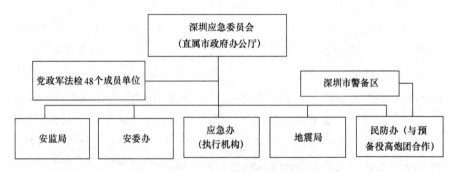

图6.2 深圳"大部制"民防组织结构示意图

第二，防空、防灾、防恐与防核一体化的职能定位。从深圳市应急办的机构设定可以明显看出，核应急管理办是其重要部分之一。机构权责设定是体制的关键要素之一，构成了体制的纵横网络的重要节点，直接决定了其在体制运行中的具体角色与地位。深圳市在大力推动经济发展的同时，极为注重城市安全建设，提出了"安全发展"的理念，坚持"安全第一、预防为主、综合治理"的原则。在深圳市委、市政府"安全发展"理念的带动下，民防系统积极发挥自身资源为城市安全服务，建立了防空、防灾、防恐、防核一体化的职能体系。2009年8月1日起施行的《深圳市实施〈中华人民共和国人民防空法〉办法》第三条明确规定，（深圳市）人民防空工作要遵循长期准备，重点建设，平战结合，防空、防灾、防恐一体化的原则，要与经济社会发展、城市建设和防灾救灾及处置突发事件应急要求相协调。整体而言，民防担负人民防空、防震减灾、防恐反恐、核电厂核事故场外应急四项基本职能。客观地说，深圳民防防空防灾防恐防核一体化的职责定位较为准确地反映了深圳的安全环境及其

① 佚名：《驻深某预备役高炮团和深圳民防办建立合作机制》，《深圳特区报》2009年7月25日，第A02版。

安全发展目标。

第三,依托"大部制"创新运行机制与相关制度。运行机制是体制发挥作用的动力系统,管理制度则是体制规范运行的行为标准与依据。深圳"大部制"民防体制框架下的运行机制主要有二:一是领导干部双责任制,即"一岗双责"制,即应急办(安委会)组成单位的领导干部在履行其所属部门业务工作职责的同时,还要担负安全生产与管理的相关职责。这为深圳市"安全发展"建立了一张严密的保障网。二是应急管理区域合作机制。2010 年 11 月 3 日,深圳、东莞、惠州三地应急管理部门签署《深莞惠应急管理合作协议》,在突发事件应急工作中充分发挥各方优势,实现信息共享、资源整合与处置协同,最大限度地提高突发事件的预防、响应与善后处置能力,全力保障人民群众的生命与财产安全。2011 年还完成粤东地区人防联合行动演练。相关制度主要包括:一是信息报送与反馈制度。修订《深圳市政府值守工作手册》,编制《市政府领导批示通知书》和《市政府领导批示办理情况反馈表》,规范应急信息报送途径、程序和方法,加大对市领导关于突发事件批示、指示和交办事项的督办落实和反馈力度。二是制定《深圳市公共安全隐患举报办法》等隐患举报制度,制定安全管理网格化规范和标准,增强安全隐患排查力度。

第四,建立基层安全治理网。在市级层面"大部制"民防框架的指导下,切实推进基层民防工作,主要举动有:一是建立基层安全监督机构。在广东省安监局的统一部署下,以点带面开展区、街道一级基层安监机构的规范化建设,实现安全监管重心下移、关口前移。二是完善社区民防工作:(1)确立与明确社区民防的基本职责,包括工程项目建设、警报系统维护与管理、民防宣传教育、地震避难所建设与管理等。(2)设立归口统一的组织机构,即街道(社区)民防工作按照条块管理和属地管理相结合的原则运行,其中街道由武装部来负责街道一级民防工作;社区民防与民政部、武装部合并,但不设独立的社区民防工作机构,而由社区工作站、股份公司、物业公司或物业管理委员会、驻地单位联合开展民防工作,其中社区工作站设站长,配有保安员、协管员、安监员、房管员和计生员。社区民防与社区消防部门(火灾处置)、环保部门(环境保护)、卫生防疫部门(公共卫生)、建设部门(建设抢修)、城管部门(隧桥建设)、三防办(防风、讯、旱)等保持合作关系。（3）在人员队伍上，民兵与民防队员合并，社区民防具体工作由社区的民兵负责，每个社区配有1—3位民兵，但目前还未组建专门的社区民防志愿者队伍。

第五，强化应急队伍建设。①具备一支能直接调动、专业的响应队伍是民防发挥指挥与责任功能的重要支撑。深圳市"大部制"民防体制下主要建有一个"意见"、四支队伍和一个演练：一个"意见"即以《深圳市人民政府办公厅关于进一步加强应急队伍建设的意见》来指导与推动各区、各有关部门开展应急救援队伍建设工作。四支民防队伍，即：一是依托公安消防队伍建立市综合应急救援支队、市地震灾害紧急救援队和区综合应急救援大队，形成市、区两级综合应急救援队伍和交通保障、医疗卫生和环境保护等8支专业应急队伍。二是在《深圳市应急管理专家组工作规则》指导下建立政府应急管理专家队伍，2011年专家人数已达50名②。三是依托户外运动爱好者自愿组成的山地救援队，开展志愿者专业应急队伍试点工作，组建"深圳市山地应急救援志愿服务队"。四是政企业合作共建海上专业应急救援队伍。深圳应急办（安委会）与南海救助局深圳基地、深圳能源集团东部电厂三方共建"深圳东部海上救助值班点"。一个演练，即是加强应急演练工作。主办"岭澳核电站二期首次装料前联合应急演习"和"保大运平安深圳龙岗海上应急救助演习"，协办"鹏城—2010"军地联合安保行动实兵演习，先后50余次参加各区和市有关部门组织的各类应急演练，积极推动全市应急演练工作向科学化、专业化、多样化纵深发展。

第六，建立强大的后备支撑体系。一是信息化技术支撑体系：（1）着手建设"深圳市安全隐患排查信息管理系统"项目，大力推广八类重点车辆卫星行驶记录仪的安装和使用。（2）建成"深圳市现代安全实景模拟教育基地"。该基地建筑面积9000多平方米，包括建筑、消防、交通、家居等16个安全体验学习馆，基地采用现代声光电技术，模拟各类安全事故、灾害环境，面向公众进行体验式、互动式安全教育培训，还

① 深圳市应急管理委员会官网：《深圳市2010年应急管理工作总结及2011年应急管理工作思路》，（2011 - 03 - 02）［2012 - 08 - 24］，http：//www.szemo.gov.cn/zwgk/ghjh/ndgzjh/201103/t20110310_ 1642328.htm。

② 同上。

专门针对中小学生设计了许多寓教于乐的安全教育类游戏，2015 年市安全教育基地共接待参观人员 351697 人次，企业员工 151774 人次，中小学生 143868 人次，市民 56055 人次。[1] （3）改造升级值班信息平台。升级市政府总值班室的值班系统，扩容应急指挥平台，拓展视频监控范围覆盖，实现与国务院应急办保密视频会议系统互联互通。（4）推动地震监测预警网络建设。推进地震网络工程建设，完成首批 20 个地震台站建设及监理的招标工作，拟定地震海啸中心选址方案，推进震害预测项目成果应用及二期项目建设，建立建筑物抗震性能普查数据库。（5）开通"12350"全市公共安全隐患举报热线。（6）展开中德灾害风险管理项目试点，印发《深圳市开展地方政府灾害风险治理与预案优化试点项目实施方案》，在宝安、龙岗两区开展试点。二是应急物资支撑体系。2011 年出台《关于进一步加强我市应急物资储备工作的意见》，规范了应急物资储备管理，调整了应急物资储备指导目录，健全了应急物资征用、管理与紧急配送等工作机制。

深圳"大部制"民防模式将原来负有相关安全责任的部门进行合并，将原来部门之间的协调转为部门内协调，保留"大处室"制。这一综合型的安全治理体制探索旨在精简机构、整合资源、提高效能、避免政出多门，促进安全生产、防震减灾、国防动员、应急指挥的有机融合。深圳民防"大部制"建构成为深圳非传统安全治理历史经验与教训的探索性新思路，甚至成为全国非传统安全体制改革的整体走向。[2] 在实践中，市应急办贯彻执行国家、省、市应急管理、民防和安全生产等法律、法规和政策，承担较大级别以上的突发事件应急救援的领导指挥和综合协调责任，组织协调事后评估和善后处理。民防部门与应急管理部门通过"大部制"进行融合的模式，强化了应急职能和力量，更加顺畅了体制机制，提高了公共安全的综合治理能力[3]。

---

① 《想学应急常识？去深圳现代安全实景模拟教育基地》，《深圳晚报》2016 年 2 月 25 日。
② 李永清：《如何应对重大突发事件（以深圳经验为例）》，中央编译出版社 2011 年版。
③ 《从广东省深圳市成功构建"大应急"格局谈我国应急管理体制改革》，http://www.gdemo.gov.cn/zt/yjb5year/gdjy/201204/t20120417_159508.htm，2015 – 07 – 06。

第二节 杭州市"分工联动"民防探索

一 杭州市民防概述

杭州民防源起于第二次世界大战时期日军空袭杭城的背景，战争条件就已基本建起人民防空组织；新中国成立后，随着国家对世界及周边安全态势的不同判断和全国人民防空建设的不同定位，杭州民防在"长期准备、平战结合"的基本原则下逐步建立健全了人防组织与基本制度；在改革开放政策的推动下，杭州民防加快融入经济建设与城市发展，防空防灾一体化走向正轨；进入21世纪，随着恐怖主义、信息安全等非传统安全威胁的凸显，杭州民防加快两防一体化建设步伐，开始了民防方略、体制、政策及技术探索的新时期。2016年全国人民防空第七次会议之后，杭州市民防逐步完善领导、指挥、机构、物资、队伍等建设，积极参与处置重大和特别重大突发公共事件以及战时防空。整体看，杭州市民防的产生与发展大致历经四阶段：

第一，产生与初创阶段（1935—1949），即从1935年防空演习筹备处成立到1949年中华人民共和国成立，主要表现为：在日军空袭的条件下初步组织人民防空的组织、演习等活动。1932年"一·二八"淞沪之战爆发，日军当日空袭杭州笕桥机场。1935年3月，杭州成立防空演习筹备处，开展积极防空、消极防空和防空情报三项活动；5月，杭州防空演习筹备处制定《杭州防空演习灯火管制取缔条例》《杭州防空演习管制方案》；6月3日，杭州市防空宣传委员会通过《杭州各界防空宣传队组织办法》，要求凡在杭州境内的各团体、机关、学校均组织防空宣传队。1935年11月和1936年7月先后举行两次防空大演习。1936年9月10日，杭州防空情报分所成立；11月16—24日，国民政府军事委员会防空处在西湖边的岳庙举行了为期9天的巡回防空展览会，展览了积极防空、消极防空、防空情报三块内容和模型、器材、图表、照片等2000余件展品，约44万人参观了此次展览。1937年"七七事变"爆发，杭州成立防空司令部。随后，杭州民防在第二次世界大战中艰难发展。

第二,艰难探索阶段 (1949—1978),即从新中国成立到实施改革开放的 1978 年,突出表现为:伴随冷战高压形势的起伏和国内政治经济局势的动荡,杭州民防坚持以人民防空为主线开展组织、预案、队伍、宣教等工作。1950 年杭州市防空委员会成立并制定《市民防空防火须知》《杭州发放空袭警报办法》和《杭州市防空灯火管制办法》。1953 年全国人民防空第一次工作会议的召开推动了杭州人防工作的展开。1955 年 9 月 29 日,杭州市开展了全市范围的防空演习;10 月修建了防空指挥所。1965 年杭州市委、市政府出台了《关于抓紧做好人民防空工作的通知》,启动了大规模防空袭预案与群众疏散方案的编制工作。1968 年杭州人防组织了历时 100 天的防空图片展。1969 年毛泽东发出"要准备打仗"的口号,杭州抓紧了人防建设,五区七县建立了人防领导小组及其办公室;1970 年成立人口疏散指挥部,组建了 7 支人防专业队伍;到 1973 年,大规模防空演习 5 次,组织了近 10 万人进防空洞,疏散了 8000 多名民众,全市警报器从新中国成立初期 8 台增至 35 台,出动民兵 3 万余人、治安纠察人员 7000 余人。

第三,全面转型阶段 (1978—2001),即从实施改革开放到 2001 年第四次全国人防会议召开,突出表现为:围绕经济建设这一中心,开始从单一战备防空全面转向防空防灾相结合,逐步融入经济建设与城市发展。国家拨款开始逐步市场化运作,单一注重战备效益也开始转向战备效益、社会效益和经济效益的结合。1986 年杭州人防开始收缴人防工程平战结合使用费,人防工程平战结合使用单位开始上缴国家利税;1987 年人防工程第一次实现产出大于投入(约 150 万元)。20 世纪 90 年代,杭州民防开始融入市场经济与城市建设,平战结合逐步纳入杭州经济、社会、文化建设目标。1999 年在市人防办成立市城市应急救援指挥中心,作为市政府处置突发公共事件的移动(现场)指挥中心和预备指挥中心,利用"96110"热线 24 小时受理并处置城市基础设施、城市建设与管理方面的突发事件,积极推进人民防空与抢险救灾相结合。

第四,继续改革与深化阶段 (2001 年至今),大力探索民防融入政府应急管理的体制机制建设。2004 年 9 月 18 日,杭州市人防办增挂"民防局"牌子,增加救灾防灾职能。2011 年根据《杭州市人民政府机构改革实施意见》,市人防办公室由议事协调机构的常设办事机构调整为市政府工作部门，继续承担市国防动员委员会的日常工作。① 2016 年在全国人民防空第七次会议"防空、服务、支援"的三大新定位下，杭州市民防进一步深化"灾有所防、险有所救"的民防体系，逐步完善"统一领导、分级负责、功能齐全、反应灵敏、运转高效"的运行机制，建立与应急、民政、消防、公安、地震、防汛抗旱等部门的良好合作关系，积极探索"平时分工、灾时联动"的民防模式②。

二 杭州市"分工联动"民防体制分析

杭州民防在领导体制上受杭州市警备区和杭州市委、市政府的军政双重领导，实行平时与战时两套运行机制。平时在市委、市政府的领导下开展人民防空的各项准备工作，在业务上接受市警备区的指导；战时与杭州市委、市政府和杭州警备区组成市人民防空指挥部，是国防动员的一部分，总体负责杭州市城区人民防空工作。在非传统安全治理实践中，杭州市民防体制实行"分工联动"模式，即"平时分工、灾时联动"：在平时，现有应急管理体制机制维持现状，负有防灾救险职责的各部门依法独立履行各自职责，在常态条件下建立相涉部门间的协调、合作及其基本制度与机制；在灾时，民防部门依法参与（或指挥，或协调）政府应急活动，与相关涉灾部门迅速形成领导统一、反应迅速、平灾灵活转接的"联动"响应机制。杭州"分工联动"民防模式体现在以下两方面：

第一，"平时分工"，即以"一办五中心"为基础，形成统一领导、有效指挥、运作协调的应急管理机制。一办，即市政府应急管理办公室。五中心，即市社会安全应急指挥中心（设在市公安局），集中处置全市公共安全类突发事件，临时承担市政府应急指挥中心的功能，作为全市应急指挥的总平台；市自然灾害应急指挥中心（设在市防汛防旱指挥部），集中处置全市自然灾害类突发事件；市公共卫生应急指挥中心（设在市卫

---

① 《杭州市政府机构改革昨天启动》，搜狐新闻网，（2011 – 05 – 27）[2012 – 09 – 23]，http://roll.sohu.com/20110527/n308662325.shtml。

② 余潇枫、廖丹子：《应急救援的民防体制研究——以杭州民防为例》，载赵永茂《公共行政、灾害防救与危机管理》，社会科学文献出版社 2011 年版，第 303—320 页。

生局),集中处置全市公共卫生安全类突发事件;市生产安全事故应急指挥中心(设在市安全生产监管局),集中处置全市安全生产类突发事件;市城市应急救援指挥中心(设在市民防局),集中受理并处置城市基础设施类和城市建设、城市管理方面的突发事件。① 杭州市"一办五中心"见图 6.3。

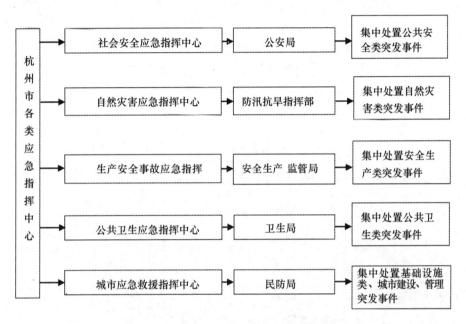

图 6.3　杭州市"一办五中心"设置示意图

　　其中,设在市民防局的城市应急救援指挥中心(下称"中心")是政府展开协调、指挥、调度的重要单位和技术支撑平台。1999 年中心成立并开通"96110"城市应急服务专线,主要承担城建、城管等方面突发公共事件的信息受理和重大事故灾害救援行动的指挥与协调,联动各有关部门和各专业抢险抢修力量;在第一时间及时传达社会民众在城市建设与城市管理方面的应急救助信息,在灾情和险情还未大规模蔓延前及时进行有效干预和处置。中心指挥系统采用国内先进的应急联动主流技术——CTI

---

① 《杭州市人民政府关于突发公共事件应急管理机制建设的若干意见》,(2006 - 02 - 08)[2012 - 09 - 02],http: // www. hzsafety. gov. cn/newsIndex/getNewsById. do? news. id = 603。

技术，建有 GIS 地理信息系统、GPS 卫星定位系统、信息查询系统、统计系统、预案管理系统、道路监控系统、防灾警报发放系统、业务受理信息系统等十大子系统，上联省人防办（民防局）指挥中心，横联民政、消防、公安、地震、林水、安监、卫生等分中心，下联各网络单位和区、县（市）人防办，其稳定强大的信息管理功能使其成为全市应急管理的中枢平台，成为市应急管理的备用指挥中心。十几年来，"96110"在处理城市供水供气、市政市容、园林绿化、城市规划、环境保护、行政执法等与人民群众生活密切相关的突发公共事件 7 万余件；每年高温期开放部分民防工程供市民避暑纳凉，成为服务百姓民生与城市管理的有效平台。中心的职责分工见图 6.4。

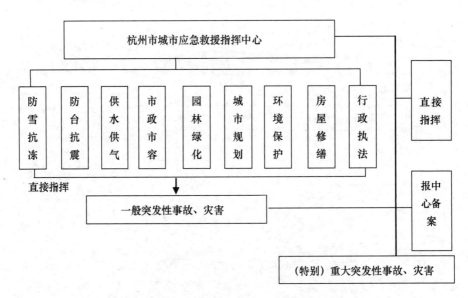

图 6.4　杭州市城市应急救援中心职责及运行路线图

同时，杭州市政府应急办、民政、城管、气象、地震、环保等相涉部门都担负相关应急救灾职能，常态条件下依法履行各自职责（见表 6.1）。

表 6.1 　　　　　　　　　　杭州市突发事件应急系统内各部门职责

部门	与民防相关的核心职责	共享资源项目
应急办	重大灾害事故的总体协调、指挥、调动	
民政局	防灾减灾及社区治理	
城管办	城市环境综合管理与整治	
气象局	气象工作的行政管理	
地震局	地震知识宣传与地震监测	
环保局	环境质量监测与维护	
公安局（社会安全应急指挥中心）	全市公共安全问题，临时承担市政府应急指挥中心的功能，作为全市应急指挥的总平台	全国性数据库系统 全国性的指挥网 全国性的信息传导系统 相似领域的专家库 相似领域的专业工作人员 相似领域的技术经验 相似领域的特制设备 相似领域的宣教平台
卫生局（公共卫生应急指挥中心）	全市公共卫生安全类突发事件	
防汛防旱指挥部（自然灾害应急指挥中心）	全市自然灾害类突发事件	
安全生产监管局（生产安全事故应急指挥中心）	全市安全生产类突发事件	
消防局	承担火灾的预防、处置与修复工作 建立综合性应急救援队伍	
民防局（城市应急救援指挥中心）	集中受理并处置城市基础设施类和城市建设、城市管理方面的突发事件	

"平时分工"建立在各部门合理分工、高效合作之基础上，在平时应急管理的信息管理、预案演练、宣传教育中保持信息共享、及时沟通、共

同协商与集体会晤，形成常态条件中制度化、程序化、可持续化的合作、共享与联动机制。如杭州市民防指挥体系由市政府办公厅、发改委、经委、建委、旅贸、宣文等多个部门共同组成；2003 年杭州市民防局与市委组织部、市委宣传部、市国教办、教育局、民政局六部门联合明确了各相关部门在民防知识宣教与培训方面的职责与任务，形成民防防灾教育工作的合力；杭州市萧山区民防局与所在区教育局通力合作，就年度民防宣教工作开展各校领导与任课教师座谈会，制定民防宣教与培训的"十有"：有教材、有资料、有时间、有教师、有教案、有活动、有经费、有考核、有评估、有文章。"平时分工"为灾时准备了部门联动的快速响应机制与信息传递机制，其本身成为"灾时联动"的重要组成部分。

第二，"灾时联动"，主要体现在四方面：一是部门联动，即市内横向部门联动。《浙江省实施〈中华人民共和国人民防空法〉办法》（1999年 9 月 9 日）第四条规定："县级以上人民政府的计划、规划、建设、土地、地税、公安、交通、电力、电信、教育等部门，应当按照各自的职责，做好相关的人民防空工作。"[①] 据此杭州市民防与市公安、消防、财政、建设、交通、民政、卫生、环保、电力、电信、气象等政府部门有效合作，在各自职责范围内负责相应的民防与应急救灾职责。如 2012 年 8月台风"海葵"来袭，市城市应急救援指挥中心（设"96110"专线，设在市民防局）与市应急办、市防汛抗旱指挥部等部门协同应对，第一时间受理与处置各类紧急情况。重大灾害性天气发生时，杭州市民防与应急办联合开展防空洞服务夏季纳凉。近年来，96110 与民政、公安、消防、交通、城建等部门在平时分工的基础上，通过情报共享、联席会议、联合演习等常态合作机制，联合处理了诸多大小规模不等的公共交通、安全生产、城市建设、生态环保等领域的安全事件。

二是上下贯通，即纵向部门联动。纵向体制上，杭州市民防局（人防办）上受浙江省民防局（人防办）的领导，同级受杭州市警备区和市委、市政府的军政双重领导，向下与区（县、市）、街道（乡、镇）、社区民防形成四级民防体系，实现了纵向到底（社区）的民防体制，为民防全面参与应急管理奠定了通畅的体制与制度基础。杭州市十分注重基层

---

① 《浙江省实施〈中华人民共和国人民防空法〉办法》，http：//www. law－lib. com/law/law＿ view. asp？id＝34707。

民防建设工作：2009 年杭州市 13 个区（县、市）移动指挥车全部配备到位，覆盖全市的指挥网基本建成；2003 年杭州市民防在 8 个城区 10 个社区开展了"民防进社区"试点，2012 年又在 10 个社区推行"社区民防标准化建设"试点，社区民防的组织机构、人才队伍、物资储备、预警预案等已逐步完善；当前包括杭州市在内的浙江省各市"人防办"全部增挂了"民防局"的牌子，审定 321 个人防重点镇和 1073 个城市社区成立民防组织并开展工作，基本建立了"纵向到底"的民防工作体系；各级民防组织还建成了依法行政、组织指挥、人才队伍、宣教培训、物资设施、预案演练、避灾疏散七大工作模块。① 杭州市已基本建成市、区（县、市）、街道（乡、镇）、社区上下衔接、关系顺畅、灵敏高效的四级民防组织体系，在一定程度上弥补了民防体制"基层缺腿"的不足，提高了基层民众防护能力。

三是区域联动，即市际横向联动。建立跨市应急联动机制是杭州民防"灾时联动"的一大特色。2007 年 9 月 19 日，超强台风"韦伯"正面袭击浙江省导致 600 多万人受灾，杭州、嘉兴、金华、丽水、宁波、台州、舟山等民防开展跨市联动，利用民防资源保护民众生命与财产安全，共同拉响一级防台警报，启用应急避灾所，完成了"不可能完成的任务"。② 2008 年，围绕"发展民防、服务民生"，杭州、宁波、义乌、金华、舟山、余姚、岱山等市县民防以"防空防灾一体化"与"民防服务民生"为主题，召开民情恳谈会，实地察看应急疏散场所，开展防灾知识宣传，了解民防工作实情，开发民防发展新思路。2010 年，为检验县级民防应急指挥车在各种恶劣环境下的各项技术性能，提高民防遂行跨区域应急通信保障任务的能力，杭州市民防局组织了跨区域应急救援通信保障演练，具有较高的实战意义③。

四是多方参与，即非政府主体参与民防联动响应机制。非政府组织、企事业单位、团体与个人的共同参与，形成多方参与、多方融合的民众防护格局，成为杭州民防另一重要特征。杭州民防为提高全民的自我防护与应急避险能力，积极推进民防知识教育"五进五面向"，形成全覆盖的宣

① 廖丹子：《城市社区安全新建构》，《城市发展研究》2012 年第 8 期，第 60—65 页。

② 余潇枫：《公共危机管理》，浙江人民出版社 2008 年版，第 177—181 页。

③ 杭州市民防局网站：http：//www.zjrf.gov.cn/fzjz/gdyw/2010/07/22/2010072200003.shtml。

传教育网络：进学校面向青少年、进党校面向领导干部、进社区面向居民、进企业面向法人、进网络面向网民。"五进五面向"促进形成了"全社会参与型"的灾害防护模式。同时，随着民防事业和政府机构改革的纵深发展，民防协会既熟悉民防工作又相对独立于民防行政体制的特殊身份，发挥了桥梁纽带、协调管理的作用，成为民防建设不可或缺的"第三方力量"。实践证明，杭州市民防协会主动融入民防建设，发挥了理论研究中心与宣教培训中心、行业管理平台与服务管理平台的"两个中心、两个平台"的重要作用。

杭州"平时分工、灾时联动"的民防体制为充分发挥民防资源优势为非传统安全治理服务提供了新的路径，实现了民防从"地下"走上"地面"，从"幕后"走到"前台"，从封闭走向开放，从"边缘"走上了"主战场"，① 是民防向防空防灾一体化转型的体制创新实践。同时，它适应了当今传统与非传统安全相互交织的现实，突出了应急反应到理性自觉、经验避灾到体制抗灾、部门独立散乱到集体系统合作的非传统安全治理发展过程，在一定程度上解决了防灾部门分立、实权部门缺失、协调部门虚设等体制困难，避免了现代大中城市综合型防灾体制建设的困境。

深杭两市分别根据自身市情而进行的民防体制探索，在相当程度上反映了当前我国民防转型的迫切需要与整体趋势，其建构方式体现了民防体系自身的重新定位与政府对非传统安全治理的战略性思考，体现了安全体制优化对于安全治理能力建设的重要性。两市民防体制模式折射出三个重要观察点及启示。

第一，理念与合法性是民防融入非传统安全治理的前提。

进入新时期，民防参与非传统安全治理是必然趋势，需重新审视其职能定位与运行方式，以契合非传统安全治理的现实需要。2016 年第七次全国人民防空会议提出人防（民防）"防空、服务和支援"的发展要求，为我国民防建设设定了整体方向。近年来，我国各地尤其沿海发达省市民防大力开展"防空防灾一体化"的实践，积极探索支援应急管理的体制机制建设。深圳与杭州民防体制的定位，共同突显了民防参与平时非战争灾害管理的要求，突破了过往民防战备防空的单一职能定位及其由此产生

---

① 李杭：《以创业创新精神推进浙江民防科学发展》，载浙江省民防局《浙江民防实践与思考》，2008 年。

的民防战时防空与政府平时应急的彼此分离的运行机制。在具体实施方式上，两市各有特色：深圳探索的是"大部制"模式，即民防与安监、安委、地震一并整合至应急办体系，在各自原有职能基本不变的前提下实现由应急办实施统一领导与协调；杭州探索的是"平时分工，灾时联动"模式，即民防与民政、公安、消防等在机构设置、职能与运行基本不变的前提下，通过强化平时常态化条件下的应急联动机制与制度来实现应急响应的实质性联动。实践证明，两市民防融入应急管理的探索都有其合理与有效性。

这给予的启示是：民防融入非传统安全治理有两项前提条件，即理念条件与合法性条件。一是理念条件，即在理念上民防"战时组织人民防空"的单一定位要转向"战时防空、平时防灾"与"防空防灾一体化"的综合性定位，全面融入城市"安全与发展"的整体建设之中。理念是行动的先导，"防空防灾一体化"的民防发展新理念是民防切实参与非传统安全治理的前提。从全国范围看，我国中东部地区较为发达省市（人防）民防已增挂（或改挂）"民防局"（或"民防办"）牌子，积极转变观念，在人民防空职能之基础上增加平时防灾职责，有些民防部门从议事协调部门转为政府职能部门，开展了民防融入应急管理的初步探索；然而多数中西部省市民防仍保留单一战备防空的理念，虽增挂民防局牌子，却在非传统安全治理实践中持有"无关""无奈"或"无为"的观念。整体看，我国民防"防空防灾一体化"的理念转型还有很长一段路要走。二是合法性条件。为民防参与非传统安全治理制定法律依据，是我国民防体制新建构的必然要求。深圳与杭州两市民防通过制定与实施"人民防空法"的形式对民防"战时防空""平时防灾"的职能与具体实施进行规定，为新时期两市"防空防灾一体化"建设提供了原则性、框架性的法律依据与规范。然而从民防活动所需的专项法律规定看，两市民防探索中还需进一步考虑地方性"民防条例"的制定与完善，这也成为全国范围内其他省市县与社区（街道）民防建设具备合法性基础的首要内容。

第二，联动是民防参与非传统安全治理的关键。

建立与完善制度化的联动响应机制是我国超越民防体制困境的关键。民防融入非传统安全治理的启动、过程、方式、范围等都需要运行较为稳定、操作性强的制度来保证。建立健全多主体、跨部门的应急联动机制已成为世界各国非传统安全治理的普遍共识。从学理角度看，发挥民防系统战备防空资源为平时非战争威胁应对服务，是民防参与非传统安全治理的基本内容，而如何为这种参与建立体制、机制与制度保障则是关键。从国内实践角度看，建立各部门、各区域、各主体的有效联动响应机制及相应的常态化制度，是汶川地震、7·23 动车事故、北京 7·21 暴雨等重大突发事件应急的深刻教训，如有观察者认为，从北京 7·21 暴雨的紧急应对看，深圳市应急办的联动模式具有更大潜能，在统一协调与指挥中具有"实体"能力。深圳与杭州两市民防参与非传统安全治理的显著共同方式，就是在法律规定下建立民防系统与政府应急系统在职能、资源、运行等方面的联动机制及相应制度。具体而言，在部门职能上，用"办法""条例"或市长"令"等形式规定民防担负应急救援与联合反恐之职责；在可用资源上，发挥民防的双重领导体制、专业队伍、应急物资、指挥通信、防空警报、应急避险平台等软硬件资源为应急救援服务；在运行机制与制度上，建立民防与相关同级单位的统一指挥、协同行动、联合演练、定期会谈、专家咨询、联席会议、信息共享与发布、志愿者招募与管理等机制与制度，且与邻近省市建立跨行政区域的区域联动机制。

第三，基层民防是民防体制改革的试验田。

行政体制是对经济、社会等领域牵涉面最广、触及程度最深、影响最为直接的权力架构与运行，其改革必将关涉重大利益调整，故其改革尤其是自上而下的改革从启动到维持的难度都极大。民防体制（即民防行政体制）是整个行政体系中具有独特产生背景与发展历程的较为特殊的一部分，其虽隶属国防动员系统而具有相对独立的运行"轨道"，但在融入非传统安全治理的方向下，其自上而下的改革与调整将遇到体制内外的阻力与障碍。相比之下，以基层（县、镇、街道）民防为切入点的探索不仅避免了现有体制的大规模调整，且其改革成效直接惠及百姓民生，更能赢得民众与社会的知晓与认同，以基层民防为着力点的自下而上的民防建设也因此成为我国多数省市民防的探索路径，深杭两市就属此类。

深杭两市十分注重社区（街道）民防建设，社区（街道）民防成为其民防建设的重要内容与切入点，其共有特征有三：一是注重社区（街道）相涉单位的参与，如鼓励社区物业主管单位、企业与工厂、事业单位、学校、各类组织等单位积极参与社区民防的宣教与演习活动；二是注重社区（街道）民防的基本组织与制度建设，如杭州建立"社区民防工作站"、深圳设立"社区工作站"，由站长负责社区民防事务，注重信息发布与管理、应急物资储备、应急避险场所管理、志愿者招募与管理、工作考核等基本制度建设；三是将社区（街道）民防纳入城市公共安全建设的整体框架之中，注重安全与发展的相互促进，如杭州将社区（街道）民防作为杭州市政府"平安杭州"建设工程的组成部分，深圳将社区（街道）民防视为践行深圳市"安全发展"理念的基层探索与实践。实践证明，深圳与杭州两市以社区（街道）重要内容的基层民防探索是卓有成效的。本研究认为，探索基层民防建设新路径是超越民防体制困境的重要突破口（具体内容见本书第五章）。

两市民防体制探索还存有诸多方面的不足，这也同时构成了我国进一步完善民防体制的重要反思点，这主要体现在"六注重，六忽视"：注重设想构思而忽视实际建设、注重口号宣传而忽视实际行动、注重形式调整而忽视实质调整、注重外部动力而忽视内部动力、注重自上而下而忽视自下而上、注重行政主导而忽视社会参与。这给予的启示是，我国民防体制新建构中，要十分注重改革的内生动力、参与主体、基层探索、理论与实际结合等重要方面。同时，深杭两市民防体制还缺乏重大实践检验，其作为一种先行探索的现实意义还值得进一步观察。

第三节　中国民防的建制特征

我国民防的建制特征主要体现在五方面：军政一体、条块结合、平战一体、军地协同、相对独立。

一　军政一体

与国外民防体制相比，军政双重领导是我国民防体制的重要特色，也被实践证明是军队参与应对非传统安全威胁的制度优势。《中华人民共和国人民防空法》（1997 年）第六条与第七条对此有具体规定。我国民防体制的军政一体性主要体现在：一方面，在中央，中国人民解放军总参谋部作战部设国家人民防空办公室（国家人防办）作为全国民防的最高领导与管理机构；各大军区、省军区分别设人民防空办公室，负责统一领导与管理各自管辖区域内的民防工作；省（自治区、直辖市）、市、县（市、区）的民防工作则主要由所属地方政府人民防空办公室领导与管理，地方大型厂矿、企事业单位等都设有人民防空办公室，统一管理本单位的民防工作。另一方面，思想原则上，地方各级人民防空办公室接受当地同级军事领导指挥机关的领导，在业务上接受其指导与监督，战时，各级人民防空工作由当地军政共同组建人民防空领导与指挥机构，实施军政统一领导。

二 条块结合

我国政府管理体制呈现明显的"条块"特征，"条"指从中央到地方相同职能部门自上而下形成垂直性领导与被领导关系，"块"指各级政府的各职能部门围绕党委这一核心而形成的块状组织结构。① 这在宏大的条条块块的基本框架下，民防体制也呈现典型的条块结合特征："条"是指我国民防体制实行自上而下纵向垂直领导与管理，各级军队与地方民防部门依法在上级职能部门领导下开展本级、本区域、本单位的民防活动，下级民防部门接受上级对口民防部门的领导与监督；"块"既指各级、各区域、各单位的具体民防活动相应地直接受本行政区域内的军政双重领导，还指我国现行单灾种管理方式逐步形成了单一部门负责单一灾种的"块"状管理模式。条块结合性构成了我国民防体制的重要特点，实践证明，它既为常规性重大非传统安全威胁的应对奠定了军地联动的制度基础，也在一些非常规性非传统安全威胁应对中存在关系协调的困难②。

需要强调的是，党的十八届三中全会对深化国防和军队改革作出了明确部署，要求深化军队体制编制调整改革和国防教育改革，健全国防动员机制，完善平时征用和战时动员法规制度等，这必然涉及民防系统的调整完善与改革创新，同时涉及我国纵向民防体制的再建构。我国人防的组织领导与国防体制总体一致，人防指挥体制必须与防空作战指挥体制相衔接。因此，随着军队联合作战指挥体制的建立和完善，要跟踪了解军队联

---

① Kenneth Lieberthal. *Governing China*：*From Revolution Through Reform*. 2nd edition, W. W. Norton & Company, 2003.

② 如在 2011 年 "7·23" 重大交通事故处理中，对于 "条" 的领导部门（铁道部）与 "块" 的责任单位（上海、温州铁路局）的各自职责与相互关系的处理是否得当，学界与实务界有诸多不同观点。

合作战指挥体制改革的总体设计、基本内容和工作进度,同步思考人防组织指挥体制的调整完善问题,使人防组织指挥更加适应联合防空作战的需要。①

三　平战一体

它包括两项基本内容。第一,战时防空与平时防灾一体化,即防空防灾一体化,即在领导、职能与运行机制上,实行战时组织人民防空和平时参与非传统安全治理一体化。一方面,当国家宣布处于进入战争或战备状态时,民防启动战时指挥体制与机制:县以上各级人民政府和同级军事机关组成人民防空指挥部,履行战时人民防空组织的指挥职能;省(自治区、直辖市)人民防空指挥部由省委(自治区、直辖市党委)、省人民政府、省军区(卫戍区、警备区)领导和省(自治区、直辖市)人民防空办公室及有关部门领导组成;市人民防空指挥部由市委、市人民政府、军分区、市人民防空办公室和有关部门领导组成;只有人民防空一种任务的城市要设防空作战处;城市所辖的区(县)、街道、大型厂矿企业、主要经济防护目标管理部门,应根据所担负的任务建立人民防空指挥部。另一方面,在平时常态化情景(非战争或非战备状态)下的各种人为与自然非传统安全事件的处置中,民防在做好应对空袭灾害的常规工作的基础上,积极利用其军政双重领导、指挥与信息、通信与警报、疏散平台、应急物资、救援队伍、应急预案等软硬件资源优势,全方位地参与非传统安全治理。因此,防空防灾一体化是民防同时担负战时防空、平时防灾双重职能,其实质是民防同一系统,两套职责。第二,平战结合,即战时防空和平时服务于经济与城市建设相结合。如人防工程建设紧密结合城市建设要求与经济发展目标,实行平战两用;又如依法将人防工程利用为停车场、商场、广场、地下交通等,可缓解城市交通拥挤、缓解就业压力、便利群众生活、保障社会稳定、促进经济发展。②

---

① 阙立奎:《树立总体国家安全观拓展和深化人防军事斗争准备》,《中国人民防空》2014年第 10 期,第 4 页。

② 国家人民防空办公室:《人民防空事业在深化改革中发展》,《中国人民防空》2002 年第 11 期,第 3—4 页。

四 军地协同

军队支援重大抢险救灾活动是当前多数国家的普遍做法。我国民防源起于战争背景，担负保存战争有生力量的重要职责，必然历史地与军队及其运作有着紧密联系，具体源自四方面：一是民防属于军政双重领导，重大紧急行动时具有与军队同台行动的制度基础；二是现役部队、预备役人员与不脱离生产的群众武装组织（民兵）构成了民防专业队伍，其遂行民防活动时既具有民事行为性质，还与军事行动相关或具有一定军事行动性质①；三是民防专业队伍遂行重大抢险救灾任务时，若任务需要，可依法向国家申请部队进行支援；四是军队参与重大抢险救灾是军队的一项法定职责，必然与包括民防在内的担负安全维护责任的（地方）政府部门在任务启动与执行中有着各种紧密联系。军队与（地方）政府协同开展抢险救灾具有法律基础，如《军队参加抢险救灾条例》（2005）对军队参加抢险救灾的具体任务、启动程序、实施过程、作用领域、行动手段、平时准备、担负职责、承担费用、奖励抚恤等作出了具体规定，且基于重大突发事件紧急处置的需要还提出了"越级报告""先期处置"与"第一时间发布信息"的重要原则。

五 相对独立

我国民防建设面临特殊情境（context），主要体现在两方面：在部门职能划定上，依据《中华人民共和国人民防空法》（1997），民防担负"战时组织人民防空"的法定职责，是国家防御系统的一部分，在"历史传统"上属于国防及传统安全维护的范围，与政府应急管理职能在作用领域、启动程序、责任主体、实施方式上有明确区分；在历史观念上，民防拓展其职能至平时防灾，还未形成相应的公众知晓度、认同度、适应度、配合度以及社会心理状况，"防空防灾一体化"的"社会共识"还未形成，其所实施的平灾结合活动在具体实施中遇到了与其他涉灾部门的

---

① 商则连主编：《民防学》，国防大学出版社 2006 年版，第 196 页。

"组织互动"(inter - organizational interaction)[①] 的困难。客观地评价,整体而言,我国民防平战结合体制的转型探索基本停留在其系统内部展开并与相涉机构保持相对对立性。民防体制相对独立的现实成为影响民防转型与民防体制重建的极为重要的消极影响因素。

① 关于军民互动(civil - military interaction)的研究发现,由于军民组织在结构、文化、行为等方面存有差异,两者趋于独立行为且遵循相异的决策机制,其组织整合并非总是有效。见 David Glenn. Disaster Sociologists Study What Went Wrong in the Response to the Hurricanes, but Will Policy - makers Listen?. *The Chronicle of Higher Education*, 2005. [2010 - 01 - 11]. http://chronicle. com/free/2005/09/2005092904n. htm; Milliman, J., Grosskopf, J., Paez, O. E.. An Exploratory Study of Local Emergency Managers' Views of Military Assistance/Defense Support to Civil Authorities (MACA/DSCA). *Journal of Homeland Security and Emergency Management*, 3 (1), 2006, Article 2; Derthick, M.. Where federalism didn't fail. *Public Administrative Review*. Supplement to Vol. 67. 2007 (December): 36 - 47; Yungnane Yang, The 9/21 Earthquake in Taiwan: A Local Government Disaster Rescue System, *Disasters*, 2010, 34 (1): 112 - 136。

第 七 章

中国民防(二):困境与转型

第一节　中国民防的改革困境

从非传统安全威胁应对及进一步完善非传统安全体制的角度看，中国民防当前存在诸多微观层面的体制难题，导致难以用更优化的方式配置非传统安全治理资源和实施非传统安全治理活动。孙立平教授在研究我国体制特征时提出"体制性拘谨"①。"体制性拘谨"也明显体现在民防体制这一特定情境之中。民防自产生伊始，就具有了"战备防空"与"保护战争有生力量"的职能定位与社会共识，该制度性思维在传统安全维护中发挥了关键作用，然而在新的安全现实中却成为阻碍民防体制变革的重大"体制性拘谨"因素，突出表现为：民防视其参与非传统安全治理为"无关""无奈"或"不可能"②，相涉部门对此又存有诸多质疑、不解或不合作。这严重阻碍了民防体制改革所需要的组织、机制的重新设计。当前中国民防体制的困境可概括为"高层缺位、中层缺合、军地缺联、基

---

① 即制度是有思维的，且与人的思维往往不一致，它遵循一种由历史文化、传统观念所形成的特定制度逻辑，在这种制度逻辑下，正常的社会矛盾与冲突的危险性往往被无限放大、正常言论或舆论会被提防或打压、不同意见或多元世界中的新鲜事物容易被视为敌对因素，导致在处理诸如新时期社会矛盾等问题时的滞后与无效，甚至导致国家和社会长远发展与长治久安所必需的制度建设难以有效推进，如政府重大会议即将召开，在"稳定压倒一切"这一制度性思维下，一切被认为是有悖于"稳定"与会议顺利召开的公私行为与活动都受到不同程度的限制（孙立平：《体制拘谨是一种过分的敏感》，《北京日报》2008 年 3 月 17 日，第 19 版）。

② 李扬：《民防基本理论》，解放军出版社 2010 年版，第 404 页。

层缺腿、国际缺通"。

一　高层缺位

"高层缺位",指中央高层缺乏具体针对民防转型的指导理念、法律基础与领导机构,即理念缺位、法律缺位、机构缺位。这导致民防参与非传统安全治理缺乏引领性理念、法律基础与责任部门。

(一)　理念缺位

理念缺位,即在履行好组织人民防空的职责之基础上,关于非传统安全治理是否应成为其职能、如何有效实现该职能,中央民防决策层还未形成系统的阐述与定位。这集中体现在以下三方面。

第一,民防决策层依然将民防置于单一的传统安全议程之内,对当前我国面临的非传统安全态势的极端紧迫性未能深刻把握,对非传统安全威胁还未形成主动关注、积极参与的意识与发展定位。我国民防源于战争空袭的时代背景,战时防空是其自产生以来的固有法定职责,在战争条件下有效组织群众疏散、躲避战争危害与减轻和消除战争后果,是民防的核心职责。同时随着现代战争形态、手段与样式的多样化、高科技化,民防战争防护任务的艰巨性日益显著,如何完成传统安全维护的法定任务占据了当前我国民防的战略核心地位。民防参与非传统安全治理被一些人士认为是动摇了民防传统职能的发挥,不利于国家安全的全面维护。关于我国民防推进"防空防灾一体化",目前主要有三种观点:一是"无关论",即"防灾"并非民防的职能,故"人防"转"防空防灾一体化"问题与民防无关,持"不想管、不愿管、不该管"的态度;二是"无为论",认为过往的人民防空本就难有作为,其职能拓展至非战争灾害应对更不可能有大作为,因而是一项错误定位;三是"无奈论",认为"两防一体化"涉及机构、编制、职能、经费、体制、机制、部门利益等全方位的重大调整,对此是否能顺利推进感到无可奈何、压力重重。[1] 客观地断定,非传统安全还未成为民防高层决策的重要考虑议题,更未全面进入其决策视野,这成为我国民防转型的首要障碍。

---

[1] 李扬:《民防基本理论》,解放军出版社 2010 年版,第 404 页。

第二，民防关于如何参与非传统安全治理，还未有清晰明确的定位与阐述。民防实施防空防灾一体化的战略部署，符合国际民防综合化、整合化的发展趋势，整体上顺应了我国非传统安全能力建设要求。然而，民防作为一项具有传统安全维护之历史传统的职能部门，对其参与非传统安全维护的职能边界、实施主体、启动程序、法律责任、推行条件、经费保障、与相关部门关系等重大问题，还未形成清晰明确的定位与规定。十分重要的是，民防在参与重大突发事件的应急处置中，与民政、应急、消防、地震、气象、卫生等"利益相关部门"的职能范围与相互关系（如领导、指挥、协调、议事）等还未作出十分明确的规定，部门间存有深层次部门壁垒。

第三，民防所提出的"平战结合"与"参与应急管理"的战略部署更多地只停留在原则性法律与会议报告中，还未成为民防转型实践的切实理念指导，更未体现在政府管理的绩效考核或民防体制重建之规划中，民防深层次平战结合还缺乏制度与实践基础。从中央高层看，民防"平战结合""防空防灾一体化"与"融入应急管理"的战略定位更多地只作为法律原则和领导讲话的形式分别在《中华人民共和国人民防空法》（1997）和全国人民防空会议上提出，还未出台相应具体的、实质性的推进方案、相关规定、实施原则或方针；从地方层面看，虽然一些沿海发达省、市、县民防在推动平战结合上实施了挂牌（增挂或改挂"民防局"或"民防办"）、职能拓展（增加平时防灾的宣传、指挥、演练等职能）、参与应急救援（参与相关自然灾害的应急处置）等活动，但还未形成与相涉部门的常态化的平时合作与灾时联动机制。另外，中西部民防推进防空防灾一体化的实践起步较晚、成效稍逊，全国范围的防空防灾一体化建设行动还远未形成。

（二）法律缺位

法律缺位，指民防转型过程中所需具有解释力与规范力的法律文本缺失，导致民防活动的展开缺乏必要的合法性、强制性与规范性。这主要体现在现有民防法律规范力不足、专门"民防法"缺失、专项法规不完善三方面。

第一，现有相关法无法有效规范、约束、解释或指导当前民防活动。一方面，《中华人民共和国宪法》（2004 年修正）是当前我国的根本大法,概略性地对战争状态、紧急事态与国防动员等民防活动进行了规定,但这只属于对重大民防活动的基本原则的整体规定。另一方面,现有规范民防活动的《中华人民共和国人民防空法》(1997)对人防相关内容作出了具体规定,然而它作为"人防法"却无法规范"防空防灾一体化"转型的具体内容,如总体目标、基本内容、指导原则、相关主体关系、实施方案等。

第二,还未有以民众防护为核心主旨的基本法,即"民防法"缺失。民防基本法是专为规范民防活动的综合性法律文件,由国家最高权力机关颁布实施,既是国家宪法中关于战争状态、紧急事态与国防动员等的具体规定,也是制定民防专门法规、地方性民防条例或单行条例的基本依据。① 我国经过安全维护的长期实践与探索,初步形成了"以宪法为根本法,以突发事件应对法为基本依托,以相关单行法、专门法、行政法规与规章、应急预案等为主要内容"的安全治理的法的体系②。然而目前我国还未有处理一般紧急状态的基本法(即"紧急状态法"),也未有规范民防活动的基本法——"民防法",虽然具备了相关法律③、军事法规④、行政法规⑤、单行条例⑥、地方性条例⑦对民防内容的相关规定,但由于其具体适用范围、领域、对象、条件、方式等都特殊规定,因而对民防专门法而言,这些相关规范都还缺乏应有的解释力、规范力与约束力。

第三,对一些重大、紧迫的民防问题尚未有明确的专项规定。这些问

---

① 刘军甫、郭炎:《防空防灾一体化建设研究》,海潮出版社2008年版,第294页。

② 余潇枫、廖丹子:《"现代民防":安全治理新建构》,《浙江大学学报》(人文社会科学版)2012年第1期,第101页。

③ 如《中华人民共和国国防法》(1997年)、《中华人民共和国防震减灾法》(1997年)、《中华人民共和国突发事件应对法》(2007年)等。

④ 如《军队参加抢险救灾条例》(2005年)、《军队处置突发事件总体应急预案》(2006年)等。

⑤ 如《破坏性地震应急条例》(1995年)、《突发公共卫生事件应急条例》(2003年)、《中华人民共和国防汛条例》(2005年)等。

⑥ 如《人防工程管理办法》、《人民防空指挥保障设施建设纲要》、《人防试点工作实施意见》等。

⑦ 如《上海市民防条例》(1999年),是截至本书完稿时我国唯一一部地方性民防条例。

题主要包括反恐怖主义[①]，海外华人安全保护，军队参与非传统安全威胁应对，军地联动时政府与军队各自在平时与战时的职责，民防与民政、公安、应急、消防、气象等相涉部门的关系，社区民防建设的法律依据与指导原则，等等。应该说，这些问题是我国民防转型中的重大问题，也是完善民防体制的重要着力点。

（三）机构缺位

机构缺位，即中央还未有专门机构领导与管理全国民防工作。一方面，国家人民防空办公室由总参作战部归口领导与管理，属于完全意义上的传统安全体制管理；在中央，我国还未建立统一领导民防的责任部门（如"民防部""民防局""民防委员会"等），而由于国家人防办囿于"战时组织人民防空"的固有职能而无法对全国防空防灾一体化的民防建设活动进行实质性的领导与管理。另一方面，根据 2006 年 4 月 10 日出台的《国务院办公厅关于设置国务院应急管理办公室（国务院总值班室）的通知》（国办函〔2006〕32 号），国务院应急管理办公室（又称国务院总值班室，设在国务院办公厅）承担"国务院应急管理的日常工作和国务院总值班工作，履行值守应急、信息汇总和综合协调职能，发挥运转枢纽作用"，"协助国务院领导处置特别重大突发公共事件，协调指导特别重大和重大突发公共事件的预防预警、应急演练、应急处置、调查评估、信息发布、应急保障和国际救援等工作"[②]，从担负职能的性质看，国务院应急管理办公室是领导、指挥与协调全国突发事件应急处置的机构，然而其在现实安全管理实践中存在部门协调难、资源指挥难、专业队伍调动难、协调与指挥脱节等诸多执行难问题，且其未明确规定与民防部门的关系，因而未能有效领导与管理全国范围内的非传统安全治理实践。

---

① 世界各国"反恐"立法主要有两种途径：一是对"反恐"专门立法，如美国、俄罗斯、印度、澳大利亚、中亚国家等；二是将"反恐"列入刑法的相关规定中，如中国、英国、南非、菲律宾及我国港澳台地区。我国一些法研究者认为，为"反恐"专门立法将更有利于反恐实践。

② 中华人民共和国中央人民政府网：《国务院办公厅关于设置国务院应急管理办公室（国务院总值班室）的通知》，http：//www.gov.cn/gongbao/content/2006/content_320626.htm。

二　中层缺合

"中层缺合"，指地方政府内各关涉民防职责的部门间及其与民防部门间缺乏纵横双向的有效合作。这包括部门缺合与区域缺合两方面，导致民防无法充分整合资源以参与非传统安全治理。浙江大学陈国权教授认为，我国政治体制的特征可用"一统体制"来概括，集中表现为"决策权高度集中而事权极为分散"的特征①，即各级政府遵循党委统一领导，而其具体的决策及执行权力却分散在各个对应部门，且部门之间缺乏有效协调与共享。而与此同时，我国应急管理体制存在"部门分立、条块分割"的难题。民防体制中层缺合与我国政府权力分散的现实有着紧密关系，甚至可以说，前者是后者在民防领域的直接体现。

（一）部门缺合

部门缺合，即横向涉灾部门间在非传统安全治理实践中缺乏实质性的合作框架与制度化的合作机制。这主要体现在以下三方面：一是应急办执行难问题突出，无法发挥领导或指挥中枢的作用。2006 年国务院应急办设立后，全国范围内的省市区级应急办也得以设立，一般承担"值守应急、信息汇总与综合协调"的职责，发挥运转中枢的作用。但现实中应急办往往被"架空"，无法指挥、调动、协调同级部门，在应急管理实践中无法发挥其应有功能。二是同级灾害应对部门之间联动、协调难度大，难以形成非传统安全治理的合力。从中央层面看，单灾种应急责任部门（如国务院抗震救灾指挥部、国家防汛抗旱指挥部、国家反恐工作协调小组、全国突发公共卫生事件应急指挥部、中央维稳工作领导小组等）实行各自归口管理，在应对单一灾种威胁时尚能"单打独斗"，但在当下非传统安全治理实践中难以形成合力；从部至县层面看，应急、民政、地震、消防、卫生、气象、公安等同属政府核心涉灾部门，依法担负本部门的应急处置职能，设立相关灾害应急指挥部和部际联席会议制度，然而同级部门之间不存在指挥和领导关系，议事协调机构无法协调其他同级部门

---

① 喻匀：《一统体制、权力制约与政府创新：访浙江大学中国地方政府创新研究中心主任陈国权教授》，《新视野》2011 年第 5 期，第 44—46 页。

而导致"联而不动",阻碍了非传统安全治理合力的形成。三是民防融入非传统安全治理还未具备制度基础,还未有具体明确的法律规定,其基本原则、总体目标、相关职责、实施手段、法律责任、与相关部门关系等未有明确规定。

(二)区域缺合

区域缺合,即区域间缺乏跨区域应急联动的实践和制度基础。前文已述,我国已有较多区域应急联动机制的实践探索。然而有研究者认为,现有关于区域应急联动机制的实践"还仅仅是非制度化、缺少法律约束的倡导型、承诺型、磋商型行为,尚未形成统一、协调、灵敏的跨区域应急协调联动机制,跨区域政府间合作机制、指挥协调、联动制度、技术支持、资源整合不足"①。由于地方保护主义传统、自然地理条件及人文历史文化等综合因素,应急响应的区域合作实践还显得不够成熟,制度化的响应机制还未形成,相应的制度保障也还未具备。

部门缺合和区域缺合的体制困境与我国行政管理体制"条块分割"的现实有直接关系。如有研究者认为,我国政府管理体制具有垂直上的领导——隶属关系与横向上的独立——分割关系,这带来的行政级别高低、权力大小、区域分离又造成了对政府机构及其工作人员的"体制压力"②,且具有明显的部门性(同级的不同部门所受体制压力具有较大的独立性与差异性)与地域性(同一行政级别的不同区域所受体制压力具有较大的独立性与差异性)③。部门缺合和区域缺合的现实与非传统安全治理实践所需的快速反应、资源整合、协调统一的联动要求背道而驰,成为非传统安全有效治理的重大障碍。

三 军地缺联

"军地缺联",指军队系统在发挥自身软硬件资源参与地方政府非传

---

① 刘雅静:《跨区域应急协调联动机制构建研究》,《厦门特区党校学报》2010年第4期,第56—59页。

② 罗国亮:《灾害应对与中国政府治理方式变革研究》,中国社会科学出版社2012年版,第24—27页。

③ 同上书,第190页。

统安全治理实践时缺乏军地联动的制度条件与实践基础。从 21 世纪以来我国军地联合开展非传统安全治理的实践看，一方面，军队在参与 2008 年汶川地震与冰雪灾害、2010 年舟曲泥石流、2011 利比亚撤侨与 7·23 重大动车事故等紧急行动中，其响应快、能力强、组织性好等能力得到国内外理论、政策与主流媒体一致好评；同时，我国民防军政双重领导的体制特殊性为军队参与非传统安全治理奠定了较好的制度基础，且《中华人民共和国突发事件应对法》（2007 年第八条）、《军队参加抢险救灾条例》（2005）等对相关内容作出了较为具体的规定。另一方面，军地联动在灾情互通、必要保障、联合救灾能力等方面存有不足①，尤其在响应中的制度化、程序化、规范化、可持续化方面还显得能力不足，而对此不足，国外观察与讨论比国内要更加开放与深刻。

第一，军地应急法在启动程序与内在一致性上存有差异，导致非传统安全治理实践中的军队法与政府法存在对接或衔接上的困难。这主要是由于关于军队参与抢险救灾的军队法对"在军队具体参与救灾的启动程序、联合指挥、参与灾后重建、训练组织、紧急处置权限、征用、军事交通等问题上还不明确"②。

第二，军地联合组织与指挥还存在统一、协调上的困难。由于军地各自指挥系统在目的、动员手段、联合方式、复杂难度等方面存有较大差异，导致两者应急指挥机构在响应重大非传统安全威胁时，联合指挥系统只能临时组建，导致组织运行低效、难以相互协调，如汶川地震初期，前线指挥部对军地救援力量协调不力，直至震后第 5 天才理顺军队、武警、消防、地方"四位一体"的联合救援秩序③。这在其他国家运用军队参与非传统安全治理实践中也存在，如 2012 年 11 月美国遭受飓风"桑迪"威胁，平时接受战备技能训练的海岸警卫队却在运用非战争行动能力时遇到了困难④。

---

① 卓力格图：《我国应对突发事件的军地协调联动机制建设》，《中国应急管理》2009 年第 10 期，第 25—28 页。

② 余潇枫、廖丹子：《"现代民防"：安全治理新建构》，《浙江大学学报》（人文社会科学版）2012 年第 1 期，第 101 页。

③ 宋劲松：《突发事件应急指挥》，中国经济出版社 2011 年版，第 147—148、93 页。

④ 严岳：《超级飓风成美国"新国家公敌"》，《国际先驱导报》，（2012 - 11 - 08）[2012 - 11 - 03]，http://ihl. cankaoxiaoxi. com/2012/1108/116880. shtml。

第三，国防动员与政府应急动员在相互衔接上存有困难。有内部人士认为，当前我国国防动员体系与政府应急动员体系"自成体系""各自分离""组织领导互不隶属""指挥关系互不明确""应急资源不能共享"①；虽然两者在整体目标、运行机制、指挥主体、动员对象、目的要求等方面大体一致，但具体运行依旧"两条线""各自为政""难以协调"，造成指挥冲突与效率低下②。

第四，军队参与非传统安全治理的能力准备不足。如针对军队参与汶川抗震救援，国内有研究者认为，"军队成建制跨区域远距离的战略投送能力以及克服复杂地形和恶劣气象条件的快速机动能力还比较薄弱，相关的投送手段、武器装备还不够先进"③；国外观察者也指出，由于装备陈旧、缺乏训练等原因，中国人民解放军空投能力不足、可供使用的大型运输机和重型直升机缺乏④。导致军队参与非传统安全治理能力不足的原因是多方面的，主要包括担负职责的"两条线"（前者应战，后者应灾）、组织文化差异、运作方式差异（组织性、纪律性、服从性等方面的差异）⑤ 等等。军队相对能力不足导致军地在应急救援的协同中遭受行动组织难、组织指挥协调难、资源调动难、情报递送难等诸多难题。

---

① 王小京：《着眼应对非传统安全威胁推进国防动员机制与政府应急机制衔接》，《国防》2009 年第 6 期，第 31—33 页。

② 钟磊、白建升：《国防动员体制与政府应急管理体制的融合点》，《国防》2010 年第 6 期，第 28—29 页；车瑞金：《国防动员体制与政府应急体制融合建设的思考》，《国防》2010 年第 6 期，第 34—35 页。

③ 易巧平、颜慧：《汶川抗震救灾对我军遂行非战争军事行动能力建设的启示》，《国防》2008 年第 7 期，第 6—8 页。

④ Nirav Patel. Chinese Disaster Relief Operations: Identifying Critical Capability Gaps. Joint Forces Quarter, 1st January 2009: 111 – 117.

⑤ 关于军队与政府因结构、决策、文化、行为等方面的差异而导致合作低效的研究，见 Milliman, J., Grosskopf, J., Paez, O. E.. An Exploratory Study of Local Emergency Managers' Views of Military Assistance/Defense Support to Civil Authorities (MACA/DSCA). *Journal of Homeland Security and Emergency Management*, 2006, 3 (1): Article 2; Derthick, M.. Where federalism didn't fail. *Public Administrative Review*. Supplement to Vol. 67, 2007 (December): 36 – 47; Yungnane Yang, The 9/21 earthquake in Taiwan: a local government disaster rescue system, *Disasters*, 2010, 34 (1): 112 – 136。

四 基层缺腿

"基层缺腿",即乡(镇)、街道、社区层面民防活动未有相应的法律基础、专职民防机构或工作队伍,导致民防参与非传统安全治理的基层力量薄弱。从我国纵向民防体制看,还未有相关法律对基层民防活动作出具体规定。我国基层民防缺腿主要表现在以下四方面。

第一,基层民防工作的法律依据缺失。尽管地方各级"人防办"大都增挂或改挂"民防局"或"民防办"牌子,增添了"平时防灾"职能,但法律意义上的"民防"与"社区民防"概念尚属空缺,而其他相关规定一般适用于社区防灾减灾、和谐社区等社区建设工作,尚无对应的专门法律法规对"社区民防"的内涵与职责作出明确说明;而若以人防部门关于人防工作的文件为据,其权威性、恰当性与合理性又不足。[1]

第二,部门间缺乏有效整合。在社区层面,民防与民政、公安、应急、消防、综治等部门未能明确相互的职责界分与竞合关系。社区层面的安全工作存在诸多部门与主体间的博弈,却缺乏有效整合。我国条块结合的行政体制生态决定,所有行政部门几乎都从上至下延伸至社区,社区内各单位虽具有横向互动的基础,但实则隶属不同纵向系统,现实中难有实质性横向合作。

第三,政府涉入与社区自治难以平衡。在我国,社区虽是法律意义上的自治单位,却在现实中承担一定的行政管理职能,政府常介入社区事务。"在中国特有的迅速城市化的过程中,社区的自然发展和演化过程都被强力的国家干预和地方发展能动性所干扰,形成外力推动下的新社区超速整合和旧社区的衰退与失落。"[2] 在社区民防建设中,政府的强行、刚性、硬性干涉会剥夺社区自治性,从而导致社区民防活动过度行政化与官僚化;政府涉入不足又导致社区民防缺乏必要的权威与规范,政府介入与社区自治之间还未找到平衡点。[3]

---

[1] 廖丹子:《城市社区安全新建构》,《城市发展研究》2012 年第 8 期,第 60—65 页。

[2] 蓝志勇、李东泉:《社区发展是社区管理创新与和谐城市建设的重要基础》,《中国行政管理》2011 年第 10 期,第 71—74 页。

[3] 廖丹子:《城市社区安全新建构》,《城市发展研究》2012 年第 8 期,第 60—65 页。

第四，缺乏专职民防机构和民防工作人员，社区民防工作一般由城管、城建等部门人员或志愿者兼任。

五　国际缺通

"国际缺通"，指我国民防在接轨国际民防中，国内外缺乏相互融通的制度，我国民防参与意识不足，导致我国难以全方位地保护海外华人的生命与财产安全。中国自 1992 年加入国际民防组织就开始逐步参与国际领域的民防活动，改革开放以来更在大范围内逐步接轨国际民防，在海外华人权益保护、国际维和与地区维稳、区域化安全合作、跨国紧急灾害救助、官方发展援助（ODA）等方面形成了诸多较为成熟的制度与机制，维护了国家利益，提升了国家形象。[①] 但总体看这些活动显得被动、实质性成效不大，融入国际民防的进程还存有障碍，主要原因有三。

第一，我国民防被众多其他国家视为国家重型部队实行组织群众防空的组织而未被接受或认同，这种"误判"在很大程度上成为我国民防融入国际民防的阻碍因素，如 1998 年我国沿海某省民防考察团对西欧某国民防进行考察时，对方听说是中国民防考察团就临时更改参观计划，只让参观其地下医院、仓库及一些民用掩蔽工程，而对其民防指挥、通信工程等关键设施与技术持十分保持与谨慎态度[②]。

第二，在中央，我国民防缺乏高层领导机构，而领导我国民防的军方机构（总参）又在开展国际民防合作实践中存在各种阻碍，而由民政部代表我国民防参加国际民防活动。我国民防机构与职能的脱节导致难以有效参与国际民防活动。

第三，我国民防参与国际救援的实践不足，对国际民防实践未形成系统、成熟、主动的认识，也还未形成相应的围绕我国国家利益而商讨制定的融入机制与制度。我国在外交实践中，随着我国综合实力的提升，对全球游戏规则的"接受者"与"跟随者"角色开始更多地转向"制定者"

---

① 余潇枫、廖丹子：《"现代民防"：安全治理新建构》，《浙江大学学报》（人文社会科学版）2012 年第 1 期，第 105—106 页。

② 刘军甫、郭炎：《防空防灾一体化建设研究》，海潮出版社 2008 年版，第 54 页；这个事实也在笔者所在研究团队 2012 年 4 月 12 日对我国总参作战部相关人员进行访谈时再次得到确证。

与"引领者"角色。① 然而,整体而言,我国在外交关系中的被动与跟随特征(bandwagon)依然十分明显。

综观我国民防体制困境的各个方面,本书认为,在"体制性拘谨"的辖制下,中国民防体制困境的产生、异变与刚性存在的根本原因是体制官僚性,即民防的官僚性体制无法有效应对外部愈加复杂多变的非传统安全威胁的挑战。行政管理学认为,官僚制体制的典型特征是程序化、制度化、标准化,其在处理简单、单一、同质的公共问题时尚具作用空间,但在应对瞬间突发、极易扩散、复杂多变的问题时显得能力不足,且其自我改革与调适的动力不足。我国民防是产生于冷兵器战争年代的典型官僚制组织,在组织群众防空以减少战争伤害、通过平战结合服务经济建设上,在一定范围内发挥着不可替代的作用,然而在当前动态复杂、交织综合的非传统安全治理问题上显得改革动力不足、与其他相涉部门的合作机制不完善。源于体制官僚性的"体制性拘谨",导致了民防系统内协调性(民防系统内各部门间的协调运作)与系统外适应性(民防与相涉部门间的整体融合与彼此适应)的困难;高层、中层、军地、基层与国际五个方面的困境,都集中体现了这些重要特征。这一观察视角的重要启示是:突破民防体制困境至少需要在三个层面上有新手法,分别是物理意义上的行政边界的突破、主体间关系的利益竞争的突破和价值认同差异的突破。

第二节　中国民防的现代转型

一　时代观转型:"安全与发展"

时代观,简言之,就是大众对某一历史时段的整体特征所持有的普遍社会共识。孙立平在探讨如何走出"体制性拘谨"时提出,要形成一种

---

① Scott Kennedy, Shuaihua Cheng. *From Rule Takers to Rule Makers*: *The Growing Role of Chinese in Global Governance*, co-published by Research Center for Chinese Politics & Business, Indiana University International Centre for Trade & Sustainable Development, 2012.

舒展而自由的体制和社会氛围。① 本书认为，具有且遵循一种怎样的时代观在很大程度上决定了这种舒展且自由的体制和社会氛围能否得以享有。综观当下国内外社会现实，发展是提高人类福祉的必然手段，安全是珍贵的公共产品，以"安全与发展"为新的时代观，是继"战争与和平""和平与发展"的时代观之后更能切实引领社会文明进步的新理念，构成了超越民防体制困境在理念上的首要突破，也是"跨场域"安全治理实施的宏观理念指导。

（一）安全与发展的关系

首先，在终极目标上，两者具有内在一致性。一方面，安全的终极目标可从安全内涵的不同界定中归纳。按照一般理解，"安全"就是为以下行为的努力：避免受到攻击、侵犯与伤害；消除因不确定、不稳定而导致的心理恐惧；努力防止使用、扩散武器等。② 在安全研究中，不同研究者有不同理解。传统安全研究者将安全直接与"军事安全""战略安全"等默认等同，后有研究者开始将主观"安全感"、③ 主体间"安全化"增加到"安全"的义涵中，安全就具有了客观"安全性"、主观"安全感"与主体间"安全化"④ 三个维度，安全被理解为主观上没有恐惧，客观上没有威胁，主体间没有不认同。从安全的内涵看，安全追求的终极目标，是确保人之为人所必需的生命、财产与生存环境的确保。另一方面，"发展"原属生物学概念，本义指生物个体从小到大、从简单到复杂、从不成熟到成熟的自然成长过程。发展研究肇始于经济学，后运用于社会学、

---

① 孙立平：《走出体制性拘谨》，《学习月刊》2008 年第 4 期，上半月，第 17—18 页。

② 如《大韦氏三版》的解释是："安全"是包括了 4 个要素的状态：免于危险、免于忧虑、免于恐惧或焦虑、免于不确定性与困惑。*Webster's Third New International Dictionary of the English Language*, Unabridged, Massachusetts：G. & C. Merriam Company，1976：2053 - 2054；《韦伯词典》（第九版）对"安全"条的解释是，"一方面指安全的状态，即免于危险，没有恐惧；另一方面是维护安全的行动，指安全措施与安全机构。"*Webster's Ninth New Collegiate Dictionary.* Memam Weber Inc., Springfield：Massachusetts. U. S. A, 1984：1062.

③ 王逸舟：《论综合安全》，《世界经济与政治》1998 年第 4 期，第 5—14 页。

④ "主体间性"作为人本质的本体论存在方式与主客体性两者是既矛盾又统一的关系，"主体间性"意味着每一个自我都与对方形成一种相互性的存在，相互存在造成了我的此在与其他人的此在的同等的客观化，因而"主体间性"是人的"同在关系"、"同代关系"、"历史关系"未来关系在当下境遇中的现实展开。参见余潇枫、潘一禾、王江丽《非传统安全概论》，浙江人民出版社 2006 年版，第 347 页。

人类学、政治学等研究。综合各种发展研究，发展被认为是一个从负向到正向（发展学）、旧质到新质（发展哲学）、低级向高级（发展社会学）、不发达到发达（发展经济学）的过程。发展学一般认为，发展的终极目标是人自身及其生存条件的进步。因此，安全与发展都以"人"之为"人"的各项基本条件（生命、生存与发展）的保障为最终关怀目标，具有终极目标的内在一致性。

其次，在实现过程中，两者存在张力和不一致。一方面，发展过程中会显现或催发新的不安全因素和不安全问题。发展的过程导致安全问题主要源于发展方式不当，如推动工业化、城市化过程中的不良方式对生态环境造成了巨大破坏，引发了生态安全问题；信息化推进过程中又凸显了信息安全问题；发展过程中新技术的不当使用也会带来新的安全问题，如2011年日本地震引发的核泄漏事件，重要原因之一就是对核材料使用不当及核电装置管理不善，同年发生于中国的7·23动车事故，操作性技术的不当使用成其引发事故的原因之一。另一方面，安全维护过程中也存在与发展短期目标相背离的矛盾。安全目标、安全指标的执行为发展的进程、方式、速度等锻造了"紧箍咒"，从发展的一定时期内的成果目标看，安全与发展的追求相违背。从历史性的角度看，多数工业化国家一般都经历了"发展优先于安全""牺牲安全成就发展"的发展模式，如粗放型发展模式下，多数国家的工业化初期阶段都历经了以破坏自然生态而推动工业化进程的模式；从共时性的角度看，多数国家尤其是发展中国家与不发达国家仍持"经济发展优先""经济发展第一"的发展模式，经济量纲被置于远高于安全量纲的位置。

再次，两者相互促进、互为前提、互融共生。从一个较长时段和较宽的体制生态看，安全与发展两者互为条件、相互促进。一方面，发展是实现安全的前提与条件。更加优越的发展条件、发展模式与发展环境，既能避免某些特定安全问题的产生及减轻危害性，又能营造更加开放的安全理念、更人性化的安全体制环境与更具恩泽意义的安全政策，安全维护能力更易于得到提升，国家、社会与人的"安全指数"会相应提高。如更加以人为本的经济发展方式，将更加有利于人的安全维护；统一、协调的政府体制设计将有利于提高非传统安全威胁的紧急响应能力；民主、开放的安全文化将在紧急事件应对中更能形成社会力量广泛参与的安全共识。另一方面，安全既是发展的前提，也构成了发展的重要内容与目标之一。阿玛蒂亚森在《超越危机：亚洲发展战略》中指出：安全与发展并非并列关系，而是安全重于并内在于发展，且构成了发展的核心部分。[①] 一是安全是发展的前提，发展的质和量必须在一个具有合理与有效的安全体制环境得到确保。二是安全是发展的重要内容与目标之一。从广义的发展观看，一切利于安全维护的安全观念、体制、机制与制度的进步，都应是发展的题中应有之义，安全构成了发展的基本内容；同时，以牺牲生命、财产、环境为代价的发展是"不安全"的发展，建立在安全之基础上的经济、政治、社会、文化等发展将更具实质性意义，"确保安全的发展才是真正的发展"[②]，"安全成为发展的核心"[③]。从这个角度看，"安全"构成了"发展"的基本内容与目标之一。

（二）提出"安全与发展"的时代观具有历史必然性与现实合理性

从人类对安全的迫切需求及时代观的核心内容看，以"战争与和平"与"和平与发展"为主题的时代观已无法全面、客观地反映当前全球范围内的社会现实，以"安全与发展"为核心内容的时代观更能切实反映当前及未来长时段的社会主题与公共诉求，应成为国际社会的新的时代观。

"战争与和平"与"和平与发展"在各自特定的时代背景下先后被视为时代主题，"战争""和平"与"发展"在极大程度上折射了相应的时代特征与社会集中关注的议题。人类从 15 世纪新航路开辟至 20 世纪 90 年代冷战结束，国家间为争夺有形或无形的财富而频繁发生武装冲突，"战争"是多数地区与国家求生存、谋发展的主要手段，战争手段也因科技的日新月异而逐步呈现信息化、非接触化、高空对抗等特征，人类对"和平"的渴求也愈加强烈，"战争与和平"的时代观深刻地反映了人类这段波澜壮阔的历史。冷战结束后，国际形势整体从传统转向非传统，和平的力量大于战争的力量，政治、经济、社会、文化等各个领域的"发

---

① Amartya Kumar Sen. *Beyond the Crisis：Development Strategies in Asia.* Institute of Southeast Asian, 1999.

② 刘静：《安全是发展的核心部分——访浙江大学非传统安全与和平发展研究中心主任余潇枫》，《观察与思考》2008 年第 16 期，第 35—36 页。

③ 李佳：《"人的安全"视阈中的非传统安全能力建设》，浙江大学博士学位论文，2010 年，第 72—73 页。

展"与"建设"成为多数国家与地区的活动主题。具体到中国，相比于外部激烈争夺、彼此征战的状态，明清两朝安居一方、励精图治，历经"康乾盛世"的繁荣，到了晚清却实行相对保守与闭关的国策，国力日减、国威日衰；19 世纪初至中华人民共和国成立的逾百年间，中国进入所谓"百年国耻"时期，国内朝中无人、治理无方、卖国求荣、强忍殖民之辱，外部强敌压境、国难当头，康（有为）、梁（启超）、曾（国藩）、李（鸿章）、孙（中山）、毛（泽东）等一批有识之士相继开始了一场场寻求民族独立与拯救中华民族的兴亡图存运动；新中国成立至 20 世纪 70 年代，随着美苏两极对抗的愈演愈烈，我国着力施行"早打、大打、打核战"的战略准备，"随时准备打仗"成为引导国家经济与政治建设的总方向，忙于应付内外"战争"与对"和平"的追求成为中国与国际同步的相似时代主题。20 世纪 70 年代中后期，基于对世界局势"总体上趋于和平"的判断，我国紧密围绕经济建设这一中心实施改革与开放政策，以"国富民强"为目标的"发展"成为主导国家与社会的主线。在一定意义上看，"战争""和平"与"发展"成为过往近 5 个世纪人类社会生存状态的三个主要关键词，从"战争"到"和平"再到"发展"的时代观转变有着特定的时代背景与时代意义，深刻反映了人类文明与人类社会的进步。

　　然而从当前全球范围内的"在危机中"的现状观察，和平并不代表安全，和平状态下的国家、社会与人（单个人、集体人与全人类）仍处于各种威胁中，"不安全"成为常态，"安全"成为世界社会、区域、国家、社区与家庭的首要诉求。"安全"应被提升为时代观的内容之一，提出"安全与发展"为主题的时代观具有历史必然性与现实合理性。战争直接意味着生命、财产与生存环境的不安全，和平并不代表安全，发展的过程带来了诸多新的不安全因素，"安全"成为"避免战争"、"和平"和"发展"的更高追求。（1）从"战争"的角度看。一般来说，战争是国家（联盟）、政治集团（联盟）、民族（部落）甚至特殊群体之间矛盾的最高、最极端、最血腥的斗争形式，直接导致生命、财产与环境的不安全。（2）从"和平"的角度看。和平，加尔通将之分为消极和平（nega-tive peace）和积极和平（positive peace），前者一般被理解为"没有战争"（no war）或"暴力的不存在"（absence of violence），后者就是"创

造一种终止暴力行为的条件，建构一个可以持续性和平的环境"①。加尔
通认为，仅限于没有暴力的消极和平是远远不够的，因为暴力不仅包括直
接暴力（如战争给人的身心带来的直接伤害、破坏和痛苦等），还包括结
构暴力（structural violence，如压制性体制、经济不发达、社会不平等给
人的身心带来的直接或间接伤害）。② 因此和平尤其是消极和平并不必然
确保安全，而积极和平也并不直接代表安全。（3）从"发展"的角度看。
实现社会发展与人的全面发展是国家建设的总体目标，"发展"成为时代
一以贯之的主题。然而，各种安全问题也因发展程度或凸显，或遮蔽③，
如信息技术、金融产品不断发展的同时也愈加暴露与凸显了信息安全、金
融安全的严峻性，而重大自然与（或）人为灾害等紧急突发事件的爆发
却遮蔽了过往对文化与历史问题的应有重视。因此，"安全"成为当下人
类的更高级诉求，"安全与发展"应成为新的时代观。

"安全与发展"成为中国当前的时代观更具有了特殊的历史合理性与
现实正当性，对中国非传统安全治理体制建构具有深远意义。从历史性与
正当性看，改革开放伊始，一切围绕经济建设这一中心，经济发展（及
其相应 GDP 标准）被置于优先于安全的地位；改革开放中期，安全的重
要性逐步受到更多重视，安全与发展被视为社会进步这一问题的两面；改
革开放 30 多年后的当前，安全之于发展的前提与基础作用愈加凸显，安
全在更多领域逐渐被置为优先于发展的位置。④ "倘若不安全，宁愿不发
展"，安全被列为民生的核心内容之一，或成为"最大的民生"⑤。从非传
统安全治理体制的建构看，提出"安全与发展"的时代观，就是将"安
全"提升于与"发展"同等甚至更加优先的重要位置，以安全的要求来
重新看待发展的模式、方式、状态与评价体系，以此反观非传统安全治理

---

① Johan Galtung. Twenty – Five Years of Peace Research: Ten Challenges and Some Respon-
ses. *Journal of Peace Research*, 1985, 22 (2): 145.

② John Galtung. Violence, Peace and Peace Research. *Journal of Peace Research*, 1969: 168 –
175.

③ 甘均先：《国际安全研究的演化：贡献与缺失》，《国际政治研究》2012 年第 1 期，第
45—48 页。

④ 余潇枫：《"平安中国"：价值转换与体系建构》，《中共浙江省委党校学报》2012 年第 4
期，第 12—17 页。

⑤ 《山西副省长李小鹏：狠抓安全就是最大民生》，新浪网：（2012 – 11 – 14）［2012 –
11 – 20］.

体制的设计、运行与改革，最终提高民防体系的安全维护能力与非传统安全治理能力。与"安全与发展"时代观转型的同时，我国现代民防的进一步完善应在发展理念和现实改革中推进"战备民防""灾备民防"和"生活民防"的"大民防体系"。

二 法律跟进:"民防法"

在"不安全"的时代背景下，安全治理是政府公共职能的重要内容，安全治理活动的合法化成为法治国家建设的必然要求。在"现代国家"的语境下，保护民众免于自然与人为灾害的活动应该在法律框架下进行。[①] "政府主导的、由各种社会力量全方位参与的群防群治应急机制，究其根本而言是一个如何通过宪法、行政法来理性配置行政权与公民权的问题，进言之，一方面要通过立法授予行政机关以必要的防治突发事件的紧急行政权，另一方面又要依据法律来严格规范紧急行政权，以确保其在法定的范围内、以法定的方式良性运作。"[②] 安全实践的法制化是安全治理的重要条件，为民防立法是民防转型的基础内容，是我国法治政府建设过程中为实施"跨场域"安全治理提供法律基础的基本要件:首先，为民防专门立法是我国民防由传统行政管理向现代依法管理转变的必然要求;其次，我国"民防法"缺失的现实提出了为民防专门立法的紧迫性;再次，为民防建设与民防行动专项立法是包括美国与欧盟在内的多数西方国家与地区民防的普遍做法，世界上已有100多个国家为其民防活动立法，形成了较为完善的民防法规体系。[③]

基于我国民防法律困境和国内外民防法律的比较分析，本书认为我国"民防法"的制定与实施有三项要点。

---

① Abbott, E. B.. Law, Emergencies, and the Constitution: A Review of Outside the Law: Emergency and Executive Power. *Journal of Homeland Security and Emergency Management*, 2010, 7 (1), Article 17; Abbott, E. B., Hetzel, O. J., (Eds.). *A Legal Guide to Homeland Security and Emergency Management for State and Local Governments.* American Bar Association, 2006.

② 应松年:《突发公共事件应急处理法律制度研究》，国家行政学院出版社2006年版，第105页。

③ 王文臣、齐仁林:《外国民防研究》，南京陆军指挥学院印刷厂2010年版，第96—98页。

第一，"民防法"的定位。它是人的安全维护的"宪法"。以人的安全保护为基本定位是国外"民防法"的首要共有特征。我国"民防法"是紧急状态下维护人的生命、财产与生存环境安全的"基本法"或"根本大法"，其核心意旨是以人的安全保障为优先目标，基于民防的不同情景（战争灾害、平时灾害与生活灾害）对人的安全维护活动给予具体原则、程序、手段与标准等的规定。"民防法"以人的安全为价值目标，既是公共危机应对法对人的权利的首要原则①，也是突发事件应对法和具体灾害应对法（如地震法、消防法等）的"上位法"，为这些法提供价值目标上的指导。

第二，"民防法"的内容。它是对紧急状态下的民防活动进行完整、清晰、具体可执行的规定。首先，明确规定民防活动的基本内容，如启动程序、适用范围、指挥机构、社会动员、预案管理、物资保障、宣传教育、法律责任、灾后重建、监督制约等。其次，要保持与现有相关法的内在一致性。冷战结束以降，多数发达国家开始重新审视与调整其民防法规的职责定位，整体上呈现民防法与应急法相融合、抢险救灾措施明晰细化、战时工程平战结合等特征。② 因此，"民防法"既要与常态危机应对法（如戒严法、突发事件应对法、地震法、防洪法）、战争应对法（如国防法、兵役法、国防动员法、人防法）和军队参与应急救援的相关规律或规定（如军队处置突发事件总体预案、军队参与抢险救灾条例）保持内在规定性的衔接与一致（在法律法规上规定军队参与抗震救灾和应急救援是我国民防与安全治理活动在法律领域中的重要内容③），又要对不同威胁情景下的人的安全维护活动进行必要的区分，如在军队参与安全治理的实践中；既要具体区分对抗性（如反恐、制乱制暴、戒严维稳、国际维和）与非对抗性（如抗震救灾、军事援助、军舰巡航、联合军演）行动中民防行动的不同要求，又要保持军队应急法与政府应急法在运用中

---

① 闫玉新：《面对公共危机政府何去何从》，中国政法大学出版社 2012 年版，第 79—80 页。

② 王文臣、齐仁林：《外国民防研究》，南京陆军指挥学院印刷厂 2010 年版，第 110—115 页。

③ Danzi Liao. A Review of the Key Legal dynamics of Chinese Military Involvement in Domestic Disaster Relief（MI/DDR）. *Journal of Homeland Security and Emergency Management*，2012，9（1）.

的适用性问题与相互协调。① 同样重要的是,战时紧急状态构成了民防法的适用方面之一,故"人民防空法"的内容与精神可纳入其内容之中。再次,与国际相关法的衔接。随着我国参与国际民防活动的不断拓展与深化,我国将在更大范围内"创造性介入"国际安全领域、在更大程度上承担国际安全的维护责任,更多地参与联合国维和行动、区域性灾害救助、跨国人道主义救援、联合军演、实施非战争性安全维护活动等行动。因此,"民防法"还要综合考虑我国法域外的安全治理现实,对涉外或域外民防行动作出具体规定,既自觉遵守国际相关法律规定,又能以负责任大国的身份最大限度地保障域外中国国民与世界他国民众安全,并积极推动国际民防法律的深化与完善。

第三,需要特别说明的是,在国家层面出台与实施"民防法"尚有困难的状况下,应考虑"紧急状态法"的制定和地方性民防条例的逐步推进。在维持现有应急法律之整体框架不变的前提下,本书提出三种方案:一是先行制定"紧急状态法",并据其相关规定对民防行动作出相应具体规定。二是中央制定"民防管理条例",对民防活动作出相关规范。三是鼓励地方政府根据其民防发展实际适时出台地方性民防规定,如省(市、县)政府民防条例,或以省(市、县)长"令"的形式出台相关民防规定。

三　机构创设:"国家紧急事务委员会"

基于一个较长历史周期看,民防综合人民防空、民事防护与应急救援是必然趋势,在国家顶层设计综合性的领导与管理兼具、协调与责任兼负的统一机构是必然之举。首先,这是前文对国内外民防体制进行纵横比较后得出的直接重要启示。如美国早期应急管理机构也是分散独立、各自为政,20世纪60—70年代涉及灾害应对的部门多达100多个,冷战结束尤其是9·11事件后,美国成立国土安全部和联邦应急管理署,以高层统一的部门负责安全治理的趋势极为明显。其次,这是多数国家安全部门调整的整体趋势与必然要求。有研究者综合比较世界主要发达国家安全机构的

---

① 余潇枫、廖丹子:《"现代民防":安全治理新建构》,《浙江大学学报》(人文社会科学版)2012年第1期,第98—107页。

演变过程后认为，各国安全管理部门大都经历了从权责模糊、部门间交叉重叠，到职责相对清晰、部门分工合作的整体趋势，集中统一、功能整合、反应灵活的特征与要求进一步明显。① 新中国成立以来，重大非传统安全威胁应对体制改革的历史极为明显地反映出，指挥机构更多朝向高层或顶层这一层面进行设计，而顶层设计也朝向愈加综合、统一的趋势发展。② 再次，这顺应了包括我国在内的世界多数国家"大部制"改革的必然要求。依据不同管理对象而设置不同管理部门是政府产生之初机构设置的基本原则，加上政府管理对效率的追求，"部门"式管理逐步得到加强；随着公共事务的逐步复杂、多样、交叠，公共管理机构数量不断增多且日益呈现职能与部门整合的明显趋势，"大部制"管理日益凸显其管理统一、部门精干、运行高效、相对稳定的优势，成为政府体制设计的国际流行趋势③。本书提出建立"国家紧急事务委员会"（以下简称"委员会"），作为我国非传统安全治理的综合协调与实际责任的顶层常设机构。

在国家层面的领导机构上，我国要建立"协调＋责任"模式的常设机构。国家高层安全机构有三种设置模式：一是总协调人负责国家紧急事务的总体协调，二是通过内阁或部际委员会联动其下属各部门，三是设立法定的紧急事务总署统合一切紧急行动。④ 这给予的直接启示是：国家高层紧急事务管理机构要从分门隶属转向相对独立、从各自分散转向集中统一、从单一归口转向大部综合、从单一全盘协调转向纵横协调与实务、从一国独立转向跨国合作。

我国非传统安全机构的顶层设计应顺应六项基本要求：（1）适应交织、综合安全的治理需要，法律上与实质上应具备"协调＋责任"的综合能力，整体指挥协调能力与具体实务调动能力，两者缺一不可，改变我国现有的单灾种、条块分割的现状；（2）适合我国党政军法检的机构设置及运行要求，在坚持中国共产党对军队的领导下，具备灵活调动军队特

---

① 朱建新：《各国国家安全机构比较研究》，时事出版社 2009 年版。

② 贾玥：《中国"举国机制"获国际认可国家应急管理体系不断完善》，人民网（2011 - 05 - 06）［2012 - 11 - 05］。

③ 沈荣华：《国外大部制梳理与借鉴》，《中国行政管理》2012 年第 8 期，第 88—92 页；石亚军、于江：《大部制改革：期待、沉思与展望》，《中国行政管理》2012 年第 7 期，第 52—55 页。

④ 朱建新：《各国国家安全机构比较研究》，时事出版社 2009 年版，第 305 页。

种救援队伍和"半军事化"民防专业队伍的机制;(3)适合大部制改革的整体方向,在安全机构改革中要避免政出多门、机构重叠、职责交叉,最大限度地避免现有机构与人事的重大变动;(4)适合国际军控与裁军要求,努力提高非传统安全治理机构的准军事能力的同时,坚持军力与国家安全维护相匹配的国际要求;(5)适合与国际民防合作的需要,在机构名称与职能定位上,应顺应国际民防活动的一般要求;(6)改革成本最小,且操作性、实务性强。委员会的核心要求包括以下六点。

第一,职能整体定位。委员会是"协调 + 责任"部门,既负责重大非传统安全治理的议事协调、组织指挥,又执行实际响应的行动。委员会不是行政捏合的"超级机构",而是在不消除现有组织边界的前提下跨越组织边界,超越组织在功能、利益与认同上的差异,实现联合响应行动。

第二,领导与管理。实行国务院和中央军委双重领导,按照相关法律与规定,平时在党和政府的领导下,在军队与政府各自决策部门及政府内各部门间,要建立信息互通、资源共享、队伍共建的制度化、常态化的合作机制;在非传统安全威胁发生时,在国务院和中央军委的双重领导下发挥议事协调、组织指挥、决策咨询与实际响应的功能,必要时政府依法向军委提出军队支援的要求,军队力量在委员会的统一指挥与调动下开展紧急救援的任务;在央地关系上,坚持"统一指挥、属地为主"的原则。要用民防法或相关法明确规定政府与军队各自在"平时"与"灾时"的具体职责与行动机制,这是我国 2008 年汶川地震、2010 年玉树地震紧急救援的重大经验①。

第三,部门组成与内部设置。在部门组成上,由于委员会"协调 + 责任"的职能定位,其组成部门必须具备部门间协调能力与第一时间实际责任能力。据此委员会的构成部门可包括:政府各涉灾部门(如国防部、公安部、应急办、民政部、交通部、财政部等国务院相关部门)、一定数量与结构的军队系统力量(海陆空及相关特种部队、武警、消防、公安、民兵、预备役等)和第三方专业机构(如心理干预与危机处置专家队伍、志愿者队伍),内设统一的决策部、指挥部和专家组,各组成单位间要建立常态条件下的合作、交流与联训演制度。在内部设置上,与"协调 + 责任"的职能相对应,可分为协调部门与责任部门,前者设立综

---

① 宋劲松:《突发事件应急指挥》,中国经济出版社 2011 年版,第 68—79 页。

合管理部门负责纵横双向的人—财—物—信息的汇总、报送和传递；后者包括决策部门、执行部门、咨询部门，担负第一时间的重大决策、行动与咨询，尤为重要的是，鉴于各种威胁愈加综合、复杂，决策部门逐步朝向"群决策"模式方向发展，即参与决策的群体规模庞大与决策问题复杂多维，因此委员会要建立有效的"群决策"机制[①]。综上，委员会要形成高层决策集中高效、军地联动快速有序、第三方机构介入恰当合理，社会参与广泛有序、与国际力量合作有效的组织设计与运行模式。

第四，地方机构设置。地方建立"责任＋协调"式的非传统安全治理模式已有诸多理论与实践，如纽约市以应急办牵头建立减灾规划委员会，应急办既是牵头部门也是协调机构[②]、北京市探索建立社会群体性突发事件应对的体制[③]、我国辽河进行了"跨部门＋跨地域"管理的探讨与实践[④]。各级地方政府可根据自身机构设置与公共安全的实际需要，建立相应的紧急事务委员会及机构设置。

第五，专业队伍。建立特种救援队伍、"半军事化"救援队伍和专家队伍。一是特种救援队伍，作为战争灾害与重大平时灾害应对的骨干力量。[⑤] 根据我国现有军队人员机构、编制与军地合作的实际，可以在解放军现役队伍和武警部队中训练一支高度专业化、快速反应、有侧重、有针对性的特种反应队伍，负责应对特别重大、重大非传统安全威胁。组建特种救援队伍原因或条件有三：（1）交织性安全威胁正逐步挑战更广领域的安全，安全治理实践对武装力量参与民事防护活动的要求正在上升。（2）顺应国际军控要求。随着全球范围内裁军与军控呼声的高涨，多数国家逐步将原有作战军事力量转于服务民事活动，采用武装力量行使非战争军事行动，如实施重大灾害救援和国际维和等。（3）武装力量平时接受应战训练，在非战争性威胁的应对上具有相应的专业能力。建立特种救

---

① 徐选华：《面向特大自然灾害复杂大群体决策模型及应用》，科学出版社 2012 年版。

② 钟开斌：《纽约市自然灾害风险评估的主要做法与经验》，《中国行政管理》2012 年第 10 期，第 87—90 页。

③ 王郅强、彭宗超、黄文义：《社会群体性突发事件的应急管理机制研究——以北京市为例》，《中国行政管理》2012 年第 7 期，第 70—74 页。

④ 薛刚凌、邓勇：《流域管理大部制改革探索》，《中国行政管理》2012 年第 3 期，第 7—12 页。

⑤ 关于专业队伍建设，见余潇枫、廖丹子《"现代民防"：安全治理新建构》，《浙江大学学报》（人文社会科学版）2012 年第 1 期，第 98—107 页。

援队伍以应急与救灾、维稳与治安是发达国家的普遍做法,如美国"三角洲"特种部队与"海豹突击队",俄罗斯"阿尔法"特种部队,英国第22特别空勤团,法国国家宪兵干预队,德国"边防军第9旅"等。① 特种救援队伍要突出以下能力:(1)提高生化核武器、国际反恐、医疗防疫、边疆维稳、航空航海、交通运输、通信信息等领域的核心专业能力;(2)由于其担负的任务极其复杂、艰险,因此需要具备极快的反应速度、超强的综合应对能力和既统一又灵活的行动策略;(3)需要配备与应战、应急、应灾等任务要求一致的行动装备和工具;(4)核心问题是要处理好军队应对传统安全威胁与非传统安全威胁的关系,"(军队)核心军事能力是为打赢战争而形成的能力,指向明确,不可替代"②,特种救援队伍以应对战争威胁为主要任务,担负战争状态下的国家安全维护任务,在发生特别重大、重大的非战争威胁时,担负应急救援中的高难度、高风险任务。特种救援队伍规模小、装备精、能力高、反应快,是一支经过专业化训练的特殊的战备力量和应急救灾力量,是充实民防体制能力的重要人才保障。二是"半军事化"民防队伍,由武警、公安、消防、通信、卫生、交通、航空、民政等部门的应急队伍组成,是地方政府统一领导下的应对较大与一般非传统安全威胁的常规力量,是平时灾备民防与生活民防在队伍建设上的重要内容,作为特种救援队伍应对特别重大、重大非传统安全威胁的重要合作力量,因此同样也构成了战备民防必不可少的专业救援力量。军队特种救援队伍与半军事化民防队伍的联合反应,有赖于两者在平时的合作与互动。这需要在各自专业训练的基础上通过强化联合演训等形式提高非传统安全威胁的应对能力。三是要组建军民联合的专家队伍。由战争响应专家、应急救灾专业人才组成,分任务、有针对性地为非传统安全治理的有效预警、救援与重建任务提供专业、全面指导。由于重大非传统安全威胁和战争威胁在急难性与复杂性、生命救援与维护、快速响应等方面要求具有相似性,军事战备专业人员在预警预测、组织动员、指挥联动、物资投送等方面技能优势可为非传统安全威胁应对所用。"非战争军事行动虽然能远离战争而独立达成政治目的,但非战争军事行动中

---

① 李陆平:《军队与非传统安全》,时事出版社2009年版,第94页。
② 同上书,第343页。

往往充斥着战争行动元素"，"有些元素甚至具备信息化战争的典型特征"①，因此军民联合的专家队伍具有重要战略与战术意义。建议有条件的地方政府与（军事）高校、科研单位开展研究性合作，成立应急管理学院、研究院、研究协会等，以专家权威开展现场救援指导、以专业知识提供应急管理咨询、以专业技术支撑抢险应急、以理论研究引领人才培养。

第六，常态建设。委员会要加强常态条件下的基本制度建设，如联席会议、协调会议、联合演训、共同协商、联络员制度等，有效实现委员会各组成单位间的制度化合作、常态化共享与高效化联动，实现安全管理到治理、被动应急转主动预防。我国 2008 年南方冰雪灾害与 2009 年 7·5 事件处置中，应急响应初期表现不力的重要原因，就是应急响应重心过于偏向"事中处置"而淡化了"事前预备"②；2004 年西班牙马德里 3·11 恐怖爆炸事件的处置也启示反恐部门要十分注重"防范和处置并举，重在防范"的原则③。

需要特别说明的是，在"国家紧急事务委员会"的设置与运行中，为更加有效地和国际民防接轨与合作，在名称使用上应与当前多数国家的非传统安全机构相似，如"紧急管理委员会"（如美国"紧急管理署"、俄罗斯"紧急情况部"）、"民防与应急管理委员会"（如新西兰"民防和紧急事务管理部"、法国"民防与公共安全局"）。同时，国家紧急事务委员会应是国家安全委员会在"紧急事务"处理中的特别制度，因此，应主动与我国国家安全委员会相互衔接，在总体国家安全观下配合国安委的整体运作。

四　机制完善："多维联动"

从我国民防体制困境与非传统安全的能力要求看，安全治理机制除应具备响应一般性非传统安全威胁的能力外，还更应具备：（1）平战结合

---

① 楼海强：《非战争行动的战争元素》，《解放军报》2008 年 6 月 10 日，第 6 版。

② 江川：《突发事件应急管理案例与启示》，人民出版社 2010 年版，第 42—46、166—171 页。

③ 北京市突发公共事件应急委员会办公室与中国人民大学公共管理学院联合课题组：《突发事件典型案例汇编》，中国人民大学出版社 2009 年版，第 231 页。

与平战转换能力,既能在第一时间调动军事化与(或)半军事化队伍,又能处理好军事力量与民事力量在安全治理实践中的关系;(2)具备开放、动态、发展性的自我管理能力,即能有效地因应外部安全威胁的动态变化而自我灵活地进行组织重组与再造;(3)以人的安全维护为终极目标与价值导向,相比于政治安全与军事安全,人的安全维护更具优先性。

"多维联动",即实体与虚拟行为体在共有安全场域中实现不同层面、不同领域、不同单元、不同行为体之间的联合响应行动。其独特性在于:首先是系统性行为,即"牵一发而动全身",单方行为体的行动策略与方式会成为整体联动方案的重要影响因素;其次是全方位目标,即将引发非传统安全威胁的军事性与非军事性因素、国家与非国家行为体、高政治与低政治威胁的整体作为应对对象;再次是网络化治理,即综合发挥地缘、利益与认同等变量在联动行动中的作用。"多维联动"针对我国民防体制存在的"中层缺合"与"军地缺联"而提出,主要包括军地联动、区域联动和政社联动三方面。

(一)军地联动

军地缺联是我国民防体制困境的重要方面,建立健全非传统安全治理中的军地联动响应机制是超越民防体制困境的关键举措之一。军地联动的核心任务,就是在增强军队"非战争军事能力"的基础上,完善军地常态情境下的合作机制建设,提高非传统安全威胁应对中的军地合作能力。

《中国国防白皮书2006》就提出了军队要完成"多样化军事任务",并将非战争军事行动列为军队执行多样化军事任务的第二个类别。[1] 2009年12月1日起实施的《中国人民解放军新一代司令部条例"子本"》着眼于军队应对多种安全威胁,充实了司令部组织与指挥突发事件行动的内容。2012年中共十八大报告关于国防与军队现代化建设上,再次明确提出要"完成多样化军事任务能力"。2013年我国发布国防白皮书,再次强调中国武装力量的多样化运用;2015年,我国发布《中国的军事战略》,指出中国军队的战略任务,既包括传统安全意义上的海陆空主权和安全,维护国家政治安全和社会稳定,还包括非传统安全意义上的各种突发事

---

① China's National Defense White Paper in 2006, (2006 - 12 - 29) [2012 - 07 - 20]. http: //www. fas. org/nuke/guide/china/doctrine/wp2006. html.

件、抢险救灾、维护权益、安保警戒和支援国家经济社会建设等任务。① 美国国家智库詹姆斯顿基金会（Jamestown Foundation）于 2010 年 1 月 21 日出版的《中国简报》（*China Brief*）发表题为"解放军多样化军事任务：战斗行动优先的同时，发展非战争军事行动能力"。② 中国军队非战争军事行动主要包括：反恐行动、参与联合国维和行动、非战斗性疏散撤离行动、突发性灾害救援行动、国际人道主义救援行动和反海盗行动等。③ 我国一些研究者也开始关注军队与非传统安全维护的关系。④

军地联动是要通过优化军地组织结构及其互动方式而提高公共安全供给能力，实现军队非战争军事行动成为军事力量运用的重要方面，并与政府平时安全能力建设紧密结合，实现军地安全维护的全方位一体化。由于国家安全环境、国家建制、安全战略、社会力量等方面的差异，军队参与非传统安全治理的路径、领域、评价标准等在中国与其他国家具有不同程度的差异。⑤ 根据我国军地缺联的体制困境及国内外经验，我国加强军地联动建设主要从以下四方面着手。

第一，军队应急法与地方政府应急法的内在协调与一致。为发挥军队的非战争军事行动能力，军队系统已颁布《军队参加抢险救灾条例》（2005）、《军队处置突发事件总体应急预案》（2006）等军事法；政府系统已有《中华人民共和国突发事件应对法》（2007）等诸多法规。然而，一方面，军队应急法在对军队非战争军事行动的启动与实施的具体规定上还存有不足，军队参与非传统安全治理的法律框架还需进一步完善⑥；另

---

① 2015 年中国国防白皮书《中国的军事战略》，中国日报网，2016 – 09 – 18，http：// www. chinadaily. com. cn/interface/toutiao/1138561/2015 – 5 – 26/cd_ 20821000. html。

② The PLA's Multiple Military Tasks：Prioritizing Combat Operations and Developing MOOTW Capabilities，China Brief. （2010 – 01 – 21）［2012 – 11 – 21］．

③ The Chinese Armed Forces and Non – Traditional Missions：A Growing Tool of State-craft. *China Brief*，9，4（2009）；Office of the Secretary of Defense of the USA. *Military and Security Developments Involving the People's Republic of China*. Annual report to Congress，2010：19.

④ 李陆平：《军队与非传统安全》，时事出版社 2009 年版；李承：《应对传统安全与非传统安全威胁的统一——新时期军队历史使命的延伸》，《军事历史研究》2007 年第 4 期，第 22 页。

⑤ 余远来：《中美军队参与非传统安全政策之比较研究》，国防科学技术大学硕士学位论文，2005 年，第 18—51 页。

⑥ Danzi，Liao. A Review of the Key Legal dynamics of Chinese Military Involvement in Domestic Disaster Relief（MI/DDR）. *Journal of Homeland Security and Emergency Nanagement*，2010，9（1）．

一方面，军地两个应急法律序列的适用领域与范围、启动程序、实施主体等方面具有较大差异，在军地联动的实践中要处理好两个法律序列的内在协调与一致。

第二，军地常态化合作机制。主要包括：（1）指挥机构合作。当前世界多数国家都在军队中设有非传统安全治理的指挥机构，统一负责军队参与非战争威胁应对。军地应急响应机构之间要进一步完善常态化的合作制度，如会晤制度、联席制度、联络员制度。（2）建立军队与政府各安全部门（如应急、公安、消防、人防、气象、地震、民政等）的灵活联动关系。从包括中国在内的世界各国进行重大非传统安全治理的实践看，政府所有涉灾部门几乎都将卷入（involve）其中，如 2008 年中国举国应对汶川地震，近 60 个中央政府部门通过派遣力量、物资救助、卫生防疫、心理干预等形式参与其中①。因此军队与政府各部门间建立顺畅的互动关系极为必要。（3）探索建立军地联合队伍，并注重常态条件下的合作制度建设，如联合模拟演练、技能培训、交流学习等。（4）情报共享，包括空情与灾情。依托政府公共安全信息网、办公网与机关局域网等，建立军地在灾害信息搜集、情报管理、灾情预警预报等多方面的互通有无、优势互补与资源共享。（5）应急物资共享。在应对重大非传统安全威胁时，战备应急物资可在法律许可范围内为非战争威胁应对所利用。

第三，政府应急动员与军队战争动员相衔接。《中华人民共和国国防动员法》（2010）提出"国防动员实施预案与突发事件应急处置预案应当在指挥、力量使用、信息和保障等方面相互衔接"。从突发性、紧急性、破坏性、威胁性等要素看，现代战争与重大非传统安全威胁具有相当程度的相似性，因此可建立战备防空的战争动员与非战争威胁应对的应急动员机制的相互衔接，可联合共建指挥机构、情报中心、专业队伍、运行机制等内容。

第四，提高军队专业队伍的非战争军事行动能力。军地有效联动的重要条件之一，就是军队要具备一支专业的非战争威胁响应队伍。2012 年11 月美国遭受"桑迪"飓风，4.5 万名海岸警卫队员和空军人员参与紧急救灾但却采取躲避措施而导致救援不力，这提出了要对军队地位与全球

---

① 　高建国：《应对巨灾的举国体制》，气象出版社 2010 年版，第 52—92 页。

部署格局、编制与使用方式、专业设备与训练等进行重新设计。① 可通过民间为主、军队为主、军民结合、军民融合等方式建立军事化特种救援队伍与半军事化民防队伍②，或增编情报分析、侦察预警、伪装设障、心理攻防、电子防护等防空防灾一体化的专业队伍③。

(二) 区域联动

伴随国际化、城市化、信息化进程进一步加快，非传统安全威胁的综合性、复杂性、跨区域性特征也愈加凸显，区域应急联动能力成为非传统安全治理的主要能力。非传统安全治理区域联动，指在非传统安全治理实践中，国内外多个区域的非传统安全管理机构突破行政划分、利益竞争和认同差异的限制，形成信息共享、有效沟通、资源整合与协同行动的联合响应模式。非传统安全治理的区域联动内蕴四个基本要素：两个或两个以上非传统安全管理机构联合行动；以双方或多方协定、共有合作制度为运行基础；以区域优势共享、资源优势互补、安全利益共赢为目标；所形成的区域联动体系具有独立发展、自主更新的运作能力。区域联动包括以下三项关键内容。

第一，紧密结合经济区域一体化程度不断加深的现实背景，充分发挥经济一体化为非传统安全治理区域联动所提供的经济基础与制度条件的作用。滕五晓等就提出我国应依托现有区域合作资源，构建"沟通—协调—支援"的"多层次，网络状"区域应急联动模式和信息互通、资源共享、相互救援的运行机制。④ 安全场域与经济场域紧密关联、相互影响、互为条件：经济场域中的制度、政策与技术因素，会成为影响安全场域的重要变量，如经济合作中的商谈制度可为安全合作提供制度基础，而经济贸易中的地方保护主义与行政壁垒，却构成区域间安全合作的障碍。近年来，我国在国内和国际两个层面的经济区域化趋势愈加明显、程度日

---

① 严岳：《超级飓风成美国"新国家公敌"》，《国际先驱导报》，(2012 – 11 – 08) [2012 – 11 – 03]，http://ihl.cankaoxiaoxi.com/2012/1108/116880.shtml。

② 余潇枫、廖丹子：《"现代民防"：安全治理新建构》，《浙江大学学报》(人文社会科学版) 2012 年第 1 期，第 98—107 页。

③ 刘军甫、郭炎主编：《防空防灾一体化建设研究》，海潮出版社 2008 年版，第 91 页。

④ 滕五晓、王清、夏剑霙：《危机应对的区域应急联动模式研究》，《社会科学》2010 年第 7 期，第 63—68 页。

益提高,相关制度也进一步完善,这为非传统安全治理的区域合作提供了良好的经济条件与制度基础。从国内层面看,地方经济区域化趋势逐步加强,如从 2004 年伊始,长三角地区城市间逐步拓展建立了沪苏浙经济合作与发展座谈会磋商机制,三省市政府每年定期集中磋商与确定事关区域发展的重大战略问题和具体重点事项,还建立了沟通协调机制、联席会议制度和联络制度,如环保部门建立了污染联防信息沟通和通报机制,为推进交通、能源等领域合作还探索"政府为主导、市场为基础、企业为主体、社会多参与"的区域合作模式。从国际层面看,我国与世界各国和地区的经贸合作力度不断强化、领域不断宽化、程度不断深化,相关制度(如法律、规范、规定、规则等)也日趋完善。经济场域中的合作制度、机制与政策,将成为安全场域中实施区域联动的重要积极因素。

第二,注重常态条件下区域联动的制度建设及其自主完善。国内外安全管理实践已反复证明,常态条件下的制度准备成为紧急事响应态的决定因素。随着我国经济区域化程度逐步提高和应急管理综合化趋势加强,区域应急合作的实践也不断扩大和深化,如长三角地区的沪苏浙警务合作机制和消防灭火、抢险救援体系的探索[①];珠江三角洲地区的粤澳区域联动应急机制、九市联动区域应急机制以及泛珠三角区域九省联动的区域应急机制。我国各大城市还正在兴建和完善城市应急联动系统(City Emergency Response System,CERS),其是保障城市公共安全的综合救援体系及集成技术平台,即城市通过采用统一的报告紧急事件和紧急救助的号码,整合城市各种应急救援力量及市政服务资源,实现多警种、多部门、多层次、跨地域的统一接警、统一指挥、联合行动、及时有序、高效开展紧急救援行动。[②] 从区域联动能力建设看,常态情景下要注重五项制度准备:一是联动法律准备;二是联动信息共享制度;三是联动队伍响应制度;四是联合演练制度;五是会晤、培训、商谈、研讨等日常工作制度。

第三,探索建立以非传统安全治理能力为主要任务、以人的安全维护为核心目标的"跨层次、多主体、网络化"的区域联动格局。我国学界关于区域联动应急已有较多探讨,如在(泛)长三角区域上,唐勇提出

---

① 滕五晓、王清、夏剑霙:《危机应对的区域应急联动模式研究》,《社会科学》2010 年第 7 期,第 63—68 页。

② 张佰成、谭伟贤:《城市应急联动系统建设与应用》,科学出版社 2005 年版,第 9 页。

"网络层级合作模式"的构想①；随着长三角的扩容和泛长三角由"虚"向"实"的跨越，程必定提出长三角合作机制要向包括安徽在内的泛长三角地区扩展②；在（大）珠三角区域上，陈瑞莲等建构了泛珠三角区域间政府合作与创新模式③；杨亚南等就大珠三角区域管理协调机制提出了对策与建议④。已有关于区域联动应急的探讨，一般都只在同级行政级别的物理意义上讨论，还不足以解释交织、复合性非传统安全治理现实。本书提出要建立区域应急联动机制，核心在于突破行政区划及其行政级别限制，突破条块管辖的限制，建立以非传统安全治理能力为核心目标、以人的安全维护为价值导向的安全治理理念，形成形式多样、开放互通、运行灵活的"多层次，宽领域、网络状"的区域联动体系。这通过两个层面实现：核心目标层面，通过安全治理权的让渡与转移而形成基于非传统安全治理的区域安全治理单元，如形成区域安全治理委员会、区域安全治理联盟等，以集中解决非传统安全问题、提高人的安全保障为核心任务，而非以行政权力或行政级别为运行依据；具体实施层面，形成任务导向的情景性非传统安全治理机制，即根据具体非传统安全威胁的性质、类型与特殊要求而灵活变动区域联动方式，如依据非传统安全威胁的类型、程度与样式，或在不同行政单元与级别间建立联动响应机制（如省与市之间、军区与省之间），或依据具体安全威胁的性质而要建立专门应急联动机制，如建立太湖流域环境事件应急联动机制⑤，或依据安全目标的不可分割性而建立以安全目标为着眼点的体制，如建立抗震、森林、防火等责任区⑥；或依据具体威胁的范围与程度，而建立（泛）长江三角、（泛）珠

---

① 唐勇：《长三角地方政府合作模式与机制》，《中共浙江省委党校学报》2007 年第 2 期，第 35—39 页。

② 程必定：《泛长三角区域合作机制及政府管理创新》，《安徽大学学报》（哲学社会科学版）2009 年第 5 期，第 133—138 页。

③ 陈瑞莲、刘亚平：《泛珠三角区域政府的合作与创新》，《学术研究》2007 年第 1 期，第 42—50 页。

④ 杨亚南、刘小年：《论大珠三角区域公共管理协调机制的完善》，《产业与科技论》2006 年第 12 期，第 26—28 页。

⑤ 滕五晓、王清、夏剑霆：《危机应对的区域应急联动模式研究》，《社会科学》2010 年第 7 期，第 63—68 页。

⑥ 魏智华、王文峰：《军地联动提高抢险能力》，《解放军报》2011 年 9 月 26 日，第 001 版。

江三角区域联动机制。

(三) 政社联动

政社联动，即非传统安全治理中的政府与社会联动。本书在政府—社会二分的框架下使用"社会"这一范畴，即"社会"是相对于"政府"而言的相对独立范畴，是包括了"市场"这一领域的"大社会"概念。安全不仅是私人需要，更是公共需要，单由政府负责提供公共安全已显得不合现实要求，社会是公共安全维护的不可或缺的力量。同时，社会力量已成为非传统安全治理的必要组成部分，如罗尔斯认为，社会是一项为了相互利益而进行合作的事业[1]，欧阳景根在"国家+社会"（state plus society）的视角下提出社会具有"社会政治能力"，即对资源分配、制度秩序维持和支持公共政策制定与实施的社会支持能力。[2]

社会成为非传统安全治理的重要力量具有必然性。一方面，随着政治民主化进程的推进与社会力量的崛起，社会要求参与公共事务管理的要求愈加强烈、能力愈加增强，尤其在非传统安全治理这一特殊公共议题上，社会作为主导性力量——政府——之外的力量已被实践证明是不可或缺的。政府作为安全治理的正式组织，在非传统安全治理实践中具有主要的发动、领导、引导、组织与管理作用，尤其是政府的安全制度与规则、响应队伍与技术为安全治理提供了必要的规范与资源。然而，相比于政府通过原则规范、政策执行、行政强制等手段主导非传统安全治理实践，社会力量参与非传统安全治理具有人群动员、资源收拢、信息传播、心理调适、共识培育等方面的优势，且能弥补政府过度干预、行政命令、信息不足、政策变换、官僚主义、激励不足、效率低下等不足。[3]美国早期民防研究者就提出"民防是公众对公众实施的保卫活动"[4]；还有研究指出，以各类研究机构、政府官员、知名人士、职别组织、妇女组织、宗教性组织为形式的核军控非政府组织（NGO）为推动和平与消除核战争，在监

---

① Rawls John. *A Theory of Justice*, Cambridge: Harvard University Press, 1971: 126.

② 欧阳景根:《国家能力研究：应对突发事件视野下的比较》，吉林出版集团有限责任公司2011年版，第41页。

③ 廖丹子:《城市社区安全新建构》，《城市发展研究》2012年第8期，第60—65页。

④ Guy Qakes. *The Imaginary War: Civil Defense and American Cold War Culture*. Oxford University Press, 2005: 6.

督政府行为、提供情报信息、影响公众舆论、影响军控思维等方面发挥了不可忽视的作用①。另一方面，社会参与非传统安全治理的过程存在体制机制不健全、社会共识缺乏、政府不信任等诸多难题，如中国 2008 年大量 NGO 参与汶川地震救援的过程中却在很大程度上被政府视为了对立面，或是排除在合法性范围之外②。有研究指出，我国 60 年抗灾史所突出的是，政府一直承担着抗灾救灾的重大甚至全部责任，社会力量的作用极为有限，即便随着社会机制逐渐成熟，其参与救灾的功能也未充分发挥。③进一步理顺社会力量参与机制及加强相关利益保障极为迫切。

要为社会组织、企事业单位、基层自治组织、公民个人、国际救援力量等社会力量有序、有效介入非传统安全治理创造制度条件与制度保障。

一要进一步顺畅关系、夯实平台、创新渠道，为社会力量参与安全治理创造条件。要建立政府与私营单位、企事业单位、非营利性组织、社会团体等主体在非传统安全治理中的常规化和常态化的交流、合作与互动机制，为社会参与非传统安全治理的能力创造平台。如纽约市应急办在 2000 年启动"公私合作应急规划项目"④，为私人部门的参与创造平台；美、澳、日等国家还为各类 NGO 与政府的信息沟通建立网站、部门、咨询点与配备对接人员⑤。

二要有计划地培养与提高这些主体积极参与安全治理的自主意识与必要技能，形成公共部门、私有部门和民间社会共同参与的安全治理模式，如德国就为各类 NGO 提供紧急专业培训，帮助提升紧急救援的能力、知识与方法⑥。

新中国成立以来，我国应急体系呈现了从"强国家，弱社会"向"强国家，强社会"发展的特征，要通过"强国家、强社会"的互动模式

---

① 刘华平：《非政府组织与核军控》，中国社会科学出版社 2008 年版，第 46—114 页。

② 陶传进：《NGO 与政府的关系："分劈"还是合作?》，载王名《汶川地震公民行动报告——紧急救援中的 NGO》，社会科学文献出版社 2009 年版，第 17—22 页。

③ 郑功成等：《多难兴邦——新中国 60 年抗灾史诗》，湖南人民出版社 2009 年版，第 412 页。

④ 钟开斌：《纽约市自然灾害风险评估的主要做法与经验》，《中国行政管理》2012 年第 10 期，第 87—90 页。

⑤ 沈荣华：《国外防灾救灾应急管理体制》，中国社会出版社 2008 年版，第 156—157 页。

⑥ 同上书，第 156 页。

提升社会抗逆力（social resilience）。① 有研究者还提出，在一国危机总体应对能力的客观存量既定的情况下，有必要着力提升社会本身的危机应对能力及社会对政府处理危机的协助能力，最大化地释放社会支持政府应对危机的潜能，建立一个立体的、综合的、国家与社会合作的"大政府"危机管理模式。②

五　基层先行：社区民防体系

从公共管理的角度看，基层处于公共管理的"关口"位置③；从安全的角度看，基层是触及人的安全最直接、最灵敏的感应层面，也往往是第一时间的响应层面。社区安全是我国非传统安全治理实践的重要组成部分。

社区安全是一个普遍的世界性课题。国际上较早就表达了对社区安全的关心与关注。1975 年，瑞典 Falkoping 社区首先意识到各种伤害极大地威胁着社区民众的生命安全与健康，要解决这一问题，必须要从整体上注重社区安全（community safety）。基于这一意识，Falkoping 社区开始制订有针对性的预防计划，推行社区安全计划。1982 年 Falkoping 社区安全计划全面展开。1989 年，世界卫生组织（WHO）正式提出了"安全社区"（safe community）的概念，并在《安全社区宣言》（*Manifesto for Safe Communities*）中提出："任何人都平等享有健康及安全的权利"，对"安全社区"的内涵、指标、指南、步骤等进行了解释。随后，安全社区建设扩展至美洲、亚洲及大洋洲等地，很多国家先后发表"安全社区"宣言，强调人类在保持自身健康及安全方面的平等权利，极大地推动着世界各国社区安全的建设。

社区民防是针对社区特定地域空间内聚居人群灾险的民众防护活动，以社区自身建设加强城市安全、以历史获得性反求城市安全、以社区安全

---

① 张强、陆奇斌、张秀兰：《汶川地震应对经验与应急管理中国模式的建构路径——基于强政府与强社会的互动视角》，《中国行政管理》2011 年第 5 期，第 50—56 页。

② 欧阳景根：《国家能力理论视野下的政府危机管理能力》，《中国行政管理》2010 年第 1 期，第 71—74 页。

③ 孙柏瑛：《基层政府在社会管理中的适应性变革》，《中国行政管理》2012 年第 5 期，第 34—38 页。

治理引领城市安全①,是非传统安全治理实践中最接近百姓民生、最贴近大众生活的安全实践。首先,安全是现代城市的重要公共产品,随着城市化进程中单位制转向社区制,社区成为现代城市管理的基本单元,社区公共安全产品的供应能力是衡量现代城市建设水平的关键指标之一,社区安全日益成为城市安全的基石。当前各种复合性灾害、危机与风险使得社区安全面临愈加严峻的考验,加强社区民众防护工作是城市安全与国家安全在基层的重要工作。其次,社区脆弱性(vulnerability)② 凸显了人的安全维护的重要性,也凸显了社区安全治理工作的必然性与重要性。近年来随着我国城市化进程加快,城市遭受各种传统与非传统威胁的脆弱性愈加凸显。加强社区民众生命、财产与环境安全构成了现代城市安全建设的必要内容,社区民防成为这项工作的有力抓手与着力点。再次,我国"基层缺腿"的民防体制困境决定了必须进一步强化社区安全治理工作。

上海较早探索建立社区民防体系,包括了应急组织、预警预案、应急装备与物资、宣教与避难场所、志愿者救援队等内容。鉴于我国"基层缺腿"的民防困境,本书提出我国社区民防体系建设应着重抓住以下四方面。

第一,以人的安全为价值导向、出发点与落脚点。"人的安全"最早由联合国发展署 1993 年提出,并于 1994 年在《人类发展报告》中得到全面阐释:人的安全包括两方面内容,一是获得免于饥饿、疾病、压迫等长期威胁的自由,二是对家庭、工作或社区等日常生活中突如其来的、伤害性的威胁实施保护,也即:免于匮乏(freedom from want)和免于恐惧(freedom from fear),并对其内容规定为经济安全、粮食安全、健康安全、环境安全、人身安全、社群安全、政治安全七方面③。人的安全观彰显了

① 廖丹子:《城市社区安全新建构》,《城市发展研究》2012 年第 8 期,第 60—65 页。

② B. L. Turner II, et al., A Framework for Vulnerability Analysis in Sustainability Science, *Proceedings of the National Academy of Sciences of the United States of America*, 2003, 100 (14): 8074 – 8079; David A. McEntire. Why Vulnerability Matters: Exploring the Merit of an Inclusive Disaster Reduction Concept. *Disaster Prevention and Management*, 2005, 14 (2): 206 –222.

③ 七方面内容的具体含义分别是:经济安全(economic security):基本收入有保障;粮食安全(food security):确保粮食供应充足;健康安全(health security):相对免于疾病和传染;环境安全(environmental security):能够获得清洁水源、清新空气和未退化的耕地;人身安全(personal security):免遭人身暴力和威胁;社群安全(community security):能够获得来自家庭、社区、组织、种族或民族等社群的关怀和帮助;政治安全(political security):基本人权和自由得到保护。参见 *Human Development Report*. New York: Oxford University Press, 1994: 24 –33。

对"人"的价值的尊重,是一种积极、进步、值得宣扬的理念,如王逸舟就认为人的安全是所有安全问题的核心,(与社会安全)构成了国家安全之本,以牺牲人的安全换取所谓的"国家安全"实则是最不安全[1]。站在人类文明发展史的角度观察,以"人"为基点与中心的这种新安全观的出现昭示着全球发展的新动向。[2] 人的安全概念试图整合国际体系层面的"人类安全"、国家体系层面的"国民安全"、次国家层面的"团体安全"和个体层面的"公民安全",将"人的安全"和普通人日常生活的安全视为国家安全的根本目的。[3] 因此,人的安全是国家安全之本[4];或是非传统安全的价值基点[5];或应该成为国家安全的终极目标,其他环境、经济、政治、社会等安全应该以人的尊严为中心[6]。社区是人的生产、生活、生计的第一线,基于人的安全为优先价值目标,应成为社区民防体系建设的核心理念指导。

第二,出台地方民防条例,加强社区民防法规建设。民防体制的确立,需要通过国家决策来实现。在"人防办"基础上增挂"民防局"的牌子,需要用法的形式为所增加的职能提供合法性依据。当前我国民防法律、民防法规、民防条例缺失的现状极为严重,各地抓紧制定相关民防法的任务相当紧迫。从我国多数城市社区民防的实践与探索看,尽管各级人防办都增挂了民防局牌子,增添了"平时防灾"职能,但法律意义上的"社区民防"概念尚属空缺,尚无对应的专门法律法规对社区民防的内涵与职责作出明确规定。而若以人防部门相关规定为据,其权威性、恰当性与合理性又不足,制定地方性民防条例十分必要。地方性民防条例可由市政府牵头,联合市民防局、应急办、民政局、消防局、防汛抗旱指挥部等"涉灾"部门,经由市委、市人大、市政府相关部门充分讨论、协商而制定与实施,明确社区民防的指导思想、总体原则、项目内容、适用范

---

① 王逸舟:《思考"中国与非传统安全"》,中国社会科学院世界经济与政治研究所网站,www. iwep. org. cn。

② 王逸舟:《重视非传统安全研究》,《人民日报》2003 年 5 月 21 日,第 7 版。

③ 余潇枫:《非传统安全概论》,浙江人民出版社 2006 年版,第 65—66 页。

④ 潘一禾:《"人的安全"是国家安全之本》,《杭州师范学院学报》(社会科学版) 2006 年第 4 期,第 56—61 页。

⑤ 李佳:《"人的安全"视域中的非传统安全能力建设》,浙江大学博士学位论文,2010 年。

⑥ 傅勇:《非传统安全研究与中国》,复旦大学博士学位论文,2005 年,第 93 页。

围等。

根据美英日三国民防法、《上海市民防条例》、我国突发事件应对法的制定依据①，制定地方性民防条例的基本要点应包括指导思想、总体原则、基本内容和适用范围。一是指导思想。民防立法的宗旨，就是提高城市整体防护能力，防范与减轻战争空袭灾害、重大自然灾害和人为事故灾害的危害，保护人民生命、财产的安全。二是总体原则。总体原则是预防为主、预防与救援相结合，贯彻政府统一领导、分级管理、平战结合的应急管理规则。具体就是要遵循"四个结合"和"七项整合"，即要坚持防空防灾一体化的国家民防总体原则与城市民防实际相结合，坚持民防建设与服务民生相结合，宏观设计与具体操作相结合，稳定连续与与时俱进相结合；以全面、协调和可持续的科学发展观为指导，确立现代危机管理理念，实现减灾组织机构整合、信息资源整合、救援队伍整合、工程设施整合、后继保障整合、教育资源整合和法律法规整合七项整合，通过危机预警、危机识别、危机隔离、危机救援、危机善后处理等系列危机管理措施，转移灾害来源，缩减灾害影响，保障人民安全。三是基本内容。主要包括总则、任务目标、实施主体、指挥联动、人才队伍、教育培训、装备设施、预案规划、信息预警、应急处置、灾后重建、费用预算、法律责任13项内容。② 四是适用范围。地方性民防条例适用于城市行政区域内对空袭、火灾、水灾、地震灾害、灾害性化学事故、放射性污染事故、交通事故、建筑物与构筑物倒塌和其他灾害性事故的预防、应急救援及其相关的管理工作；市和区（县、市）政府各部门在各自职责范围内负责相关民防工作。

在国家民防法尚未出台的情境下，地方性民防条例是保证民防建设具备自身独立性、系统性、科学性与合法性的依据，也是推进社区民防建设的必然要求，在一定程度上填补了我国民防法规缺失的空白。通过地方性民防条例来框定各地民防"防空防灾一体化"的总体目标，对实现应急应战、平战结合的角色转换具有重大现实意义。在地方性民防条例暂时难以制定的条件下，本书建议两个方案：一是出台社区民防条例。由市、区

---

① 我国突发事件应对法和突发事件应对条例的有关文本，参见李飞《中华人民共和国突发事件应对法释义》，法律出版社 2007 年版，第 172—336 页。

② 余潇枫：《公共危机管理》，人民出版社、党建读物出版社 2006 年版，第 70—75 页。

民防带头，联合相关"涉灾"部门共同制定、组织与实施，明确社区民防的内涵与职责、领导与组织、所涉主体关系、所属区街的职责、运行与保障机制等。二是制定专门政府规章。市、区级政府以"令""通知"等形式对社区民防的内涵与职责、基本要求等作出明确规定。

第三，厘清部门协同关系，构建社区民防顺畅关系网。横向部门间职责不清、关系不顺是当前我国社区民防工作的重大难题。社区层面的安全工作存在诸多部门与主体间的博弈。所有行政系统几乎都从上至下延伸至社区，社区内各单位虽具有横向互动的基础，但实则隶属不同系统与条块，现实中难有实质性横向合作。社区民防是由上级民防部门在社区推动的防空防灾一体化活动，涵盖了社区灾害的事前、事中与事后相关处理活动；同时，民政、应急、消防、综治、城管、公安等涉灾部门也相应地将其相关职能延伸至社区，却未能明确相互的职责界分与竞合关系。这一方面导致了在社区防灾减灾上的各自为政、职能交叉、工作重叠、资源浪费，另一方面还引发了各部门在资源、政策、利益上的竞争与博弈，又由于其管理刚性与组织官僚性，在一定程度上导致了社区安全治理的"内耗"，部门合作乏力与低效，未能实现社区安全治理的帕累托最优。

为解决社区民防横向部门合作难问题，社区民防要着重理顺两方面关系：一是与社区驻地单位建立协同关系。与社区内的居委会、城管部门、物业管理部门、消防部门、工厂企业等建立良好合作关系。鼓励驻区单位积极参与社区民防的宣传、演练等活动，争取驻区单位对社区民防工作的支持。国家减灾委员会办公室下发《全国综合减灾示范社区标准》的通知中，做出了关于社区内相关企事业单位积极组织开展防灾减灾活动，主动参与风险评估、隐患排查与演练等减灾活动的要求。二是与相关行政职能部门建立协同关系，要明确社区应急主体与资源，着力构建政府、社区组织、非营利组织、社区成员单位和社区成员之间的多元互动的网络型运作模式。城市应急管理一般都规定，各单灾种管理部门和民防管理部门对涉及民防工作的公共事务和公共利益负有共同责任，公安、水利、地震、卫生、环境、建设、交通、通信等有关行政主管部门在本级人民政府的统一领导和本级民防管理部门的综合协调下，按照职责分工，各负其责，协调配合，共同做好本行政区域的民防工作；建立空袭、灾害、灾害性事故的防范和应急救援责任制，保证空袭、灾害、灾害性事故的预防、灾害救援工作的有效进行。因此，民防要充分把握市应急管理规定中的法律依据及其提供的积极信号，促进"防空防灾一体化"和现代民防转型，积极转变观念，融入城市应急救援与平安、和谐社会的建设中，并与市相关行政部门建立协同关系。

第四，优化社区与政府、市场、社会的关系。与国外社区治理带有较大自治性不同①，在我国，政府权力必然成为社区行为的涉入力量。要正确设定好政府、市场、社会、社区在社区民防实践中的各自角色与相互关系。这主要包括两组关系：一是政府涉入与社区自治的关系。罗茨（R. W. Rhodes）认为，在为社区提供公共服务中，最小政府（minimal state）、好的治理（good governance）与自组织网络（self - organizing networks）三要素具有重要作用。② 在社区民防建设中，政府介入需适度，介入过多，政府的强行、刚性、硬性干涉会剥夺社区自治性，导致社区民防过度行政化与官僚化；涉入不足，又导致社区民防缺乏必要的权威与规范。从国际上观察，发达国家的民防实践愈来愈显示出向社区下沉的趋势，并形成了各具特色的社区民防实践，如美国开展有"防灾型社区"、"市民梯队"、"社区救援队"（CERT）③ 等社区民防活动；日本在最基层成立"居民自主防灾会"，开展以预防、教育、自救、互助等形式的"社区营造"活动；韩国实施"生活民防"计划，即凡 20—45 周岁的韩国男性公民均为民防卫队队员，每年要接受 10 天共 50 小时的教育训练；新加坡推行"民防社会化"，通过引进私营资本、发放彩票、接受社会捐赠等方式不断拓宽社会民防基金的筹资渠道。我国社区民防建设中政府角色定位的总体原则是：充分尊重社区自治，政府根据社区民防建设的实际所需来设定涉入的领域与程度，坚持"社区哪里有需要，政府作用就到哪里"的原则，政府干预与社区自治实现动态平衡。区级以上民防部门要充分结合社区民防工作站与街道办事处、社区服务中心、街道党工委民防工作的切实需要，为社区民防建设提供政策与资源支持。二是政府主导与社会参与、市场支持的关系。有研究者提出了"吸纳式供给"和"合作式供给"

① 张康之、石国亮：《国外社区治理自治合作》，中国言实出版社 2012 年版，第 127—130 页；谢芳：《西方社区公民参与：以美国社区听证为例》，中国社会出版社 2009 年版，第 75—78 页。

② R. W. Rhodes, *Understanding Governance：Policy Networks, Governance, Reflexivity, and Accountability*, London：Open University Press, 1997：46 - 60.

③ 赵成根：《国外大城市危机管理模式研究》，北京大学出版社 2006 年版，第 41 页。

的公共服务模式①,这给予的启示是:政府、社会与市场在社区民防建设中应具备一定弹性与"情景性"。一方面,要充分发挥社会力量在社区民防中的作用,与利益相关者②共建以自救为基础、以互救为条件、以公救为保障的灾害救护网络。灾害社会学认为,邻里、家庭、社群所形成的人际关系网络(networking)在应急响应与善后过程中具有独特的心理疏导与调适作用,西方国家已有较多类似实践,如社区睦邻组织运动、社区危机反应团队、邻里守望(neighborhood watch)制度、街区守护者、辅助警察等③。另一方面,要培养且鼓励市场主体参与社区民防建设。市场主体以营利为目标,但维护"安全"这一公共品既属其发展条件,也是其社会责任,这成为市场主体支持社区民防建设的原始动力。市场主体常通过直接参与社区安全活动、经费赞助、特许经营、物业管理、协议生产、经营服务等方式自觉或不自觉地参与社区民防建设。要坚持社区自治、政府指导的原则,在体制、机制、制度上充分保护与全面发挥市场和社会力量在人、财、物、信息等方面对社区民防建设的积极促进作用,做到社区、市场、社会、政府的良性互动与协调,形成有效的社区安全治理网。

六 国际接轨:国际民防合作

非传统安全威胁的跨界性(跨国、跨区域、跨层次、跨部门)与人的安全价值目标的无边界性,使得非传统安全治理必须具备全球和全人类的视野、立场与落脚点。由于中国在国际社会中的政治、经济、文化中的地位与影响,决定了加强我国国际民防合作具有特殊的重大意义。随着全球化愈加深化与我国在国际社会中地位的不断上升,我国更加广泛地参与国际民防活动,并不断完善着相关机制与制度,逐步从封闭、对抗与防御转向开放、合作与对话性,开始更加积极、主动地参与国际民防活动并在一些领域担负主要责任。首先,参与理论研讨,如 2002 年 10 月 15 日,

---

① 吕芳:《社区公共服务中的"吸纳式供给"与"合作式供给"——以社区减灾为例》,《中国行政管理》2011 年第 8 期,第 76—79 页。

② 地方政府、市场组织、社区居民、社区非营利性组织、自治组织都是社区安全中的"利益相关者"。参见庞娟《城市社区公共品供给机制研究——基于利益相关者理论的视角》,《城市发展研究》2010 年第 8 期,第 132—133 页。

③ 赵成根:《国外大城市危机管理模式研究》,北京出版社 2006 年版,第 18—20 页。

中国成功举办由 30 多个国家参加的第五届地方政府应对灾害和紧急事件
(LACDE)① 国际会议，上海市政府与上海市民防办就"上海市城市减灾
管理的新构思"和"上海民防在减灾管理工作中的地位和作用"与各国
代表进行了交流。2007 年 7 月 26 日，由国家人民防空办公室主办、上海
市民防办公室承办了"21 世纪民防发展战略国际研讨会"，联合国国际减
灾战略委员会、国际民防组织、亚洲减灾中心等 6 个国际组织，美国、俄
罗斯、加拿大、芬兰、法国等 14 个国家的官员与专家学者参会，就民防
在现代城市建设与管理中的地位与作用、民防组织与管理、社区民防建设
等问题展开了讨论②，提出要充分认清灾害的无边界、无国界性，国家间
要加大合作力度、丰富合作内涵、创新合作方式③。特别重要的是，中国
人民解放军举行东盟与中日韩（10 + 3）武装部队国际救灾研讨会。其
次，积极维护海外华人的合法权利和利益，如 2011 年中国海陆空联合负
责冷战结束以来最大规模的撤侨行动，展现了中国政府海外实施民防活动
的能力。再次，积极参与国际安全维护行动，如积极参与国际维和、人道
主义援助、国际反恐与救灾、打击海盗等非战争军事活动。我国与联合国
组织、国际或区域相关机构、各国政府及 NGO 建立了较好的防灾减灾机
制，如与联合国国际减灾战略成立"国际减轻旱灾风险中心"，与联合国
外层空间事务司共同推动建立"联合国灾害管理与应急反应天基信息平
台北京办公室"，建立了以"国际减灾宪章"等灾害应急空间信息共享机
制，大力推进《加强国家和社区的抗灾能力：2005—2015 年兵库行动纲
领》和《亚洲减少灾害风险北京行动计划》的实施。在上海合作组织、
东南亚国家联盟、中非合作论坛和中日韩等区域合作框架下，还建立了关
于防灾、减灾、救灾及培训等方面的合作机制和行动计划；中日韩在东盟
地区论坛（ARF）、"10 + 3"灾害管理合作、东亚峰会的框架下积极开展

---

① LACDE 协会作为国际性防灾减灾组织，一直致力于推动全球地方政府积极应对各种灾
害，成功倡导了"安全、更安全"的城市理念。

② 谭小红、李巍：《加强国际合作促进民防发展》，《中国人民防空》2007 年第 8 期，第 2
页。

③ 谭小红：《国家人民防空办公室副主任徐经年在 21 世纪民防发展战略国际研讨会闭幕式
上的讲话（节选）》，《中国人民防空》2007 年第 8 期，第 2—3 页。

防灾减灾合作①;还积极向智利地震、海地地震、澳大利亚森林火灾、巴基斯坦洪水等重特大自然灾害的救援提供国际援助。

参与国际民防活动是我国民防转型中更趋开放性、包容性、前瞻性、合作性的重要举动,既构成了我国国家安全与人的安全维护的必要举措,也是我国新时期外交转型的重要组成部分。中国国际民防合作中,要站在新的历史起点上重新思考中国与世界的关系,认真看待当前正处"历史进程的关口"下的风险和不确定性,积极稳妥地推进中国"强大而又使人可亲的国家"建设②。

一是要积极参与国际安全维护、人道主义救援、重大灾害救助、国际反恐、打击海盗等人的安全维护活动,这既是作为联合国常任理事国之一的大国的国际公共责任,也是我国彰显和平崛起之外交"正能量"的重要途径。在参与国际安全维护行动中,要十分注重我国国家形象、国家关系与自身安全的定位。

二是国家的首要职责就是保护国民的安全,要开展大举动维护海外华人与组织的合法权益和利益。经济全球化推动了我国经济体走出国门的步伐,这为我国创造了更广阔的经济发展空间、赢得了更多发展机会的同时,也在国际安全因素日益增多的背景下带来了生命与财产安全的巨大挑战。客观地说,在当前及未来全球经济格局整体态势基本稳定、我国经济开放程度逐步提高的条件下,海外华人与组织的合法、正当利益维护愈加成为我国非传统安全能力建设中的一项极为重要的内容。

三是要以大国身份积极倡导建立有利于海外华人与世界各国公民安全的国际民防机制。菲利普·戴维认为,当前国际安全机制正朝两个方向发展,即增强国家间安全关系之调控力度的集体安全机制和寻求调控人道主义干预的以法规为基础的人的安全机制,二者正代表着正在形成的国际社会的理想。③据此,我国接轨国际民防的正当定位是:首先通过"防空防灾一体化"民防的建构与实践,不断提升我国非传统安全治理能力;其

---

① 魏玲:《中日韩灾害管理合作:机制现状、发展前景与政策建议》,载虞少华《中日韩救灾减灾合作研究》,社会科学文献出版社2012年版,第46—53页。

② 苏长和:《在新的历史起点上思考中国与世界的关系》,《世界经济与政治》2012年第8期,第4—19页。

③ 〔法〕夏尔－菲利普·戴维:《安全与战略:战争与和平的现时代解决方案》(增订第二版),王忠菊译,社会科学文献出版社2011年版,第306、316页。

次，"参与意愿"与"政府能力"都应成为中国政府参与国际规则制定的必要条件①，要倡导建立统一、有效的国际安全治理与重大灾害救助机制，提高我国在国际安全维护与重大灾害响应时的意愿与能力；再次以"互信、互利、平等、协作"的新安全观为指导，自觉遵守国际的法、规则、规范，在恰当情景（context）下为国际民防活动建造更加完善、合理、互赢的行为标准与规范，增强我国"创造性介入"②与"包容性崛起"③方略的实施能力，在更广阔的国际领域为世界民防提升能力，切实提高海外华人及世界各国民众的安全维护与保障能力。④

---

① 薛澜、俞晗之：《政府过程视角下的政府参与国际规则制定》，《世界经济与政治》2012年第9期，第28—44页。

② 王逸舟：《创造性介入：中国外交新取向》，北京大学出版社2011年版；王逸舟：《创造性介入：中国外交的短板与解决方案》，《东方早报》2011年8月30日，第A14版。

③ 王义桅：《超越和平崛起——中国实施包容性崛起战略的必要性与可能性》，《世界经济与政治》2011年第8期，第140—160页。

④ 余潇枫、廖丹子：《"现代民防"：安全治理新建构》，《浙江大学学报》（人文社会科学版）2012年第1期，第106页。

参 考 文 献

一 英文专著、报告

Amanda J. Dory. *Civil Security*: *Americans and the Challenge of Homeland Security*, Washington D. C. : Center for Strategic and International Studies Press, 2003.

Andrew T. H. Tan, J. D. Kenneth Boutin. *Non - Traditional Security Issues in Southeast Asia*: Singapore: Institute of Defence and Strategic Studies/Select Publishing, 2001.

Barry Buzan, Lene Hansen. *The Evolution of International Security Studies*, Cambridge: Cambridge University Press, 2009.

B. Wayne Blanchard. *American Civil Defense from 1945 - 1984*: *the Evolution of Programs and Policies*. National Emergency Center, Emmitsburg, Maryland, Monograph Series, 1985, 2 (2).

Eugene P. Wigner. *Who Speaks For Civil Defense*, New York: Charles Scribner's Sons, 1968.

European Union Committee. *Civil Protection and Emergency Management in European Union.* 6th Report of Session 2008 - 09. Authority of the House of Lords, 11 March 2009.

Homeland Security National Preparedness Task Force. *Civil Defense and Homeland Security*: *A Short History of National Preparedness Efforts*, 2006.

Jennifer K. Elsea and R. Chuck Mason. *The Use of Federal Troops for Disaster Assistance*: *Legal Issues*. CRS Report for Congress 7 - 5700 RS22266,

Nov. 28 2008.

Joint Chiefs of Staff, Joint Pub 1 - 02, Department of Defense Dictionary of Military and Associated Terms. Washington, D. C. : GPO. 1994.

Keith E. Bonn, Anthony E. Baker. *Guide to Military Operations Other Than War.* Stackpole Books, 2000.

Laura McEnaney. *Civil Defense Begins at Home.* Princeton University Press, 2000.

Maria R. Freire. The European Security and Defence Policy: History, Structures and Capabilities, in Michael Merlingen, et al. , *European Security and Defence Policy: An Implementation Perspective*, Routledge, 2007.

Office of the Secretary of Defense of the USA. *Military and Security Developments Involving the People's Republic of China.* Annual report to Congress, 2010.

Tim Essex - Lopresti. *A Brief History of Civil Defense.* Derbyshire: Civil Defence Association. Foreword, 2005.

二 英文期刊

Abbott, E. B.. Law, Emergencies, and the Constitution: A Review of Outside the Law: Emergency and Executive Power. *Journal of Homeland Security and Emergency Management*, 2010, 7 (1), Article 17.

Adams, T. , Anderson, L. , Turner, M. and Armstrong, J.. Coping Through a Disaster: Lessons from Hurricane Katrina. *Journal of Homeland Security and Emergency Management*, 2011, 8 (1), Article 19.

Adler, Emanuel. The Emergence of Cooperation: National Epistemic Communities and the International Evolution of the Idea of Nuclear Arms Control, *International Organization*, 1992, 46 (1).

Adler, Emanuel. The Spread of Security Communities: Communities of Practice, Self - Restraint, and NATO's Post - Cold War Transformation, *European Journal of International Relations*, 2008, 14 (2).

Axworthy, Lloyd. Human Security and Global Governance: Putting People First, *Global Governance*, 2001, 7 (1).

Commission Staff Working Paper. *Annual Report on the European Union′s Humanitarian Aid and Civil Protection Policies and their implementation in 2010.* [COM (2011) 343 final], Brussels, 22 June 2011. 1

David Alexander. From CivilDefence to Civil Protection – and Back Again. *Disaster Prevention and Management*, 2002, 11 (3).

LiaoDanzi. A Review of the Key Legal dynamics of Chinese Military Involvement in Domestic Disaster Relief (MI/DDR). *Journal of Homeland Security and Emergency Management*, 2010, 9 (1), article 12.

Milliman, J., Grosskopf, J., Paez, O. E.. An Exploratory Study of Local Emergency Managers' Views of Military Assistance/Defense Support to Civil Authorities (MACA/DSCA). *Journal of Homeland Security and Emergency Management*, 2006, 3 (1): Article 2.

Sebastiaan J. H. Rietjens. Managing Civil – Military Cooperation: Experiences from the Dutch Provincial Reconstruction Team in Afghanistan. *Armed Forces & Society*, 34, 2 (2008).

The Chinese Armed Forces and Non – Traditional Missions: A Growing Tool of Statecraft. *China Brief*, 9, 4 (2009).

Tom Ling. Delivering Joint up Government in the UK Dimensions, Issues and Problems, *Public Administration*, 2002 (4).

Yungnane Yang. The 9/21 earthquake in Taiwan: a local government disaster rescue system, *Disasters*, 2010, 34 (1).

三 中文词典、年鉴

商务印书馆编辑部:《辞源》(缩印本),商务印书馆 1988 年版。

深圳市史志办公室:《深圳年鉴(2011)》。

夏征农:《辞海》(缩印本),上海辞书出版社 1989 年版。

新华词典编辑组:《新华词典》,商务印书馆 1988 年版。

中国社会科学院语言研究所词典编辑室:《现代汉语词典》(第五版),商务印书馆 2005 年版。

中国社会科学院语言研究所词典编辑室:《现代汉语词典》,商务印书馆 1988 年版。

四 中文专著、译著

[法] 皮埃尔·布迪厄、[美] 华康德:《实践与反思:反思社会学导引》,李猛、李康译,中央编译出版社 2004 年版。

[法] 夏尔-菲利普·戴维:《安全与战略:战争与和平的现时代解决方案(增订第二版)》,王忠菊译,社会科学文献出版社 2011 年版。

[美] 戴维·斯沃茨:《文化与权力:布尔迪尔的社会学》,陶东风译,上海译文出版社 2006 年版。

[美] 托马斯·库恩:《科学革命的结构》,金吾伦、胡新和译,北京大学出版社 2003 年版。

[英] 巴里·布赞:《人、国家与恐惧——后冷战时代的国际安全研究议程》,闫健、李剑译,中央编译出版社 2009 年版。

[英] 巴里·布赞、[丹麦] 琳娜·汉森:《国际安全研究的演化》,余潇枫译,浙江大学出版社 2011 年版。

陈志龙等:《人民防空概论》,解放军出版社 2007 年版。

高建国:《应对巨灾的举国体制》,气象出版社 2010 年版。

郭延军:《安全治理:非传统安全的国家能力建设》,经济科学出版社 2011 年版。

胡百精:《中国危机管理报告(2008—2009)》,中国人民大学出版社 2009 年版。

胡联合:《当代世界恐怖主义与对策》,东方出版社 2001 年版。

江川:《突发事件应急管理案例与启示》,人民出版社 2010 年版。

姜维清:《交织:国家安全的第三种威胁》,世界知识出版社 2011 年版。

李飞:《中华人民共和国突发事件应对法释义》,法律出版社 2007 年版。

李陆平:《军队与非传统安全》,时事出版社 2009 年版。

李文良:《2011 中国国家安全概览》,时事出版社 2012 年版。

李扬:《世界民防概览》,解放军出版社 2011 年版。

李永清:《如何应对重大突发事件(以深圳经验为例)》,中央编译出版社 2011 年版。

刘华平:《非政府组织与核军控》,中国社会科学出版社 2008 年版。

刘源:《非战争军事活动中的政治工作》,军事科学出版社 2009 年版。

陆学艺、景天魁：《转型中的中国社会》，黑龙江人民出版社 1994 年版。

罗国亮：《灾害应对与中国政府治理方式变革研究》，中国社会科学出版社 2012 年版。

倪百鸣、周成喜、王明威：《军队参加处置突发核化生事件指挥研究》，国防大学出版社 2009 年版。

欧阳景根：《国家能力研究：应对突发事件视野下的比较》，吉林出版集团有限责任公司 2011 年版。

钱七虎：《民防学》，国防工业出版社 1996 年版。

曲星：《国际形势与中国外交蓝皮书（2012）》，世界知识出版社 2012 年版。

商则连主编：《民防学》，国防大学出版社 2006 年版。

沈荣华：《外国防灾救灾应急管理体制》，中国社会出版社 2008 年版。

寿晓松、徐经年：《军队应对非传统安全威胁研究》，时事出版社 2009 年版。

宋劲松：《突发事件应急指挥》，中国经济出版社 2011 年版。

王凤山、李孝军、马拴柱：《现代防空学》，航空工业出版社 2008 年版。

王凤山、杨建军、陈杰生：《信息时代的国家防空》，航空工业出版社 2004 年版。

王珏：《城市人民防空》，南京陆军指挥学院专业课系列教材 2001 年版。

王珏、侯康明：《新时期民防研究》，南京陆军指挥学院专业课系列教材 2000 年版。

王珏、王文臣：《民防概论》，南京陆军指挥学院人武指挥专业系列教材 2008 年版。

王明武、常永志、徐戈、章楠：《非战争军事行动》，国防大学出版社 2006 年版。

王文臣：《信息化条件下人民防空指挥研究》，海潮出版社 2008 年版。

王文臣、齐仁林：《外国民防研究》，南京陆军指挥学院印刷厂 2010 年版。

王逸舟：《创造性介入：中国外交新取向》，北京大学出版社 2011 年版。

王逸舟：《恐怖主义溯源》，社会科学文献出版社 2010 年版。

吴政宏、王胜利：《高技术条件下人民防空》，军事科学出版社 2000 年版。

肖天亮：《军事力量的非战争运用》，国防大学出版社 2009 年版。

谢芳：《西方社区公民参与：以美国社区听证为例》，中国社会出版社 2009 年版。

徐选华：《面向特大自然灾害复杂大群体决策模型及应用》，科学出版社 2012 年版。

闫玉新：《面对公共危机政府何去何从》，中国政法大学出版社 2012 年版。

严三强、和治伟、赵晖：《人民防空理论与实践》，南京陆军指挥学院印刷厂 2011 年版。

应松年：《突发公共事件应急处理法律制度研究》，国家行政学院出版社 2006 年版。

余潇枫：《比较行政体制——政治学理论应用》，浙江大学出版社 1999 年版。

余潇枫：《非传统安全概论》，浙江大学出版社 2006 年版。

余潇枫：《公共危机管理》，浙江人民出版社 2008 年版。

余潇枫、潘一禾、王江丽：《非传统安全概论》，浙江人民出版社 2006 年版。

张佰成、谭伟贤：《城市应急联动系统建设与应用》，科学出版社 2005 年版。

张国庆：《当代中国行政管理体制改革论》，吉林大学出版社 1994 年版。

张康之、石国亮：《国外社区治理自治合作》，中国言实出版社 2012 年版。

张意：《文化与符号权力——布尔迪厄的文化社会学导论》，中国社会科学出版社 2005 年版。

赵成根：《国外大城市危机管理模式研究》，北京大学出版社 2006 年版。

赵远良、主父笑飞：《非传统安全与中国外交新战略》，中国社会科学出版社 2011 年版。

郑先武：《安全，合作与共同体：东南亚安全区域主义理论与实践》，南京大学出版社 2009 年版。

朱建新：《各国国家安全机构比较研究》，时事出版社 2009 年版。

五 中文期刊文献

［英］埃米尔·J. 科什纳：《欧盟安全治理的挑战》，《南开学报》（哲学社会科学版）2007 年第 1 期。

车瑞金：《国防动员体制与政府应急体制融合建设的思考》，《国防》2010 年第 6 期。

陈瑞莲、刘亚平：《泛珠三角区域政府的合作与创新》，《学术研究》2007 年第 1 期。

陈婷：《军队应对非传统安全的法律法规研究》，《军事历史研究》2009 年第 1 期。

程必定：《泛长三角区域合作机制及政府管理创新》，《安徽大学学报》（哲学社会科学版）2009 年第 5 期。

崔顺姬、余潇枫：《安全治理：非传统能力建设的新范式》，《世界经济与政治》2010 年第 1 期。

邓萱：《欧盟民防机制尽管及其借鉴》，《中国安全生产科学技术》2012 年第 1 期。

丁煌：《德罗尔的宏观政策分析思想》，《中国软科学》1997 年第 1 期。

付彩霞、陈活良：《从抗震救灾看我军非战争军事行动动员能力的新要求》，《理论月刊》2009 年第 2 期。

甘均先：《国际安全研究的演化：贡献与缺失》，《国际政治研究》2012 年第 1 期。

高建华：《区域公共管理视域下的整体性治理：跨界治理的一个分析框架》，《中国行政管理》2010 年第 11 期。

郭德宏：《中国现代社会转型研究评述》，《安徽史学》2003 年第 1 期。

国家人民防空办公室：《人民防空事业在深化改革中发展》，《中国人民防空》2002 年第 11 期。

蓝志勇、李东泉：《社区发展是社区管理创新与和谐城市建设的重要基础》，《中国行政管理》2011 年第 10 期。

李承：《应对传统安全与非传统安全威胁的统一》，《军事历史研究》2007 年第 4 期。

李学保：《全球化背景下的安全：国家的地位与作用》，《现代国际关系》

2004 年第 5 期。

李一行、黄萍、孙兴旺：《人民解放军参与地震灾害救援的法律依据分析》，《防灾科技学院学报》2009 年第 11 卷第 2 期。

廖丹子：《城市社区安全新建构》，《城市发展研究》2012 年第 8 期。

刘成：《跨界治理视阈下我国危机管理跨省际合作机制探究》，《天水行政学院学报》2012 年第 2 期。

刘静：《安全是发展的核心部分——访浙江大学非传统安全与和平发展研究中心主任余潇枫》，《观察与思考》2008 年第 16 期。

刘雅静：《跨区域应急协调联动机制构建研究》，《厦门特区党校学报》2010 年第 4 期。

龙心刚、龚耘：《军队参加抢险救灾的性质定位》，《军队政工理论研究》2008 年第 9 卷第 5 期。

吕芳：《社区公共服务中的"吸纳式供给"与"合作式供给"——以社区减灾为例》，《中国行政管理》2011 年第 8 期。

马奔：《危机管理中跨界治理的检视与改革之道：以汶川大地震为例》，《清华大学学报》（哲学社会科学版）2009 年第 3 期。

马洪伟：《国家安全场域中边疆民族地区基层政权建设探析》，《云南社会科学》2011 年第 2 期。

马维野：《体制论》，《科学学研究》1997 年第 2 期。

马勇：《欧盟的反恐机制》，《国际资料信息》2010 年第 2 期。

欧阳景根：《国家能力理论视野下的政府危机管理能力》，《中国行政管理》2010 年第 1 期。

庞娟：《城市社区公共品供给机制研究——基于利益相关者理论的视角》，《城市发展研究》2010 年第 8 期。

沈荣华：《国外大部制梳理与借鉴》，《中国行政管理》2012 年第 8 期。

沈逸：《应对进攻型互联网自由战略的挑战——析中美在全球信息空间的竞争与合作》，《世界经济与政治》2012 年第 2 期。

石亚军、于江：《大部制改革：期待、沉思与展望》，《中国行政管理》2012 年第 7 期。

宋晓鲁：《从汶川大地震看军队参加抢险救灾中军事法的应用与完善》，《西安政治学院学报》2008 年第 5 期。

苏长和：《在新的历史起点上思考中国与世界的关系》，《世界经济与政治》2012 年第 8 期。

孙柏瑛：《基层政府在社会管理中的适应性变革》，《中国行政管理》2012
　　年第 5 期。

孙立平：《走出体制性拘谨》，《学习月刊》2008 年第 4 期。

谭小红、李巍：《加强国际合作促进民防发展》，《中国人民防空》2007
　　年第 8 期。

谭小群、陈国华：《跨区域突发事件应急协调机制实现途径探究》，《防灾
　　科技学院学报》2009 年第 4 期。

谭小群、陈国华：《政府跨区域突发事件应急管理能力评估研究》，《灾害
　　学》2010 年第 4 期。

唐勇：《长三角地方政府合作模式与机制》，《中共浙江省委党校学报》
　　2007 年第 2 期。

陶希东：《跨界治理：中国社会公共治理的战略选择》，《学术月刊》2011
　　年第 8 期。

滕五晓、王清、夏剑霙：《危机应对的区域应急联动模式研究》，《社会科
　　学》2010 年第 7 期。

汪玉凯：《大部制改革的最大阻力来自部门利益》，《农村工作通讯》2008
　　年第 3 期。

王会鹏、涂攀：《非传统安全视角下的东盟国家间领土边界争端及解决思
　　路》，《东南亚纵横》2010 年第 5 期。

王军：《多维视野下的网络战：缘起、演进与应对》，《世界经济与政治》
　　2012 年第 7 期。

王守福、张战卫：《建国以来人民解放军参加抢险救灾的丰功伟绩及历史
　　经验》，《军事历史》2007 年第 4 期。

王小京：《着眼应对非传统安全威胁推进国防动员机制与政府应急机制衔
　　接》，《国防》2009 年第 6 期。

王义桅：《超越和平崛起——中国实施包容性崛起战略的必要性与可能
　　性》，《世界经济与政治》2011 年第 8 期。

王逸舟：《论综合安全》，《世界经济与政治》1998 年第 4 期。

王逸舟：《中国与非传统安全》，《国际经济评论》2004 年第 6 期。

王颖华、毛建华、陈志龙：《浅谈民防时期民防的形成》，《中国人民防
　　空》2005 年第 6 期。

王郅强、彭宗超、黄文义：《社会群体性突发事件的应急管理机制研究——以北京市为例》，《中国行政管理》2012 年第 7 期。

吴为：《科索沃战争中的网络战》，《上海航天》1999 年第 5 期。

吴晓涛：《突发事件区域应急联动机制的内涵与构建条件》，《管理学刊》2011 年第 1 期。

吴晓涛、吴丽萍：《突发事件区域应急联动影响因素的实证研究》，《灾害学》2011 年第 3 期。

谢庆奎：《整体政府的理论与实践》，载赵永茂等《公共行政、灾害防救与危机管理》，社会科学文献出版社 2011 年版。

徐金才：《浅谈军队遂行非战争军事行动任务的组织指挥》，《国防》2008 年第 9 期。

薛刚凌、邓勇：《流域管理大部制改革探索》，《中国行政管理》2012 年第 3 期。

薛澜、俞晗之：《政府过程视角下的政府参与国际规则制定》，《世界经济与政治》2012 年第 9 期。

杨爱平、陈瑞莲：《欧盟公共管理制度对泛珠三角的启示》，《珠江经济》2007 年第 4 期。

杨龙、郑春勇：《地方政府合作对政府间关系的拓展》，《探索与争鸣》2011 年第 1 期。

杨亚南、刘小年：《论大珠三角区域公共管理协调机制的完善》，《产业与科技论》2006 年第 12 期。

易巧平、严慧：《汶川抗震救灾对我军遂行非战争军事行动能力建设的启示》，《国防》2008 年第 7 期。

游志斌、魏晓欣：《美国应急管理体系的特点及启示》，《中国应急管理》2011 年第 11 期。

余潇枫：《"平安中国"：价值转换与体系建构》，《中共浙江省委党校学报》2012 年第 4 期。

余潇枫：《"认同危机"与国家安全》，《毛泽东邓小平理论研究》2006 年第 1 期。

余潇枫、李佳：《非传统安全：中国的认知与应对（1978—2008）》，《世界经济与政治》2008 年第 11 期。

余潇枫、廖丹子：《"现代民防"：安全治理新建构》，《浙江大学学报》

（人文社会科学版）2012 年第 2 期。

余潇枫、廖丹子：《应急救援的民防体制研究——以杭州民防为例》，载赵永茂等《公共行政、灾害防救与危机管理》，社会科学文献出版社 2011 年版。

曾维和：《"整体政府"——西方政府改革的新趋向》，《学术界》2008 年第 3 期。

张成福、李昊城、边晓：《跨域治理：模式机制与困境》，《中国行政管理》2012 年第 3 期。

张茂明：《欧洲共同体防务：进展、动因与问题》，《欧洲》2001 年第 1 期。

张强、陆奇斌、张秀兰：《汶川地震应对经验与应急管理中国模式的建构路径——基于强政府与强社会的互动视角》，《中国行政管理》2011 年第 5 期。

郑先武：《欧盟区域间集体安全的构建——基于欧盟在非洲危机管理经验的分析》，《世界经济与政治》2012 年第 1 期。

钟开斌：《纽约市自然灾害风险评估的主要做法与经验》，《中国行政管理》2012 年第 10 期。

钟磊、白建升：《国防动员体制与政府应急管理体制的融合点》，《国防》2010 年第 6 期。

周海炜、钟尉、唐震：《我国跨界水污染治理的体制矛盾及其协商解决》，《华中师范大学学报》（自然科学版）2006 年第 2 期。

朱之江：《论非战争军事行动》，《南京政治学院学报》2003 年第 5 期。

卓力格图：《我国应对突发事件的军地协调联动机制建设》，《中国应急管理》2009 年第 10 期。

六　中文学位论文

李佳：《"人的安全"视阈中的非传统安全能力建设》，浙江大学博士学位论文，2010 年。

吴凯：《新军事变革条件下我国人民防空教育探析》，东南大学硕士学位论文，2007 年。

余远来：《中美军队参与非传统安全政策之比较研究》，国防科学技术大学硕士学位论文，2005 年。

张元奇：《中美俄民防体系比较研究》，上海交通大学 MPA 学位论文，2009 年。

七　中文报纸

刘芳：《深圳大部制改革再动刀》，《中国青年报》2012 年 4 月 23 日，第 7 版。

楼海强：《非战争行动的战争元素》，《解放军报》2008 年 6 月 10 日，第 6 版。

马宏建：《深圳大部制改革为政府改革破局》，《中国改革报》2009 年 9 月 3 日，第 5 版。

孙立平：《体制性拘谨是一种过分的敏感》，《北京日报》2008 年 3 月 17 日，第 19 版。

孙振武、王大伟、孙峰承：《非传统安全威胁与非战争军事行动》，《中国国防报》2010 年 1 月 21 日，第 3 版。

王逸舟：《创造性介入：中国外交的短板与解决方案》，《东方早报》2011 年 8 月 30 日，第 A14 版。

魏智华、王文峰：《军地联动提高抢险能力》，《解放军报》2011 年 9 月 26 日，第 1 版。

温宪、吴云，张旸：《"桑迪"暴露美国防灾短板》，《人民日报》2012 年 11 月 1 日，第 19 版。

吴挺：《中国再保海外利益，赴利比亚撤侨首次并用陆海空力量》，《东方早报》2011 年 2 月 23 日，第 A14 版。

佚名：《驻深某预备役高炮团和深圳民防办建立合作机制》，《深圳特区报》2009 年 7 月 25 日，第 A02 版。

钟哲、王婧怡、唐红丽：《利比亚撤侨彰显中国国力》，《中国社会科学报》2011 年 3 月 1 日，第 005 版。

八　中文在线资源

《杭州市政府机构改革昨天启动》，搜狐新闻网，（2011 – 05 – 27）［2012 –

09－23］，http：//roll. sohu. com/20110527/n308662325. shtml。

《国家减灾委专家委员会委员：应急办公室应改组为实体》，凤凰网，
（2012－07－25）［2012－10－21］，http：//finance. ifeng. com/news/re-
gion/20120725/6814237. shtml。

贾玥：《中国"举国机制"获国际认可国家应急管理体系不断完善》，《人民
日报》（2011－05－06）［2012－11－05］，http：//society. people. com. cn/
GB/14564903. html。

深圳市应急管理委员会官网：《深圳市 2010 年应急管理工作总结及 2011
年应急管理工作思路》（2011－03－02）［2012－08－24］，http：//
www. szemo. gov. cn/zwgk/ghjh/ndgzjh/201103/t20110310_1642328. htm。

外交部领事保护中心：《中国领事保护和协助指南（2010）》，（2011－07－
20）［2012－8－20］，http：//cs. mfa. gov. cn/lsbh/lbsc/t841030. htm。

严岳：《超级飓风成美国"新国家公敌"》，《国际先驱导报》，（2012－11－08）
［2012－11－03］，http：//ihl. cankaoxiaoxi. com/2012/1108/116880. shtm。